U0531266

国家社科基金一般项目"大数据背景下贫困县分类施策精准扶贫考核指标体系研究"（16BGL159）的结项成果

相对贫困治理与乡村振兴系列丛书

李晓园 著

乡村振兴中的数字技术治理逻辑

中国社会科学出版社

图书在版编目（CIP）数据

乡村振兴中的数字技术治理逻辑/李晓园著 . —北京：中国社会科学出版社，2023.2
（相对贫困治理与乡村振兴系列丛书）
ISBN 978 - 7 - 5227 - 1247 - 5

Ⅰ. ①乡… Ⅱ. ①李… Ⅲ. ①数字技术—应用—农村—社会主义建设—研究—中国 Ⅳ. ①F320.3 - 39

中国国家版本馆 CIP 数据核字（2023）第 021099 号

出 版 人	赵剑英
责任编辑	孔继萍　高　婷
责任校对	闫　萃
责任印制	郝美娜

出　　版	中国社会科学出版社
社　　址	北京鼓楼西大街甲 158 号
邮　　编	100720
网　　址	http://www.csspw.cn
发 行 部	010 - 84083685
门 市 部	010 - 84029450
经　　销	新华书店及其他书店
印　　刷	北京君升印刷有限公司
装　　订	廊坊市广阳区广增装订厂
版　　次	2023 年 2 月第 1 版
印　　次	2023 年 2 月第 1 次印刷
开　　本	710×1000　1/16
印　　张	19.25
插　　页	2
字　　数	316 千字
定　　价	118.00 元

凡购买中国社会科学出版社图书，如有质量问题请与本社营销中心联系调换
电话：010 - 84083683
版权所有　侵权必究

编委会名单

(排名不分先后)

主 编
　　李晓园

成 员
　　李晓园　江西师范大学二级教授、博士生导师
　　张立荣　华中师范大学二级教授、博士生导师
　　李燕萍　武汉大学二级教授、博士生导师
　　朱天义　江西师范大学副教授、硕士生导师
　　陈　武　江西师范大学副教授、硕士生导师
　　滕玉华　江西师范大学副教授、硕士生导师
　　胡　翔　湖北大学副教授、硕士生导师

推荐序

"十三五"时期,我国完成了消除绝对贫困的艰巨任务,创造了彪炳史册的人间奇迹,但是相对贫困仍然存在,全面建设社会主义现代化国家,最艰巨最繁重的任务在农村,实现共同富裕的重点和难点在农村,乡村振兴是全面建设社会主义现代化国家,实现共同富裕的必经之路。当前,农产品阶段性供过于求与供给不足并存,农民适应生产力发展与激烈市场竞争所需能力不足,农民和农村内生发展动力亟待跃迁,农村基础设施与民生领域欠账较多,城乡之间要素流动不畅,农村环境与生态亟待优化,乡村治理体系与治理能力亟待强化等依然严重制约乡村振兴的顺利实施。《相对贫困治理与乡村振兴系列丛书》直面相对贫困治理与乡村振兴中的问题,从县域政府治理、产业融合发展、居民生活亲环境行为等方面展开大量社会调查研究,揭示数字技术赋能相对贫困治理与产业发展的作用机理,探索提升乡村治理能力现代化、乡村产业持续发展和乡村人居环境持续改善的行动路径。研究成果具有重要的学术价值和实践意义。

县域政府是直接面向乡村的基层政府,是相对贫困治理与实施乡村振兴的核心力量,负有重要的领导、组织、服务与监管职能。数字技术正成为激活县域政府有效治理的新动能,为政府推动农村产业价值链重构和乡村人居环境治理质量提升,扎实推进共同富裕提供有力的新技术手段。《乡村振兴中的数字技术治理逻辑》一书从数字技术治理角度解构中国特色反贫困理论,系统梳理我国反贫困的历史演进、政策特征,并通过典型案例解析,总结地方脱贫攻坚经验与模式;基于扎根理论,构建数字技术赋能乡村振兴的作用机理,并进行实证检验,探究乡村振兴中数字技术治理的理论与实践逻辑。

产业兴旺是乡村振兴的基础,是实现基层治理能力现代化的"牛鼻子"。随着国家系列政策不断释放，各类开发主体纷纷进场，康养、文旅、田园小镇，田园综合体、现代农业产业园等名目众多，政府面临着如何打造乡村产业振兴样板、企业如何解决获取土地最大化收益及管控投资风险等问题。普通农民群众又当如何迎接乡村振兴这一政策机遇？《数字化赋能乡村产业融合发展研究》一书为各类主体从宏观逻辑理解我国农业农村的发展规律提供了系统思路。该书着重从政策、市场、技术三个层面分析"十四五"时期乡村产业发展的现实条件与困境，采用扎根理论方法探索数字化赋能乡村产业融合发展的作用机理，并结合鲜活的实践案例提出数字技术赋能乡村产业生产、加工和流通过程管理的"可视数字环"和连接三产参与主体的"可视数字桥"，提出乡村中小微企业数字化成长与乡村产业融合发展的未来研究框架。

据农业农村部发布的《中国乡村振兴产业融合发展报告（2022）》，全国乡村产业融合发展势头良好，产业规模初具，农业产业链和多种功能不断延伸延展，产业融合主体规模不断壮大。然而，受多种因素影响，欠发达地区县域政府培育的农业产业项目只有少数能正常对接市场，其他产业项目多处于封闭、停滞和同质化状态，是何原因导致欠发达地区县域政府培育农业产业的行动出现如此迥异的结果？《乡村农业产业培育中县域政府的行动逻辑》独辟蹊径，从政府系统与社会系统协同互动的角度构建分析框架，为解释上述疑惑提供了"对症良方"。该书从"情境—过程"分析视角，分别从欠发达地区县域政府培育农业经营主体、促进农业产业技术革新和建设农业市场流通体系三个方面论述了欠发达地区农业产业培育的内在逻辑关系，不仅为优化欠发达地区县域政府培育农业产业的行动策略提供理论工具，而且为规避乡村振兴战略实施中的政策执行偏差、拓新县域政府培育农业产业行动研究提供新分析范式。

乡村振兴，人才是关键。壮大乡村振兴发展人才队伍是突破"农村空心化"、撬动沉睡资源、推动特色产业发展的重要途径，中共十八大以来，我国开始加快探索依托创业孵化平台载体吸引和培育扎根乡村发展人才的新路子，创业孵化平台载体如雨后春笋般涌现于全国农村地区，形成了"繁荣"与"过剩"发展并存的局面，如何促进创业孵化平台载体从量变走向质变？《创业孵化平台组织研究》一书以"创业孵化平台组织构建机理与培育效果评价"为主线，探索出独特的创业孵化平台组织竞争力结构与培育路径,并设计出一套科学客观的发展质量评价指标体系,为推动创业孵化平台组织高质量发展和创新创业人才培育提供了新思路。

生态宜居是乡村振兴战略的总要求之一。农村居民是农村人居环境治理的主体,引导农村居民在生活中实施亲环境行为是推进生态宜居美丽乡村的关键。然而,当前公众在绿色消费、减少污染产生和分类投放垃圾等行为领域的积极性处于较低水平。《农村居民生活亲环境行为的发生机制研究》一书以国家生态文明试验区(江西)为案例,以农村居民为研究对象,从组态视角、行为主动视角、生产与生活环境政策交互视角对农村居民的生活亲环境行为的生成机制进行深入研究,揭示农村居民生活亲环境行为的发生机制,并提出相关建议。

时代在变迁,破解乡村发展困局当需引入新思维,开发新工具。总体而言,该丛书文献调研深入全面,立题指导思想明确,研究设计合理,研究方法适当,研究过程严谨,研究结论具有较强的科学性、针对性和较好的创新性,丰富了具有中国特色的乡村振兴理论体系。该丛书不仅可为优化乡村振兴战略相关政策提供理论分析工具,而且也将为读者从多学科、多方法视域理解中国乡村振兴理论与实践提供重要启示。

厦门大学公共政策研究院教授、院长

2023 年 2 月 23 日

总　序

"大国小农"的基本国情农情一直是横亘在我国推进农业农村现代化、建设世界农业强国的一座大山，中国共产党矢志不渝地探索引领农业农村走向富强之路。《井冈山土地法》的颁布拉开了中国农业农村改革发展的序幕，历经几代人长期的艰苦奋斗，农业农村改革和现代化发展迈上了全新台阶，特别是2020年我国脱贫攻坚战取得了全面胜利，完成了消除绝对贫困的艰巨任务。当前，乡村振兴战略扎实推进，广大乡村正实现从"吃得饱"到"吃得好"，从"满足量"到"提升质"的飞跃，乡村"硬件""软件"持续提升。

以云计算、人工智能、生命科学等为代表的第四次工业革命深刻影响着人类发展。农业农村各个领域随着新技术革命的持续推进发生着颠覆性变革，呈现出新业态、新模式、新产业、新服务、新产品、新职业、新农人等乡村发展新图景，诸多乡村振兴理论与实践问题也亟待新的诠释与理论指导。《相对贫困治理与乡村振兴系列丛书》以此为出发点，深入探讨政府、居民、技术等多元化主体或要素与乡村振兴互融、互生、互嵌、互促的理论机理，以期为读者把握数字技术治理与乡村振兴规律，前瞻性地分析乡村振兴中的问题，提出更优的解决方案以供借鉴和启示。

乡村振兴是乡村的全面振兴，产业兴旺、生态宜居、乡风文明、治理有效和生活富裕是乡村振兴的总要求。其中产业兴旺是乡村振兴的基石，生态宜居是提高乡村发展质量的保证，乡风文明是乡村振兴的精神支持，治理有效是乡村振兴的基础，生活富裕则是乡村振兴的根本目标。本丛书不追求面面俱到，着重从实现产业兴旺、生态宜居、治理有效三方面，选取某一典型问题深入研究，探讨政府、居民、技术等多元化主体或要素与乡村振兴互融、互生、互嵌、互促的理论与实践方面的重点问题。本丛书共包括《乡村振兴中的数字技术治理逻辑》《乡村农业产业培育中县域政府的行动逻辑》《数字化赋能乡村产业融合发展研究》《农村居民生活亲环境行为的发生机制研究》《创业孵化平台组织研究》五册，主要研究内容为：一是聚焦治理有效，研究数字技术赋能地方政府相对贫困治理，促进乡村振兴的行动逻辑。着重探究地方政府相对贫困治理与乡村振兴中的数字技术治理的现实逻辑、理论逻辑与实践逻辑，揭示数字化赋能政府相对贫困治理与乡村振兴的作用机制，信实呈现数字技术赋能地方政府相对贫困治理与乡村振兴的经验与模式。二是围绕产业兴旺，研究政府、数字技术与乡村产业发展关系。一方面，从"情境—过程"分析视角解析县域政府培育农业产业的行动逻辑。另一方面，在全面把握我国乡村产业政策演变、现实条件与困境的基础上，对比世界发达农业国家经验，深刻揭示数字技术对乡村产业融合发展的赋能关系，试图丰富和拓展技术与乡村产业融合的内在规律。三是专注生态宜居，研究农村居民亲环境行为发生规律。综合实施地点、组态、行为主动和生产与生活环境政策交互视角，全面解析农村居民"公""私"领域节能行为"正向一致"和"负向一致"发生机制，心理因素联动对农村居民"公"领域亲环境行为的影响，农村居民生活自愿亲环境行为的发生机制和组态路径。提出建设生态宜居美丽乡村的前瞻对策。

各分册具有共同的逻辑框架。首先，溯源乡村振兴相关思想与理论，以时间为轴，系统地、完整地追溯和回顾乡村贫困治理、产业发展、政府治理、居民行为、创业孵化平台组织相关理论体系、政策体系，探讨相关理论或政策体系的演变，为后续进行案例剖析、理论解析奠定理论基础。其次，系统开展田野调查，综合运用访谈、问卷、座谈、现场考察、网络资料等方法系统性收集研究素材，力求基于科学、客观、真实的数据素材，采用科学契合的方法还原乡村振兴实践。再次，建构创新性的理论框架，基于理论思想溯源和田野调查，构建数字技术治理逻辑框架、基层政府农业产业培育行动逻辑框架、数字化赋能产业融合理论框架、农村居民生活亲环境行为理论框架、创业孵化平台组织培育与评价理论框架，丰富和发展乡村振兴理论体系。最后，构建前瞻性的政策工具箱，科学理论的价值在于指导实践，本丛书基于理论研究，从提升县域政府数字治理效能、促进乡村产业高质量发展、科学培育与评价创业孵化平台组织、养成居民生活自愿亲环境行为等方面提出相关政策建议，为促进乡村振兴提供理论指导和建议参考。

本丛书遵循马克思主义理论与实践相统一的基本原则，以新时代中国特色社会主义思想为指引，以植根乡村、振兴乡村为使命，基于公共管理、工商管理、应用经济、社会心理学等多学科视角，融合扎根理论、案例研究、比较分析、对比分析、数理统计等多种方法，围绕地方政府治理、产业发展、创业孵化和人居环境优化等内容展开研究，既丰富了具有中国特色的乡村振兴理论体系，也可促进国际乡村发展研究交流互鉴，呈现学科交叉、方法融合、理论互鉴等研究特色。

本丛书试图进行以下创新：一是构建数字技术赋能政府治理与乡村发展理论模型。数字乡村建设正在如火如荼地开展，数字技术已广泛嵌入乡村各个方面并引发深度变革。本丛书紧密结合乡村数字技术情境，构建乡村振兴数字技术治理模型（数字技术与相对贫困治理，数字经济与乡村创业）、数字化赋能乡村产业融合发展作用机理模型，探索乡村振兴中的数字技术治理规律，是对技术与乡村发展关系理论的深化。二是整合多学科理论与方法，构建县级政府促进乡村振兴行为理论框架。县级政府数量众多，是乡村振兴的重要执行主体和直接面向乡村的领导者。本丛书以县级政府为核心研究对象，构建了欠发达地区县级政府培育农业行动策略理论框架，丰富和发展了县级政府与农业经营主体培育、农业产业技术革新、农业市场流通体系建设方面的公共管理理论。三是基于心理与组织行为理论，从微观视角构建农村居民生活自愿亲环境行为理论框架。居民是乡村的主人，也是乡村振兴的主力军，激活他们的自愿行为对促进乡村振兴具有十分重要的现实意义。本丛书以居民生活自愿亲环境行为为对象，发现生产命令型政策、生产技术指导型政策、生活经济型政策和生活服务型政策对农村居民生活自愿亲环境行为存在差异化影响，为激励乡村居民自觉优化人居环境提供政策参考。四是基于资源依赖等理论，构建了创业孵化平台组织培育与评价理论框架。创业孵化平台组织是乡村初创企业诞生的重要载体，更是培育和壮大乡村企业规模与人才队伍的关键利器。本丛书以创业孵化平台组织为对象，发现了创业孵化平台组织实现自我成长与发展的培育路径，并为创新性地评价创业孵化平台组织发展成效提供了科学评价指标体系。

实现共同富裕的重点难点在农村，全面推进乡村振兴是新时代建设社会主义现代化国家的重要任务。这套丛书凝结了七位老中青学者深耕乡村发展研究的感悟与思考，期待其出版，为相关政府部门健全乡村振兴政策，推进乡村治理能力现代化提供助力；为社会大众深度认知乡村、热爱乡村、扎根乡村、建设乡村提供行动指引；为企业、社会组织积极参与乡村振兴建设提供路径参考；为广大学界同行研究乡村振兴理论与实践提供启示。

"路漫漫其修远兮，吾将上下而求索"，我们将"并天下之谋，兼天下之智"，围绕推动乡村振兴、实现共同富裕而展开更深入的研究，推出更高质量的研究成果，也热切期盼广大专家学者与实践界的同志们提出宝贵意见和建议。

2023 年 2 月 23 日

前　言

　　新一轮科技革命带动数字技术快速发展，推动数字时代呼啸而来。在人类历史上，每一次科技革命都会带来制度体系和治理方式的变革。在数字时代，互联网技术应用日益广泛，数字技术驱动我们的生产方式、生活方式和治理方式发生全方位的变革，正如彼得·德鲁克所言：新的陌生时代已经明确到来，而我们曾经很熟悉的现代世界已经成为与现实无关的过往。数字乡村是乡村振兴的战略方向，为乡村振兴数字技术治理提供有力保障。数字技术的触角已渗入乡村振兴的方方面面，推进政府治理不断变革，农业农村现代化水平持续提升。一方面，随着大数据、云计算、人工智能等新一代数字技术融入数字政府建设，倒逼政府放管服改革，提高政府效能。如创新"掌上通""一网通办""不见面审批"等服务模式，方便乡村居民办事；创新线上参与模式，拓展村民参与治理的广度、深度；创新府际合作、政社跨界融合等协同治理模式，推动乡村振兴资源下沉；创新医联体、云教育、智能环境治理等公共服务新模式，促进城乡协调发展等。另一方面，数字技术赋能农业生产变革、农业产业数字化、农产品市场数字化监测和农产品质量安全追溯等农业产供销全环节，催生智慧农业、智慧物流、数商兴农、智慧旅游等数字经济新业态。将新一代信息技术融入乡村治理，不只是注重数字技术的工具功能，更强调数字技术带来治理理念的创新。我国乡村振兴数字技术治理实践时间不长，但成效显著，特别是数商兴农，当然也存在一些问题。这为相关研究提供了丰富的研究情境与理论缺口：我国乡村振兴数字技术治理实践中产生哪些经验与模式？数字技术治理逻辑是什么，即数字技术治理如何促进乡村振兴？其作用机制是什么？当前乡村振兴中数字技术治理有哪些模式？存在哪些困境？如何破解？等等。这正是本书拟解决的问题。

笔者一直从基层政府治理视角研究农村问题，特别是自2015年以来，关注农村反贫困与乡村振兴中的数字技术治理。依托主持的《包容性增长视角下县级政府公共服务能力研究（11BGL092）》《大数据背景下贫困县分类施策精准扶贫考核指标体系研究（16BGL159）》《互联网赋能相对贫困识别与治理长效机制研究（20AGL032）》3项国家社科基金（其中重点1项）和《江西省"十四五"巩固拓展脱贫攻坚成果同乡村振兴有效衔接规划》《易地扶贫搬迁后续扶持重点任务和资金筹措方式研究》《新阶段反贫困长效机制研究》《新经济视角下的江西精准脱贫模式、难点及对策研究》等10余项国家发改委招标课题、省社科基金和省发改委、省乡村振兴局等单位的招标课题，研究新一代信息技术对县域政府公共服务能力、对农村反贫困治理的作用机理及绩效评价。贫困治理特别是脱贫攻坚取得的全面胜利为乡村振兴奠定了坚实的物质基础与制度基础，脱贫攻坚伟大实践锻造的"上下同心、尽锐出战、精准务实、开拓创新、攻坚克难、不负人民"脱贫攻坚精神，为全面推进乡村振兴提供力量源泉。本书依照乡村振兴的"理论依据—现实基础—数字技术治理理论与实践探索"逻辑思路，整合、完善两个国家社科基金（16BGL159、20AGL032）的相关研究成果，包括在《经济管理》《公共行政评论》等CSSCI期刊公开发表的4篇学术论文和获省部级领导批示的2篇对策报告，试图较为全面地回答乡村振兴中数字技术治理的现实逻辑、理论逻辑与实践逻辑等一系列问题。

本书共分三篇十三章。

理论篇为第一章和第二章。主要是从现实需要与理论缺口提出研究问题，阐述研究框架及研究方法等，在文献梳理的基础上明晰数字技术与数字技术治理内涵，对中国特色反贫困理论包括脱贫攻坚精神、乡村振兴战略思想、社会主义共同富裕思想进行解读，厘清脱贫攻坚、相对贫困治理与乡村振兴之间的关系，为全书研究提供理论指导。

乡村振兴基础篇包括第三章至第五章共计3章。本篇系统梳理我国反贫困的历史演进、政策特征等，并以江西省为例，总结从省至乡不同层级的脱贫攻坚成效与经验模式，形成从中央到省、县和乡的四级行政建制的贫困治理实践研究，为后续乡村振兴研究奠定基础。以知识图谱法系统研究新中国成立70多年以来，我国农村贫困治理各阶段的历史变迁、治贫政策的特征演变和主要模式、基本经验；以江西为例，总结省域脱贫攻坚实践成效与经验，提炼井冈山、吉安、广昌、修水和安远五个县域脱贫典型模式，解剖安远县镇岗乡的生态脱贫模式。易地搬迁脱贫是"五个一批"脱贫措施之一，对脱贫移民产生深远影响，故以江西省修水县为例，基于模糊综合评价法对移民扶贫绩效进行评价。

数字技术治理篇为第六章至第十三章共计8章。本篇主要研究数字技术治理的现实逻辑、理论逻辑与实践逻辑。首先，从乡村振兴面临的形势与任务、相对贫困治理的客观讨求和数字乡村战略提供的技术保障等数字技术治理必要性与可行性提出乡村振兴数字技术治理的现实逻辑。其次，通过深入研究数字技术对相对贫困治理、农村创业的作用机制，探索乡村振兴数字技术治理的理论逻辑。巩固脱贫攻坚成果是乡村振兴的前提，相对贫困治理是乡村振兴的重要内容，因此第七章和第八章研究互联网赋能相对贫困治理的作用机制，通过扎根研究，构建互联网赋能相对贫困治理的作用机制模型，并以大样本统计数据进行作用机制检验。农村创业是促进产业兴旺，激发农村经济活力的重要途径，金融是经济发展的血脉，故第九章基于多元统计决策方法对数字普惠金融促进农村创业的作用机理、传导机制和异质性进行实证研究，探索数字普惠金融对农村创业的内在规律。最后，通过典型案例研究探讨乡村振兴中数字技术治理的实践逻辑。本篇共选取6个案例。一是江西省安远县，该县是全国数字乡村建设示范县，也是笔者多年来一直关注研究的脱贫县。本部分通过分析安远县互联网在乡村建设应用的动因、历程和举措，提炼该县数字技术治理模式。二是浙江省遂昌县。浙江省是我国数字经济先发地，2021年遂昌县王村口"挺进王村口·烽火浙西南"获国家乡村振兴局和国家财政部联合评审的革命老区乡村振兴示范区立项，2022年3月，笔者有幸率队参与该示范区建设成效评估，对其数字技术治理感悟较多。三是江西省吉水县、石城县和余江县。这三个案例主要是探索数字技术在智慧农业、智慧全域旅游和工业发展等乡村产业发展典型模式中的应用。四是乡村振兴中的数字技术治理的现实困境与路径研究。数字技术是双刃剑，数字技术治理是系统工程，涉及要素众多，深入剖析当前我国数字技术治理中的困境及原因，并提出走出困境的路径，是本书理论研究成果的应用。

本书成稿获得许多领导同事和亲朋好友的大力支持。感谢调研地乡村振兴局、基层干部给予调研的大力支持，特别感谢江西省乡村振兴局宗培处长、勒永革处长积极协调县乡调研，时任安远县镇岗乡党委书记魏振名多次提供调研支持与坦诚交流思想；感谢师弟朱天义，同事滕玉华、季凯文和陈武时常进行思想碰撞；感谢研究生钟伟、刘雨濛、陈颖、梁亮、张茂森等同学积极参与部分资料的收集与撰写（相关合作论文均在文中指出），感谢研究生许俊辉为本书排版提供的大力帮助！感谢中国社会科学出版社编辑孔继萍为本书出版付出的辛勤劳动和支持。本书在写作过程中参考了大量文献，谨向相关文献作者致以诚挚的谢意！

本书期待可以为从事乡村振兴数字技术治理理论研究学者与实践人员起到抛砖引玉的作用，为管理、经济等相关专业课程教学提供鲜活的案例。乡村振兴意义深远，但具有复杂性、艰巨性和长期性；数字技术方兴未艾，为乡村振兴插上腾飞的翅膀，但机遇与挑战并存。虽然笔者致力于运用科学严谨的研究方法，基于客观数据与案例，探索乡村振兴中的数字技术治理逻辑，但囿于水平有限，篇幅有限，因此错误、疏漏之处难免，敬请读者批评指正。

2022 年 7 月于南昌

目 录

第一篇 理论篇

第一章 绪论 …………………………………………………… (3)
　第一节 研究背景 ………………………………………… (3)
　　一 乡村振兴是实现共同富裕的必由之路 ……………… (3)
　　二 数字技术治理激活乡村振兴新动能 ………………… (4)
　　三 乡村振兴数字技术治理实践生成丰富的研究
　　　　情境与契机 ……………………………………………… (4)
　第二节 研究意义 ………………………………………… (5)
　　一 理论意义 …………………………………………… (5)
　　二 现实意义 …………………………………………… (6)
　第三节 文献综述 ………………………………………… (7)
　　一 贫困治理相关研究 ………………………………… (7)
　　二 乡村振兴相关研究 ………………………………… (13)
　　三 数字技术对乡村振兴的影响 ……………………… (17)
　　四 研究述评 …………………………………………… (19)
　第四节 研究内容与框架 ………………………………… (20)
　第五节 研究方法 ………………………………………… (23)
　　一 文献分析法 ………………………………………… (23)
　　二 扎根研究法 ………………………………………… (23)
　　三 模糊综合评价法 …………………………………… (23)
　　四 多元回归分析法 …………………………………… (24)

五　案例研究法 …………………………………………………… (24)
　第六节　研究思路与技术路线图 ………………………………………… (24)
　第七节　研究创新 ………………………………………………………… (26)
　　一　学术视角创新 …………………………………………………… (26)
　　二　学术观点创新 …………………………………………………… (26)
　　三　研究方法创新 …………………………………………………… (27)

第二章　核心概念与理论基础 ………………………………………………… (28)
　第一节　数字技术与数字技术治理 ……………………………………… (28)
　　一　数字技术 ………………………………………………………… (28)
　　二　数字技术治理 …………………………………………………… (28)
　第二节　中国特色反贫困理论 …………………………………………… (29)
　　一　理论内涵 ………………………………………………………… (29)
　　二　脱贫攻坚精神 …………………………………………………… (33)
　第三节　乡村振兴战略思想 ……………………………………………… (36)
　　一　乡村振兴战略的提出与发展目标 ……………………………… (36)
　　二　乡村振兴的总要求与具体要求 ………………………………… (37)
　　三　乡村振兴的重点任务 …………………………………………… (40)
　第四节　社会主义共同富裕思想 ………………………………………… (42)
　　一　共同富裕思想的形成 …………………………………………… (42)
　　二　共同富裕的内涵 ………………………………………………… (43)
　　三　共同富裕的影响因素 …………………………………………… (44)

第二篇　乡村振兴的基础

第三章　新中国成立以来贫困治理的历史变迁、政策特征与
　　　　典型制度 ……………………………………………………………… (49)
　第一节　中国贫困治理历程研究文献简要回顾 ………………………… (50)
　第二节　研究设计 ………………………………………………………… (51)
　　一　样本数据选取 …………………………………………………… (51)

二　研究方法 ………………………………………………………（52）
　第三节　新中国成立以来农村贫困治理的历史变迁 …………………（52）
　　一　无重点区域的救济式扶贫阶段（1949—1977年）…………（52）
　　二　山区为重点的发展式扶贫阶段（1978—1985年）…………（53）
　　三　贫困县为重点的开发式扶贫阶段（1986—1993年）………（54）
　　四　贫困县为重点的攻坚式扶贫阶段（1994—2000年）………（56）
　　五　贫困村为重点的综合式扶贫阶段（2001—2012年）………（57）
　　六　贫困户为重点的精准治贫阶段（2013—2020年）…………（58）
　第四节　新中国成立以来治贫政策的演化特征 ………………………（60）
　　一　治贫理念：由重单一经济性扶贫转向重"志智双扶"
　　　　的内生性扶贫 ……………………………………………………（60）
　　二　治贫对象：由贫困县转向贫困户 …………………………（62）
　　三　治贫主体：从政府包揽转向政府主导的多方参与 ………（64）
　　四　治贫路径：由重资金投入转向综合施策 …………………（65）
　第五节　新中国成立以来贫困治理的典型制度 ………………………（68）
　　一　以工代赈 ……………………………………………………（69）
　　二　产业扶贫 ……………………………………………………（70）
　　三　易地扶贫搬迁 ………………………………………………（70）
　　四　教育扶贫 ……………………………………………………（72）
　　五　对口帮扶扶贫 ………………………………………………（74）
　　六　政策性扶贫 …………………………………………………（76）
　　七　"互联网+扶贫" ……………………………………………（77）
　第六节　"十四五"期间农村相对贫困治理机制 ………………………（79）
　　一　返贫与新致贫风险防控机制 ………………………………（79）
　　二　农民工阶层固化的阻断机制 ………………………………（80）
　　三　巩固拓展脱贫攻坚成果与乡村振兴有效衔接机制 ………（81）
　　四　数字技术赋能相对贫困治理机制 …………………………（81）

第四章　江西省脱贫攻坚实践与模式 ……………………………………（83）
　第一节　江西省脱贫攻坚成效 …………………………………………（83）
　　一　脱贫攻坚目标如期实现 ……………………………………（83）

二　"五个一批"工程卓有成效 …………………………………… (84)
第二节　江西省脱贫攻坚经验 ………………………………………… (84)
　　一　示范引领发展带贫产业 …………………………………… (84)
　　二　"电商+"创新扶贫新业态 ………………………………… (85)
　　三　"专项、行业、社会"三位一体构建扶贫大格局 ………… (85)
　　四　"四大感恩行动"激发脱贫内生动力 ……………………… (85)
第三节　江西省脱贫典型模式 ………………………………………… (86)
　　一　井冈山模式：兜底保障与红色产业发展脱贫 …………… (86)
　　二　吉安模式：优特产业发展脱贫 …………………………… (87)
　　三　广昌模式：品牌农业发展脱贫 …………………………… (88)
　　四　安远模式：农旅融合发展脱贫 …………………………… (88)
　　五　修水模式：易地搬迁脱贫 ………………………………… (89)
第四节　生态脱贫的镇岗乡样本 ……………………………………… (90)
　　一　镇岗乡生态扶贫动因 ……………………………………… (91)
　　二　镇岗乡生态脱贫举措 ……………………………………… (92)
　　三　镇岗乡生态脱贫模式分析 ………………………………… (98)
　　四　镇岗乡生态脱贫经验与启示 ……………………………… (100)

第五章　基于模糊综合评价法的移民搬迁绩效评价 ……………… (105)
第一节　评价指标的选取及权重确定 ………………………………… (107)
　　一　评价指标体系的构建原则 ………………………………… (107)
　　二　指标选取 …………………………………………………… (107)
　　三　指标权重计算 ……………………………………………… (109)
第二节　移民搬迁绩效模糊综合评价模型 …………………………… (111)
　　一　评价因素集及评语等级的确立 …………………………… (111)
　　二　确立权重集 ………………………………………………… (111)
　　三　建立单因素模糊关系矩阵 R ……………………………… (111)
　　四　模糊综合评价矩阵 ………………………………………… (112)
　　五　综合评分 …………………………………………………… (112)
第三节　实证分析 ……………………………………………………… (113)
　　一　样本选取及数据收集 ……………………………………… (113)

二　评价测算 …………………………………………… (114)
　　三　评价结果分析 ……………………………………… (115)
　第四节　研究结论与政策建议 ……………………………… (117)
　　一　研究结论 …………………………………………… (117)
　　二　政策建议 …………………………………………… (117)

第三篇　数字技术治理篇

第六章　乡村振兴的数字技术治理现实逻辑 ……………… (123)
　第一节　数字技术治理是适应新形势的客观需求 ………… (123)
　　一　社会主要矛盾发生变化 …………………………… (123)
　　二　经济社会发展风险迭加 …………………………… (125)
　　三　巩固拓展脱贫攻坚成果与乡村振兴有效衔接机制 …… (125)
　第二节　数字技术治理是动态识别与治理相对贫困的
　　　　　内在诉求 ……………………………………… (127)
　　一　相对贫困内涵 ……………………………………… (127)
　　二　相对贫困成因 ……………………………………… (128)
　　三　相对贫困测度 ……………………………………… (133)
　　四　数字平台赋能返贫动态监测和精准帮扶 ………… (134)
　第三节　数字乡村战略为乡村数字技术治理提供技术支撑 …… (134)
　　一　数字乡村战略提出 ………………………………… (134)
　　二　数字乡村与数字乡村治理内涵 …………………… (135)
　　三　数字乡村助力乡村振兴路径 ……………………… (137)

第七章　基于扎根理论的互联网赋能相对贫困治理机制探索 …… (140)
　第一节　研究设计 …………………………………………… (140)
　　一　扎根理论研究法 …………………………………… (140)
　　二　资料来源与收集 …………………………………… (142)
　第二节　互联网赋能相对贫困治理的机理模型构建 ……… (150)
　　一　开放式编码 ………………………………………… (150)

二　主轴式编码 …………………………………………（153）
　　三　选择式编码 …………………………………………（157）
　第三节　互联网赋能相对贫困治理的机理模型阐述 ………（160）
　　一　管理服务智能化路径 ………………………………（160）
　　二　协同供给多元化路径 ………………………………（161）
　　三　供需匹配精准化路径 ………………………………（163）
　第四节　理论饱和度检验 ……………………………………（164）

第八章　互联网赋能政府相对贫困治理机制实证检验 ………（166）
　第一节　理论分析与研究假设 ………………………………（166）
　　一　互联网赋能与政府治贫绩效 ………………………（166）
　　二　互联网赋能与开放式创新治贫 ……………………（168）
　　三　开放式创新治贫与政府治贫绩效 …………………（169）
　　四　开放式创新治贫的中介作用 ………………………（170）
　第二节　机理模型检验的研究设计 …………………………（172）
　　一　量表设计 ……………………………………………（172）
　　二　样本与数据收集 ……………………………………（174）
　第三节　机理模型实证分析 …………………………………（175）
　　一　信效度检验与共同方法偏差检验 …………………（175）
　　二　相关性分析 …………………………………………（176）
　　三　假设检验 ……………………………………………（176）
　第四节　研究结果讨论 ………………………………………（179）

第九章　数字普惠金融促进农村创业的作用机制 ……………（182）
　第一节　文献回顾 ……………………………………………（183）
　　一　数字普惠金融相关研究 ……………………………（183）
　　二　农村创业相关研究 …………………………………（184）
　　三　数字普惠金融与农村创业关系研究 ………………（186）
　第二节　理论分析和研究假设 ………………………………（186）
　第三节　数据与实证模型 ……………………………………（188）
　　一　模型设定 ……………………………………………（188）

二　变量定义 …………………………………………………… (189)
　　三　数据说明 …………………………………………………… (190)
　第四节　数字普惠金融与农村创业的实证研究 ………………… (191)
　　一　基准回归结果 ……………………………………………… (191)
　　二　稳健性检验 ………………………………………………… (192)
　　三　传导机制分析 ……………………………………………… (194)
　　四　异质性检验 ………………………………………………… (197)
　第五节　研究结论与讨论 ………………………………………… (200)
　　一　研究结论 …………………………………………………… (200)
　　二　政策建议 …………………………………………………… (201)
　　三　研究局限性 ………………………………………………… (202)

第十章　互联网赋能安远县相对贫困治理的案例研究 ………… (203)
　第一节　案例选取与数据收集 …………………………………… (203)
　　一　案例选取缘由 ……………………………………………… (203)
　　二　数据收集 …………………………………………………… (203)
　第二节　互联网赋能安远县相对贫困治理的历程 ……………… (204)
　　一　探索阶段（2015—2017年）………………………………… (205)
　　二　发展阶段（2018—2019年）………………………………… (206)
　　三　提升阶段（2020—2021年）………………………………… (207)
　第三节　安远县互联网赋能贫困治理与乡村振兴的实践路径 … (208)
　　一　"安远模式"的管理服务智能化路径 ……………………… (209)
　　二　"安远模式"的协同供给多元化路径 ……………………… (210)
　　三　"安远模式"的供需匹配精准化路径 ……………………… (212)
　第四节　互联网赋能安远县相对贫困治理的成效与困境 ……… (213)
　　一　取得的成效 ………………………………………………… (213)
　　二　存在的问题 ………………………………………………… (215)
　第五节　促进互联网赋能安远县相对贫困治理的建议 ………… (216)
　　一　加强农村信息基础设施建设 ……………………………… (216)
　　二　促进互联网与政府相对贫困治理的深度融合 …………… (217)
　　三　深化新一代信息技术在相对贫困治理领域集成的创新 … (217)

第十一章 数字化赋能遂昌县乡村振兴示范区建设案例研究 (219)

第一节 案例选取 (219)
第二节 数据收集 (219)
一 资料查阅 (220)
二 座谈访谈 (220)
三 问卷调查 (221)
四 实地考察 (221)

第三节 遂昌数字化改革的实践与成效 (221)
一 数字化赋能政府治理改革 (222)
二 数字化赋能产业发展 (223)
三 数字化赋能乡村综合治理 (224)
四 赋能遂昌乡村振兴成效 (225)

第四节 对其他地方推动数字化改革的启示 (227)
一 加强顶层设计，夯实改革基础 (227)
二 以需求为导向，实现精准改革 (227)
三 把数字化改革放到现代化全局的更大场景中去思考和谋划 (228)
四 深化放管服改革，建设数字政府 (228)

第十二章 数字技术助力乡村振兴的模式及其启示 (230)

第一节 余江模式：引智创新让智慧农业落地生根 (230)
一 发展成效 (230)
二 主要举措 (231)
三 经验启示 (232)

第二节 吉水模式：赋能"军民融合"补工业短板 (233)
一 发展成效 (233)
二 主要举措 (234)
三 经验启示 (235)

第三节 石城模式：挖掘资源优势打造智慧全域旅游 (236)
一 发展成效 (236)
二 主要举措 (237)

三　经验启示 …………………………………………………… (238)
　第四节　对其他地区乡村振兴的启示 ………………………………… (239)
　　一　强化分类指导与分类考核双向发力 ……………………… (239)
　　二　注重挖掘特色资源与提升品牌知名度双轨并行 ………… (239)
　　三　突出创新体制机制与健全政策体系互为补充 …………… (240)
　　四　促进"引智"与"留智"环境协同优化 ………………… (240)
　　五　抢抓新兴产业与新兴业态双重机遇 ……………………… (240)

第十三章　乡村振兴中的数字技术治理困境与路径 ………………… (242)
　第一节　数字技术治理脱贫攻坚文献与实践回顾 …………………… (242)
　　一　文献回顾 …………………………………………………… (242)
　　二　实践回顾 …………………………………………………… (243)
　第二节　乡村振兴中数字技术治理的现实困境 ……………………… (247)
　　一　数字技术治理区域发展不平衡 …………………………… (247)
　　二　数字技术治理水平滞后于数字基础设施发展水平 ……… (248)
　　三　农村居民数字素养整体不强制约数字技术治理 ………… (249)
　第三节　乡村振兴中的数字技术治理建议 …………………………… (250)
　　一　加强数字技术治理的制度保障 …………………………… (250)
　　二　加强数字技术治理的设施保障 …………………………… (250)
　　三　加强数字技术治理的人才保障 …………………………… (251)
　　四　加强数字技术治理的基层组织保障 ……………………… (252)

参考文献 ………………………………………………………………… (253)

第一篇

理论篇

没有革命的理论，就不会有革命的行动。

——列宁

第一章

绪　　论

第一节　研究背景

一　乡村振兴是实现共同富裕的必由之路

实现共同富裕是社会主义的本质要求，农村是实现共同富裕的重点和难点。乡村振兴是解决我国城乡和区域发展不充分、不平衡问题的根本之路，没有乡村振兴，就没有共同富裕。党的十九大提出的实施乡村振兴战略，是决胜全面建成小康社会、全面建设社会主义现代化国家的重大历史任务，是新时代"三农"工作的总抓手。从党的十八大以来，脱贫攻坚作为全面建成小康社会的底线任务，全党全国全社会力量上下同心、精准务实、开拓创新、攻坚克难，组织实施人类历史上规模最大、力度最强的脱贫攻坚战，于2020年历史性地解决了绝对贫困问题，5575万农村贫困人口实现脱贫，脱贫攻坚战取得全面胜利，标志着我国全面建成小康社会。但是绝对贫困消灭了，相对贫困仍将长期存在。相对贫困是指在特定社会生产方式和生活方式下，依靠个人和家庭的劳动力所得或其他合法收入虽能维护其食物保障，但无法满足在当地条件下被认为是最基本的其他生活需求的状态（吴振磊，2020）。它不仅是以收入、消费或福利来衡量经济福利的方式（乌德亚·瓦格尔、刘亚秋，2003），还是社会贫困的一种表现形式，故更为复杂，治理难度更高（高强、孔祥智，2020）。巩固脱贫攻坚成果是乡村振兴的前提，进一步缓解相对贫困是实现乡村振兴战略2035年的阶段性目标的根本要求。

二 数字技术治理激活乡村振兴新动能

科学技术是第一生产力,每一次科技革命都极大地促进了经济社会发展。第一次科技革命使人类进入蒸汽机时代,第二次科技革命使人类进入电气时代,第三次科技革命将人类带入信息时代。进入21世纪以来,技术发展的趋势主要表现为新一代信息技术、新能源和生物技术及其之间的深度融合。新一代信息技术广泛应用,不断催生新产品、新模式、新业态,成为现代化发展的强大动力,数字技术治理(有学者简称技术治理)开始进入理论界与实践界关注视野。

2018年我国提出数字乡村振兴战略,随后出台《数字乡村发展战略纲要》《数字农业农村发展规划(2019—2025年)》《数字乡村发展行动计划(2022—2025年)》等系列文件,推进乡村数字化建设,以数字技术为巩固脱贫攻坚成果,促进乡村振兴和农业农村现代化发展注入全新动能。相对贫困治理具有长期性、复杂性和艰巨性,新一代信息技术为解决这一难题提供了重要契机(王伟进等,2020),它有助于建立解决相对贫困的长效机制(左孝凡、陆继霞,2020)。数字技术可以提高农民运用信息脱贫致富的能力,进而促进脱贫地区特色产业发展,激发脱贫地区自我发展的内生动力(温锐松,2020)。数字化通过乡村整体价值提升和乡村数字生态系统构建内外机制,释放多重功能效应(赵德起、丁义文,2021)。以数字乡村建设为契机,将数字技术嵌入农村互助养老合作生产,可赋能互助养老模式改变(刘辞涛、向运华,2022)。数字技术通过促成多主体共治、促进治理决策智能化转型、夯实治理物质基础、创造良好人文环境赋能乡村治理体系现代化建设的赋能(江维国等,2021)。大数据能够促进政府电子政务建设,促进公开透明、互动沟通、开放创新和优质服务(Andy & Williamson,2014),使政府管理和决策过程更加精准(张楠,2015)。不过,数据采集耗时耗力、数据价值的挖掘技术不成熟和专业管理人员不足等可能会影响技术治贫绩效(胡建兰,2018)。

三 乡村振兴数字技术治理实践生成丰富的研究情境与契机

"技术治理""数字化赋能"与"互联网赋能"是近几年来的热点词,其不是简单的"互联网+",而是大数据、人工智能、5G移动、区块链、物联网、虚拟现实等集成的新一代信息技术体系，它超越互联网技术工具属性，更强调其带来新理念、新思维的变化。特别是自2019年新冠肺炎疫情以来，新一代信息技术赋能政府治理数字化转型、产业数字化转型、社会数字化转型，在农村也实现了广泛传播和应用，网络村播带货的消费帮扶，在线组织招商招聘、劳务输出和技能培训等成为巩固脱贫攻坚成果，促进乡村振兴的新模式。数字技术治理已渗入我国贫困治理与乡村振兴的伟大实践，并形成许多具有中国特色的经验，为当前研究乡村振兴的技术治理逻辑提供了前所未有的研究情境和契机。

梳理文献发现，关于技术治理与乡村振兴的关联研究不多。在2018年、2019年形成小高峰，且多为基于技术工具视角的重要性与描述性应用研究，尚有以下问题需要进一步探讨：数字技术如何赋能乡村振兴？如何以量化研究方式，探索数字技术赋能乡村振兴的路径？如何通过剖析典型案例，提炼经验，找出乡村数字技术治理模式与逻辑，为政府以智图治，以智提质，以智增祉，提升治贫绩效提供理论指导和政策建议？这正是本书拟解决的问题。

第二节　研究意义

"十四五"时期是我国全面建成小康社会、实现第一个百年奋斗目标之后，乘势而上，开启全面建设社会主义现代化国家新征程的第一个五年，是巩固拓展脱贫攻坚成果同乡村振兴有效衔接期，是民生福祉达到新水平的新发展阶段。新一代信息技术迅猛发展，数字乡村建设如火如荼，为数字技术赋能巩固拓展脱贫攻坚成果、促进乡村振兴带来新的发展机遇。以现代信息技术深入发展为基础的乡村治理技术化日益成为未来乡村社会治理的重要发展方向，技术治理是实现乡村振兴的关键变量（沈费伟，2020），故本书研究具有重要意义。

一　理论意义

第一，系统梳理我国农村贫困治理的历史演进、经验与模式，为乡村振兴伟大实践提供学理性解释和理论指导。巩固脱贫攻坚成果是乡村振兴的前提，相对贫困治理与乡村振兴紧密关联。本书系统梳理中国特色反贫困理论和社会主义共同富裕思想，分析、提炼中华人民共和国成立以来贫困治理的历史演进与经验，总结地方脱贫攻坚实践经验模式和乡村振兴数字技术治理模式，为后续乡村振兴提供借鉴参考，为伟大实践提供学理性解释。

第二，探索数字技术对乡村振兴的作用机理与实践路径，拓展乡村振兴中的技术治理相关研究。将技术治理、交易成本、开放式创新等理论繁殖到巩固脱贫攻坚成果与乡村振兴研究领域，运用扎根方法，探讨互联网赋能相对贫困治理与乡村振兴的作用机理，提出管理服务智能化路径、协同供给多元化路径和供需匹配精准化三条互联网赋能路径，并进行实证检验，为乡村振兴中的技术治理相关研究充实新思想、新素材、新观点。

第三，探寻数字普惠金融对农村创业的影响机制，深化数字普惠金融与农村创业相关研究。构建数字普惠金融对农村创业活跃度的机理模型，并基于我国2011—2018年的省级面板数据，验证数字普惠金融对农村创业的影响及传导机制，打开数字普惠金融影响农村创业的黑箱。

二 现实意义

第一，为决策层出台乡村振兴政策提供资料支撑与建议。本书既运用科学理论和方法从理论层面进行数字技术赋能相对贫困治理、农村创业等学术前瞻性研究，又基于与政府部门的合作与实地调研，从实践层面开展案例研究；既有宏观政策建议，又有微观机制设计。研究成果将为我国防止大规模返贫致贫提供理论指导，为创新相对贫困治理方式与乡村振兴机制，出台相关政策提供可行性强的思路和方案。

第二，为弘扬伟大脱贫攻坚精神，促进乡村振兴提供典型案例、模式等宣讲素材。本书对中华人民共和国成立以来贫困治理伟大实践进行演进分析，并进行从省—县—乡的脱贫攻坚经验模式研究、乡村振兴数字技术治理案例和模式研究，可为弘扬和宣讲伟大的脱贫攻坚精神，促进乡村振兴素材。

第三，为相关研究提供借鉴。乡村振兴与数字技术治理均为当前重大的理论与现实问题，为理论界从事相关研究提供诸多契机，本书将乡村振兴与数字技术治理置于统一分析框架，并运用管理学、社会学、经济学等多种理论进行研究，研究视角、研究方法和研究内容均可为学者进行相关研究提供参考。

第三节 文献综述

一 贫困治理相关研究

（一）反贫困学术史与实施战略变迁

自20世纪90年代以来，国内外学者围绕怎么认识和缓解中国的贫困开展系列研究，取得了丰硕的成果。

1. 贫困及其本质

关于贫困的内涵界定经历了一个从单维贫困测度到多维贫困测度和动态测度的发展历程。关于贫困的测度主要归纳为以下几种：第一，致贫要素说。物质要素包括劳动收入低下（汪三贵、李文，2003）、医疗保障不足（王春超、叶琴，2014）；文化要素包括农民主观幸福感下降等（罗必良等，2021）；突发事件要素包括因病致贫或因灾致贫等（黄薇，2019）、城市地理空间的社会区隔（姚尚建，2021）等。第二，致贫机会说。其中包括结构性贫困（燕继荣，2020）、农户金融服务参与机会不足（董晓林等，2021）、没有工作、求学、获取知识的机会、电商技术制造了技术门槛，带来了发展机会的不平等（邱泽奇、乔天宇，2021）、权利剥夺（Carter，2003；Vanpraag，2005）。第三，致贫能力说。突出强调了贫困个人和群体的弱势本质。其中包括贫困人口自我发展能力（左停等，2021）、金融能力（方舒、王艺霏，2021）、风险抵御能力（王志敏、曲玮，2016）、劳动能力（肖魏，2018）、认知能力（黎煦等，2019）、代际传递（Hahnetal，2009；Yu，2010）、"丰裕中的贫困"（Keynes，1936）、饥荒和生产力不足形成的老式贫困、体制因素带来的购买力不足引发的丰裕中的贫困、高GDP但分配不合理不公平引起的贫困（Samuelson，1948）。

2. 贫困问题的诸种解释范式

第一，"贫困恶性循环"理论。纳克斯等人认为发展中国家因两条恶性循环形成持续贫困：循环一为低储蓄率导致的较低资本形成水平，最终导致低生产率；循环二为低消费水平催生低生产率，最终又导致低收入。第二，"低水平均衡陷阱"理论。美国经济学家纳尔逊认为，发展中国家的经济表现为人均收入处维持生命或接近维持生命的低水平均衡状态。第三,"临界最小努力"理论。美国经济学家哈维·莱宾斯坦提出,发展中国家要打破低收入与贫困之间的恶性循环,必须首先保证足够高的投资率,以使国民收入的增长超过人口的增长,从而使人均收入水平得到明显提高。第四,"循环积累因果关系"理论。缪尔达尔认为,社会经济发展的过程是一个动态的系统,其中,各种因素互相联系,互相影响,互为因果,呈现一种"循环积累"的发展态势。收入水平低和收入分配不合理是造成发展中国家贫困的重要原因。

3. 贫困治理方式与策略

第一,结构视角。贫困治理要推行经济改革拆除阻碍生产要素流动和配置的体制障碍,推动劳动力从低生产率就业领域不断退出,实现城乡之间、地区之间和产业之间日益充分的流动,进而获得更高效率的重新配置(蔡昉,2018)。第二,行动主体视角。这一视角的内容包括:上市公司参与精准扶贫(岳佳彬、胥文帅,2021)、基层政府"扶贫外包"(陈丽君等,2021)、公共产品和服务供给与企业的主营业务优势紧密结合(吕鹏,2021)、村干部在移民乡村扶贫治理中扮演着政策链条末端执行者和资源分配者的重要角色(向德平,2011)。第三,政策视角。内容包括赋权融资为政府与市场合作提供机会(程惠霞,2021)、扶贫小额信贷可以提高农户自雇经营绩效(翁辰等,2021)、中国式跨区域协同治贫(张天悦,2021)。第四,扶贫阶段论视角。我国就业扶贫实践历程划分为"统包统配""就地转移""东西部劳务协作""精准对接、稳定就业"4个阶段(平卫英等,2021);中国消除农村贫困主要经历革命式减贫、救济式扶贫、开发式扶贫、培育内生动力减贫阶段和习近平新时代精准扶贫五个阶段(杨灿明,2021)等。第五,贫困治理与乡村振兴衔接视角。主要集中在2020年后中国农村减贫的战略转变与政策重点、类型、表现与应对路径(汪三贵、刘明月,2020);相对贫困的内涵及治理(韩广富、辛远,2020;张琦,2020);从绝对贫困到相对贫困的理论关系(李小云等,2020;向德平、向凯,2020);缓解相对贫困的长效机制等内容(左停、李世雄,2020;邢成举,2020)。

(二)相对贫困研究

2020年之后中国绝对贫困消灭了,但相对贫困还会长期存在。相对贫困问题不再是单纯的经济现象,而是集经济、社会、自然等因素于一体的复合现象(李小云、许汉泽,2018;魏后凯,2018),其治理的主战场依然是农村(何秀荣,2018)。

以相对贫困为关键词,对2000—2021年CNKI中核心期刊和CSSCI来源期刊的663篇有效文献,作关键词共现知识图谱(见图1-1)。研究发现,高频词以"多维贫困、城市贫困、精准扶贫、乡村振兴、贫困发生率、农村、民族地区、深度贫困、贫困线、贫困标准"为主,表明现有关于相对贫困领域的研究主要围绕相对贫困识别、成因和治理思路展开(见表1-1)。

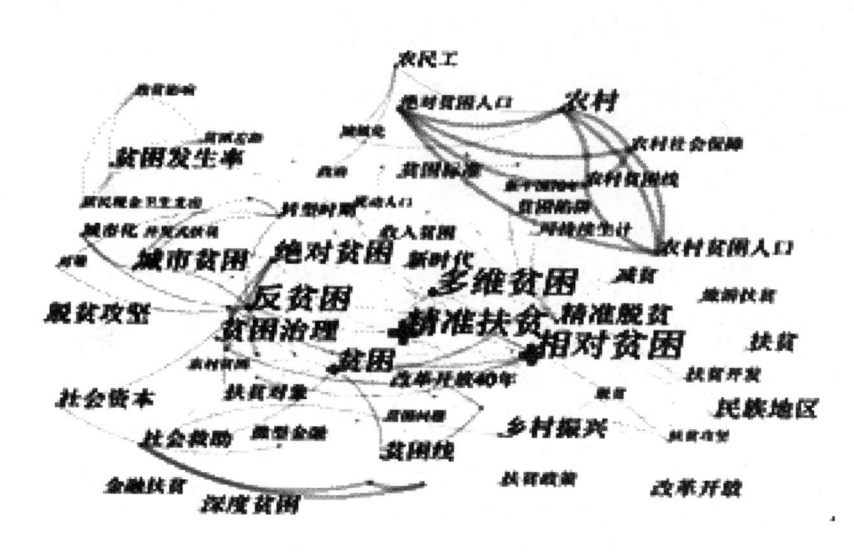

图1-1 关键词共现知识图谱

表1-1　　　　　　　　　相对贫困相关研究

研究内容	代表性文献作者
相对贫困识别	马瑜、吕景春(2022);高强、孔祥智(2020);Bowley(1925);汤森(1979);世界银行(2016);叶兴庆、殷浩栋(2019);杨龙、汪三贵(2015);杨舸(2017);Bourguignon等(2003);Nicholas等(2019);汪三贵(2021);杨龙(2015);田宇(2017);孙久文、夏添(2019);王小林、冯贺霞(2020)

续表

研究内容	代表性文献作者
相对贫困主要成因	Alwang et al.（2001）；李丽、崔新新（2017）；李壮、陈书平（2019）；杨永伟、陆汉文（2019）；李小云、许汉泽（2018）；汪三贵、冯紫曦（2019）；范和生（2018）；郑瑞强、曹国庆（2016）；包国宪、杨瑚[56]（2018）；朱冬亮（2019）；王锴（2019）；冯丹萌、陈洁（2019）；关信平（2021）；单德朋（2019）
相对贫困治理主要对策	王志章等（2019）；黄征学等（2019）；李永友、沈坤荣（2007）；魏后凯等（2018）；左停等（2020）；邢成举、李小云（2019）；桂华（2019）；左停等（2021）；杨永伟、陆汉文（2019）；谢治菊、范飞（2019）

资料来源：笔者整理。

1. 相对贫困识别

相对贫困指的是个人或家庭拥有满足家庭基本生存性需要的物质资源，但尚未达到社会平均水平，更强调社会分配均衡问题，注重不同群体间收入及社会待遇差距（马瑜、吕景春，2022）。相对贫困具有人口基数大、贫困维度广、致贫风险高等特点，可采取社会财富的集中程度或者财富分配的基尼系数予以测度（高强、孔祥智，2020）。

Bowley（1925）最早提出贫困线的概念，汤森（1979）认为当家庭或个人收入难以支撑其参加社会活动时，被迫降低参与频率或被排斥在外，该家庭或个人的收入水平即为相对贫困线（Sen，1981）。国际上常运用"收入比例法"，即以中位收入一定比例设置相对贫困标准，比如世界银行（2016）认为"相对贫困"是收入低于平均收入1/3的社会成员，欧盟则是将中位收入的60%以下划为相对贫困标准。叶兴庆、殷浩栋（2019）提出按中位收入比例法制定相对贫困线。但贫困是一个多维概念（杨舸，2017；杨龙、汪三贵，2015），Bourguignon等（2003）认为应为贫困的每个维度指定一条贫困线，Nicholas等（2019）开发了在维度和时间方面分别体现出变化的多维贫困测量方法，汪三贵（2021）、杨龙（2015）、田宇（2017）等分别对贫困户、农户和少数民族区域、连片贫困地区进行了多维贫困识别或测量研究，测量维度集中于教育、住房、健康和劳动能力等方面，提出应有针对性地实施政策进而缓解各家庭的多维贫困程度。孙久文、夏添（2019）在城乡统筹背景下对非沿海地区和沿海地区采取两区域、两阶段方法测算相对贫困线，提出前者实施绝对贫困线相对化，后者实施以居民可支配收入为基准的相对贫困线，并定期上调，考虑在我国城镇化后期阶段统一实施以居民可支配收入为基准的相对贫困线。王小林、冯贺霞（2020）也建议 2020 年不与国际相对贫困标准接轨，坚持根据自有国情实行多维相对贫困标准，从经济、社会发展、生态环境等多个维度建立相对贫困标准。

2. 相对贫困主要成因

贫困脆弱性的高低取决于个人或家庭能遭受外部冲击和抵御冲击的能力的强弱（Alwang et al, 2001）。主体素质差、收入大幅下降、身体健康水平下降或慢性疾病等都是极易落入相对贫困陷阱的重要原因（李丽、崔新新，2017），贫困人口内生发展动力缺乏，"等靠要"思想难改是脱贫攻坚战普遍面临的实践困境，这一现象根源于个体问题的"道德化"，同样也是相对贫困治理过程中的棘手问题（李壮、陈书平，2019）。有学者对内生动力缺失路径开展研究，从目标导向、文化价值、内在信心、依赖思想等方面归纳出内生动力缺乏的四种常见类型（杨永伟、陆汉文，2019）。

市场机制参与贫困治理也是致使贫困发生的重要原因，城镇化和市场化无疑为贫困群体拓宽了就业与增收渠道，但也在一定程度上增加了生活的消费和支出，无形中构成了转型性的次生贫困（李小云、许汉泽，2018）。地理位置偏远、地质灾害频发或地处生态脆弱区的人口经常面临"一方水土养不活一方人"的困境（汪三贵、冯紫曦，2019）；扶贫产业抗风险能力不强，脱贫后相关政策的陆续撤出及变化，脱贫人口适应不及同样可能导致返贫（范和生，2018）。郑瑞强、曹国庆（2016）聚焦贫困人口生计脆弱性的特征，认真分析贫困形成的多维原因，提出脱贫人口今后仍然面临较大的返贫风险，主要来源于政策退出、能力不足、环境改变、发展困难等方面。

针对返贫现象的诱导因素，包国宪、杨瑚（2018）将其归类为制度政策型返贫、资源环境型返贫、灾祸风险型返贫及能力习惯型返贫四种。在早期精准识别绝对贫困群体时，划分依据存在来源于政策的刚性束缚，不少处于贫困"边缘"状态的相对贫困群体的发展境地同样艰难，处理突发外部风险的能力不足，一定程度上与纳入精准扶贫的贫困户之间不存在显著差异，理应予以重视（朱冬亮，2019）。

此外，城市贫困问题逐渐显现，有研究表明国内城市相对贫困率远高于城市绝对贫困率，且这一现象多年来无明显改观（王锴，2019），其形成受制度与政策、就业、医疗、教育、健康水平、价值观念、行为能力等因素影响（冯丹萌、陈洁，2019），对此，关信平（2021）又进一步从个人、家庭以及社会层面加以阐述。还有学者引入金融素养的全新视角，发现金融素养不足可以帮助城市贫困主体增收，但无法有效减贫，原因在于金融素养越高，贫困个人或家庭信贷可得性越高，即更利于缓解信贷约束（单德朋，2019）。

3. 相对贫困治理主要对策

政府政策方面，有学者提出要加强顶层设计，提升政策营销和政策执行的精准性能加深相对贫困地区群体和个人对政策的理解程度，王志章等（2019）、黄征学等（2019）认为2020年以后的减贫战略应有所调整，对减贫测算标准进行重新构建，依据新标准将减贫群体纳入新范围，保持现有减贫政策的连续性和稳定性，突出财政资金的保底性和靶向性以提高财政减贫资金的使用效率。李永友、沈坤荣（2007）强调财政支出对降低相对贫困深度的作用，应针对相对贫困群体实施倾向性的支出配置政策。魏后凯等（2018）主张相对贫困治理与乡村振兴战略有机结合，统筹城乡贫困治理，左停等（2020）在此基础上对降低相对贫困群体生计系统的风险与脆弱性提出应实施具体举措，建议从风险意识、监测预警、救助保障、农户生计能力等方面着手改善。

邢成举、李小云（2019）认为今后的相对贫困治理工作将转向普遍性与特殊性相结合的相对贫困常态化治理，其将与社会救助、社会保障紧紧关联。桂华（2019）认为相对贫困归根结底是社会发展不平衡和分配不平衡所导致的，主张坚持发展战略、文化扶贫、延伸减贫领域，"三管齐下"破除相对贫困难题。左停等（2021）通过县级数据实证发现，脱贫质量与贫困群体自我发展能力之间存在重大关联度，强化相对贫困群体的自我发展能力是今后相对贫困治理的重点工作。杨永伟、陆汉文（2019）则进一步强调相对贫困治理过程中激发贫困群体内生动力的重要性，并就如何构建贫困人口内生动力的培育策略进行不同类型的讨论。随着对贫困治理领域的不断深入研究，学术界逐渐意识到技术扶贫减贫的重要意义，并对此方面展开探索，谢治菊、范飞（2019）回顾以往反贫困治理历程，提出技术参与贫困治理经历了农业技术到信息技术再到智能技术的变迁过程，未来的贫困治理仍然需要新技术的持续赋能。

二 乡村振兴相关研究

乡村振兴战略是习近平总书记于2017年10月18日在党的十九大报告中提出的：农业农村农民问题是关系国计民生的根本性问题，必须始终把解决好"三农"问题作为全党工作的重中之重，实施乡村振兴战略。在随后的几年，中共中央、国务院连续发布中央一号文件，对新发展阶段全面推进乡村振兴进行总体部署，《乡村振兴战略规划（2018—2022年）》《中共中央 国务院关于全面推进乡村振兴加快农业农村现代化的意见》《中共中央 国务院关于做好2022年全面推进乡村振兴重点工作的意见》等文件先后出台。乡村振兴研究也成为理论界研究的热点。

（一）乡村振兴的意义与发展历程

以乡村振兴战略统领未来国家现代化进程中的农业农村发展，是解决我国发展不平衡不充分问题、满足人民日益增长的美好生活需要的要求（叶兴庆，2018）。乡村振兴要准确把握"二十字方针"的科学内涵，以及五大目标任务之间的关系（黄祖辉，2018）。实施乡村振兴战略不是要对已经得到较好发展的乡村和具备较好发展资源条件的乡村进行锦上添花式的建设，而是要着力为占中国农村和农民大多数的中西部一般农业型农村地区雪中送炭；不是为具备进城能力的农民提供更多利益，而是要为缺少进城机会与能力的农民在农村的生产生活提供保障（贺雪峰，2018）。

中国乡村发展具有明显的历史跨越性。张海鹏等（2018）将中国百年乡村发展分成四个历史阶段，第一阶段为20世纪20年代至40年代，由知识分子主导的乡村建设运动，大多偏重于文化教育；第二阶段为1949年新中国成立至1977年，推行以集体化与合作化为特征的社会主义改造，建立人民公社体制；第三阶段为1978年至2004年，实行以家庭联产承包责任制为标志的农村改革；第四阶段为2005年至2017年，党的十六届五中全会提出"生产发展、生活宽裕、乡村文明、村容整洁、管理民主"的社会主义新农村建设，并出台一系列支持政策和财政投入，显著改善基础设施、人居环境、生产条件和公共服务。特别是党的十八大以后，国家统筹城乡发展的力度再次加大，建设美丽乡村成为新的奋斗目标。周立（2018）将我国百年乡村振兴实践分成乡村建设（20世纪初至2005年）、新农村建设（2005—2017年）和乡村振兴（2018—2050年）三个阶段。

乡村振兴是实现共同富裕的根本路径，近年来学者们进行乡村振兴与共同富裕的关联研究。唐任伍、许传通（2022）认为，共同富裕的重点和难点在乡村，乡村振兴对推动共同富裕、解决我国城乡、区域、产业发展不充分、不平衡及城乡收入差距拉大的问题，不仅具有必要性，而且具有可能性，二者在目标、使命、原则、路径方面具有一致性。王博、王亚华（2022）从中国特色社会主义制度优势、城乡一体化发展、社会结构优化、农村资源配置势能释放和农民生活幸福渴望角度分析县域层面推进乡村振兴实现共同富裕的驱动机制等。

（二）乡村振兴的路径

专家们对乡村振兴的总体思路和路径进行了较为深入的研究，研究多从制度视角展开。深化农村体制机制创新和改革，运用现代科学技术加快推进农业现代化，注入先进文化活化乡村精气神，建设现代乡村文明，打破城乡经济社会二元体制构建城乡命运共同体，建立现代乡村治理体系，实现乡村治理体系和治理能力现代化，是实现乡村振兴的路径（唐任伍，2018）。在城乡二元结构仍较为明显的背景下，必须牢牢把握农业农村优先发展和城乡融合发展两大原则。要抓好"人、地、钱"三个关键，促进乡村人口和农业从业人员占比下降、结构优化，加快建立乡村振兴的用地保障机制，建立健全有利于各类资金向农业农村流动的体制机制。要特别关注边远村落和贫困群体（叶兴庆，2018）。实施乡村振兴需要在坚持新发展理念的基础上，深化农村综合改革，建立城乡统一的要素市场，创新振兴乡村产业，建立健全城乡统一的公共服务体系（张海鹏等，2018）。调整现行补贴政策，进一步完善农村金融制度、深入推进三权分置改革、推进户籍制度与其他制度（诸如社会保障制度、公共服务体制和农村土地制度等）的联合改革、进一步健全农村生态补偿制度等（雷明等，2022）。

许多专家围绕乡村振兴的总体要求和五大振兴对策展开了大量的具体研究，特别是产业兴旺作为乡村振兴的基础，研究更多。既包括案例研究，也包括大样本量化研究，涉及政治、管理、社会、经济等多学科。如我国乡村产业发展面临着农业发展水平较低，基本要素供给不足；产业相对单一，农业与二、三产业融合度较低的现实困境。实现乡村产业振兴要以农业不断优化升级、三产深度融合为现实路径（刘海洋，2018），要以数字乡村建设激活乡村产业振兴（杨江华、刘亚辉，2022）。李卓、郑永君（2022）以云南省某县为例研究发现，政府在乡村产业发展中应提供制度供给、政策供给和服务供给等，而市场应提供生产原料、价格指导和产品供给等，只有明确政府与市场在产业发展中的责任与边界，才能促进乡村产业可持续发展。吴彬等（2022）以甘肃省临洮县为例，提出欠发达地区乡村产业振兴实现逻辑的关键在于跨边界发展网络的构建。此类研究成果丰硕，不一而述。

（三）巩固脱贫攻坚成果与乡村振兴有效衔接

当前，我国正处于脱贫攻坚与乡村振兴统筹衔接的历史交汇期。中共中央办公厅、国务院办公厅印发的《关于改革完善社会救助制度的意见》以及2020年中央一号文件等反复强调要推进脱贫攻坚与乡村振兴的衔接。因此巩固拓展脱贫攻坚成果与乡村振兴有效衔接也成为乡村振兴研究的重要内容，相关研究主要从群体视角、制度视角、内涵互嵌视角和市场视角等展开。

一是群体视角。从脱贫人口来看，自主脱贫意识淡薄（王军、曹姣，2022），受自然灾害冲击、基层政府扶贫政策偏差、政府行政逻辑代替市场逻辑以及贫困农户内生动力不足等因素影响，存在规模性返贫风险（王媛，2021）。推进脱贫攻坚与乡村振兴有机衔接，应以促进包括脱贫人口在内的全体农村居民的生计改善和全面发展为根本导向，聚焦扶贫产业可持续发展、易地扶贫搬迁社区治理现代化、扶贫资产管理和高效利用、绿色减贫长效机制构建等重点领域,加快政策深化调整、工作体系转变、资源配置方式转型,提升脱贫效果可持续性,促进减贫治理长效化,实现乡村内生性发展,加快推进农业农村现代化(涂圣伟,2020)。从基层组织和人才来看,村级组织的主体性建设是国家乡村振兴战略实施的重要保障,与脱贫攻坚相比,尤其要注重村级治理的主体性建设(郭亮,2022);由于多种原因,一些基层干部存在职业倦怠,这不仅会影响其身心健康,而且会影响工作质量和效率,应积极采取克服措施和预防手段(王亚华、舒全峰,2018)。在脱贫攻坚向乡村振兴过渡中,乡村对人才的需求进一步升级,人才供给数量和质量不足的问题将会更加突出(张静宜、陈洁,2021)。

二是制度视角。2020年后的减贫战略需聚焦于未来经济社会发展条件的研判、新贫困标准的制定、城乡统筹的贫困治理体系的建立、基于权利的社会保障体系的建设、保障扶贫投入的财政金融改革五个重点问题。乡村振兴与脱贫攻坚有机衔接要着重解决重点目标、体制机制、政策措施、成效认定等问题(汪三贵、冯紫曦,2019),要逐步设立多条贫困线、调整优化扶贫产业政策、解决区域性贫困需要新思维、建立反贫困动态监测机制等政策建议(孙久文、唐泽地,2019;孙久文、夏添,2019)。要从产业政策、生态政策、文化政策、治理政策、"双基"建设政策等维度,提出脱贫攻坚和乡村振兴有效衔接的公共政策调适路径等。

三是内涵互嵌视角。脱贫攻坚与乡村振兴存在以内容共融、作用互构、主体一致为表征的互涵式关系,乡村振兴可以借鉴脱贫攻坚的经验实现稳健推进,而脱贫攻坚亦能够利用乡村振兴谋求纵深发展(豆书龙、叶敬忠,2019)。脱贫攻坚是全面实施乡村振兴战略的优先任务,乡村振兴是巩固和深化脱贫攻坚成果的最佳手段,二者作为新时代解决"三农"问题的两个方面,相辅相成,有机统一(张晖,2021),将乡村振兴战略的思想和原则融入具体脱贫攻坚的计划和行动,奠定乡村振兴的制度和物质基础(吴国宝,2018)。脱贫攻坚与乡村振兴有效衔接的直接体现在于微观政策的转移接续,推进高质量脱贫、有效防止返贫,促进农业农村优先发展、实现乡村振兴是相互联系、相互促进的系统工程,需要统筹谋划、全盘考虑,做好规划、政策、监管、工作四项统筹（高强，2019）。

四是市场视角。目前乡村振兴与脱贫攻坚在衔接过程主要面临帮扶对象与乡村振兴对象、乡村产业扶贫与乡村产业振兴的衔接、工作系统衔接三重困境（岳国芳，2020），脱贫攻坚在基础设施公共服务条件、贫困人口的发展能力、乡村治理体系的完善和创新为乡村振兴创造了条件（左停等，2019）。本土化安置是易地扶贫搬迁与乡村振兴有机衔接的脱贫模式，这种模式是安置在农村、保留和突出农村特色、以乡村振兴为战略目标（李聪等，2021）。

脱贫攻坚与乡村振兴衔接目标高质量实现的关键在于从人民群众美好生活需要出发，以贫困群体多样化的需求为标准，量身打造相应的扶持体系、产业政策培育体系和精神教育体系。以往研究多关注这些主体的具体行动，对主体精神需求关注不足。

三 数字技术对乡村振兴的影响

现代技术与乡村振兴的相互融合主要包括乡村社会的电子商务和电子政务两大部分（沈费伟、陈晓玲，2021），技术治理因契合国家治理需求而成为当下基层社会治理和政策实践的重要路径（陈柏峰，2020），未来技术治理机制将打造共建共享共治的基层大数据社会治理格局（何晓斌等，2020）。

（一）数字技术对政府乡村治理能力的影响

数字技术对政府治理的影响主要体现在提高政府自身的服务管理水平和提升政府与其他主体协同治理能力。数字技术治理在政策决策能力、组织方式、职能转换和行政服务品质等方面助推政府行政体制改革（郁建兴，2020）[①]，从组织化运作、民主化审议、项目化驱动和专业化推动等方面融入社区协商（黄徐强、张勇杰，2020），技术日渐深入地影响着治理格局并逐渐嵌入其中（冀鹏、马华，2022）。大数据能推动政府电子政务建设，促进公开透明、互动沟通、开放创新和优质服务（蔡跃洲、陈楠，2019），使政府管理决策和过程更加精准（孙继国等，2020）；数据

---

① 郁建兴：《数字技术赋能政府治理》，求是网 2020 年 6 月 10 日，http://www.qstheory.cn/wp/2020-6/10/c_1126096265.htm，2022 年 7 月 14 日。

云系统、行政调配系统、资源整合系统及组织分化系统的有效运行可以破解数据失真等造成的贫困治理难题（左孝凡、陆继霞，2020）；基层组织逐渐发展出以技术平台为支撑，以信息收集为基础的网格化的技术治理模式（陈柏峰，2020）。大数据能推动政府电子政务建设，打造开放式政务创新平台，有效促进政务公开透明化，使政府管理决策和过程更加精准（Andy & Williamson，2014）；大数据通过对数据的挖掘、整理、分析能有效破解数据失真、"信息黑箱"、信息不对称等问题，充分运用好大数据，创新反贫困治理模式，是应对大数据时代相对贫困治理困境的重要举措（季飞、杨康，2017）。当前不同类型块数据基础上的数据关联整合仍显不足，应用烟囱和信息孤岛依然存在，应继续加强大数据对贫困治理的支撑，有效对接大数据与贫困治理各项资源，实现整体性效用最大化（章昌平、林涛，2017）。今后如何进一步深化大数据在治贫领域的开发与应用仍是新阶段治理相对贫困过程中在的重要工作（李晓园、钟伟，2019），应充分运用互联网、大数据等技术，创新信息技术赋能贫困治理模式，建立常态化贫困动态监测与治理的长效机制（孙壮珍、王婷，2021）。

政府数字化转型不仅促使数字技术嵌入政府科层制以推进治理结构再造、业务流程重塑和服务方式变革，还构建新型政府—社会关系、政府—市场关系（孟天广，2021）。在新一代信息技术赋能作用的推动下，包括治理主体、治理方式和治理客体三方面在内的政府治理体系得以重构，政府治理能力得到显著增强（刘泽、陈升，2020），数字技术向公民和政府进行双向赋权，政府主动将技术平台嵌入体制，吸纳社会，运用大数据等新兴技术产业监管社会（张丙宣，2018）政府扶贫主体、非政府扶贫主体和帮扶对象三大参与方通过大数据公共服务平台互补优势、链接责任关系，成为扶贫实践的有效载体（殷强等，2018）。互联网赋能不仅对政府治贫绩效有显著的直接影响，而且以内部协同治贫、社会协同治贫和帮扶服务创新为中介间接影响政府治贫绩效（李晓园等，2022）。互联网背景下的消费扶贫不仅能弥补贫困群体的市场能力短板，还能构建贫困户、第三方交易平台（合作社或企业等形式）、消费群体三者间互利共生的消费扶贫体系，是解决农村贫困地区产品销售行之有效的创新商业模式（胡磊、刘亚军，2020）。

(二) 数字技术提升农村农业农民内生发展能力

数字技术促进农村居民就业创业、自我发展和乡村产业发展。依托网络平台的电子商务是一种有助于低收入群体脱贫增收的有效模式，为该群体的创业、就业提供重要支撑（辛大楞等，2020；郑刚等，2020）。移动互联网改善了农民市场资源获取、社会网络传递以及社会资金筹集的渠道，显著提升了农民创业的概率（张文武，2021），有助于居民搜寻工作信息以获得合适工作（Feldman，2002）。

使用互联网能够显著提高农户的收入，对贫困户的收入促进作用更加凸显（左孝凡、陆继霞，2020），能显著增强个体信息捕获能力，拓宽社交网络，帮助识别更多信息和商机，有效避免掉入多维贫困陷阱（李丽霞等，2019）。农户通过对互联网信息技术的有效运用，能够显著提升自身能力，具体表现在就业、创业的信息获取，快速实现市场参与和资源对接等（曾亿武、郭红东，2016）。使用互联网能有效拓宽贫困群众信息获取渠道和助力贫困地区特色产业发展，提高贫困群体运用信息实现自我发展和脱贫致富的可能（温锐松，2020），与高收入群体相比，低收入群体通过使用互联网发挥减贫作用的边际效用更加凸显，具体的传导机制主要由教育人力资本、社会资本和非农就业构成（何宗樾，2019）。数字普惠金融有助于贫困户实现经济增长和扩大收入分配（姚凤阁、李丽佳，2020）。数字技术治理为农村互助养老合作生产注入新活力（刘辞涛、向运华，2022）。

四 研究述评

已有研究对贫困治理的方式、乡村振兴的意义与路径、数字技术对乡村振兴的影响进行了丰富的研究，数字技术治理赋能贫困治理和乡村振兴，但也带来一定的问题，这为新的发展阶段如何借鉴已有的经验，规避数字技术治理带来的风险，促进乡村振兴提供理论指导，为进一步探析数字技术治理赋能相对贫困治理和乡村振兴的内在规律和行动逻辑研究提供了坚实的理论与实证基础。

目前关于相对贫困治理研究主要从宏观政府政策和微观个体自我发展两个层面着手。从政府政策层面来看，主张加强顶层设计，以政府为主导，与其他社会组织协同治贫；倡导与乡村振兴战略有机结合，统筹城乡贫困治理，在共同富裕的背景下转向相对贫困的常态化治理。从个体自我发展层面来看，强调精神扶贫、教育扶贫，志智双扶，激发相对贫困群体内生动力，构建贫困人口内生动力的培育策略，实现个体可行能力的赋能。数字技术可以提高政府相对贫困治理能力和促进相对贫困群体就业增收。在数字技术赋能政府相对贫困治理能力方面，主张充分运用互联网，推动数字化政府建设，加强大数据对相对贫困治理的支撑，创新反贫困治理模式，进一步深化大数据在治贫领域的开发与应用。在促进农户就业增收方面，主要聚焦互联网促进相对贫困群体就业创业、自我发展能力和促进农村扶贫产业发展，从而稳固脱贫基础。

关于乡村振兴研究，已有成果对乡村振兴的意义形成高度共识，且从制度和技术等方面对乡村振兴的对策进行丰富研究，但研究存在割裂现象，制度视角研究主要是探讨农村体制机制创新和改革，变革城乡经济社会二元体制，促进城乡融合；从技术治理来看，以探讨数字技术对政府电子政务和农村电子商务、社区治理研究为主，多从工具视角进行研究，对数字技术影响乡村振兴的制度约束条件关注不够。

从研究方法来看，已有研究逐步从定性研究转向定性与案例研究、量化研究结合，研究方法日益丰富，但仍存在系统研究不够、定性描述为主、难以建立微观主体和数字扶贫之间的证据链条等问题。

总之，乡村振兴战略虽然提出时间不长，但却是学术界研究的热点，产生了较为丰硕的研究成果。但是日趋复杂的国际环境和新冠肺炎疫情影响带来的发展机遇与挑战，数字乡村战略与乡村振兴战略实施形成的丰富研究情境，为乡村振兴的数字技术治理研究提供了广阔的研究空间。

第四节　研究内容与框架

本书的研究内容主要包括理论篇、乡村振兴基础篇和数字技术治理篇三大篇13章。其理论篇主要是分析研究背景、研究方法和研究的理论基础。脱贫攻坚成果是乡村振兴的基础，因此乡村振兴基础篇主要是对我国贫困治理特别是脱贫攻坚实践进行总结。数字技术赋能乡村振兴篇主要是通过文献法、实证分析法和案例研究法研究乡村振兴的数字技术治理的现实逻辑、对相对贫困治理的影响、对乡村振兴的影响,找出数字技术治理与乡村振兴之间的内在逻辑关系,为后续数字技术治理提供理论指导和实践建议。

其研究框架主要为:

一是理论篇。包括2章。

第一章是绪论,分析研究背景与意义、提出研究方法等,对本书进行概括。

第二章是核心概念界定与理论基础研究,主要是明晰技术治理概念,系统梳理总结我国相对贫困治理与乡村振兴的理论基础,主要包括中国特色反贫困理论、乡村振兴战略思想和社会主义共同富裕理论,厘清脱贫攻坚、相对贫困治理与乡村振兴之间的关系,为本书提供理论指导。

二是乡村振兴基础篇。本篇主要分为3章。

第三章是以知识图谱法系统研究中华人民共和国成立以来我国反贫困的历史演进与经验,主要包括中华人民共和国成立以来中国农村贫困治理各阶段的历史变迁、治贫政策的特征演变和中国反贫困的基本经验,为数字技术治理乡村振兴研究提供借鉴。

第四章是以江西省为例,进行从省到乡脱贫攻坚实践的成效、经验与模式研究。首先总结江西省脱贫攻坚实践成效与经验,并进一步剖析、提炼井冈山、吉安、广昌、修水和安远五县域脱贫典型模式,最后对安远县镇岗乡的生态脱贫模式进行分析,从物质和精神上为乡村振兴奠定基础。

第五章是对脱贫攻坚成果的评价。易地搬迁脱贫是一种重要的脱贫方式,且对脱贫移民产生深远影响。本部分以江西省修水县为例,基于模糊综合评价法对移民扶贫绩效进行评价,包括易地扶贫搬迁绩效评价指标体系构建和以修水县为例进行评价分析,为后续关爱此部分人群融入新环境,持续发展进行铺垫。

三是乡村振兴的数字技术治理篇。包括8章,其中5章为理论研究,3章为案例研究。

第六章是数字技术赋能乡村振兴的现实逻辑。从乡村振兴面临的形势与任务、相对贫困治理的需要和数字乡村战略提供的技术保障等方面研究数字技术治理在乡村振兴中的现实必要性与可行性。

第七章是互联网赋能相对贫困治理的作用机理。相对贫困治理是乡村振兴的重要内容。本章主要通过扎根理论研究，构建互联网赋能相对贫困治理的作用机理模型，探索互联网赋能相对贫困治理的内在规律。

第八章是以大样本统计数据，实证分析互联网赋能如何影响政府治贫绩效，检验互联网赋能相对贫困治理的作用机理模型，并发现其之间的量化规律。

第九章是数字普惠金融促进农村创业的作用机制。实证分析数字普惠金融促进农村创业的作用机理与传导机制、异质性研究，探索数字普惠金融对乡村振兴的影响。

第十章是互联网赋能相对贫困治理案例研究。本章以江西省县安远县为例，梳理安远县互联网应用的动因、历程和举措，分析其数字技术治理的成效与问题，提出相关建议。

第十一章是乡村振兴示范区数字技术治理案例研究。2021年国家乡村振兴局和国家财政部在全国设立了40个革命老区乡村振兴示范区。本章以浙江省遂昌县为例，运用作者参与评估所获得调研资料，分析数字技术从哪些方面影响遂昌乡村振兴示范区建设，并产生何种影响，最后提出对其他类似地区乡村振兴的技术治理启示作用。

第十二章是乡村振兴数字技术治理模式研究。本章以江西省吉水县、石城县和余江县为例，分别分析数字技术赋能智慧农业、数字技术赋能智慧全域旅游、数字技术赋能工业发展的乡村振兴模式，探究数字技术治理在其中起何作业，并提出对其他地区的借鉴作用。

第十三章是乡村振兴的数字技术治理的现实困境与路径研究。数字技术是双刃剑，剖析当前我国数字技术治理中的困境，并提出走出困境的途径。

第五节 研究方法

本书定性研究与定量研究相结合，归纳研究与演绎研究相结合。主要采用以下具体研究方法：

一 文献分析法

文献分析法主要包含内容分析法、知识图谱法等，主要是搜集、鉴别、整理已有相关文献。本书在多个章节均采用文献分析法，一是对反贫困、乡村振兴、互联网赋能贫困治理和乡村振兴等相关研究进行文献梳理，找出可资借鉴的成果与研究的空间。二在量化研究中，通过文献梳理，找出模型构建和变量测量的依据。三是运用 NVivo 11 的文本搜索和词频统计功能，搜索各时期典型政策文本关键词及其词频，结合各时期的历史背景、国家发展战略，运用相关反贫困理论，探索中华人民共和国成立以来中国农村反贫困的历史变迁规律，总结和分析各时期扶贫政策特征、模式。

二 扎根研究法

扎根理论主要运用于缺乏理论解释或已有理论解释不充分的探索性研究，属于一种从下到上建立实质理论的方法。本书基于调研资料和网络资料，运用该方法，对文本资料进行开放式编码、主轴式编码、选择式编码、反复比较、提炼、归纳出核心概念与范畴，构建互联网赋能相对贫困治理的作用机制模型。

三 模糊综合评价法

模糊综合评价法可以解决评价中模糊、难以量化的问题，具有以下特点：第一，模糊综合评价法可以对复杂对象进行多层次评价，评价结果可以循环利用，即上一个步骤得出的评价结果，在下一个层次的进一步评价测算中继续使用。第二，模糊综合评价得出的结果是一个模糊向量集，须对模糊向量集进行去模糊值处理得到单一的具体数值。第三，模糊综合评价中的指标权向量不是评价过程中伴随产生的，而是另外运用人为方法进行确定的。本书运用此研究方法，基于获取的移民户调查数据进行整理分析，对样本县易地扶贫搬迁绩效进行评价。

四 多元回归分析法

多元回归分析法是构建相关性较好的回归方程，通过对大量统计数据数学处理，探寻因变量与多个自变量的相关关系。本书在研究互联网如何赋能政府治贫绩效和数字普惠金融如何影响农村创业研究时采用多元回归分析法。

五 案例研究法

案例研究方法具有探索性功能，是一种普遍运用的理论建构方法，适宜回答某一事件和现象"如何"或者"为什么"的问题。本书通过对11个典型案例的剖析，提炼脱贫攻坚的实践经验，探究数字技术影响相对贫困治理和乡村振兴的作用机理和乡村振兴的模式等。

第六节 研究思路与技术路线图

贫困治理特别是巩固脱贫攻坚成果是乡村振兴的基础，因此本书遵循"问题提出—理论基础—作用机制构建—实证检验—案例佐证—研究建议"研究思路，首先提出现实需求与理论缺口的研究价值、阐述指导本书进行研究的中国特色反贫困理论、乡村振兴战略思想、社会主义共同富裕思想等理论基础，梳理、总结与提炼我国贫困治理实践演进、经验、模式，阐明乡村振兴的基础；其次从当前乡村振兴面临的形势与任务，提出数字技术治理的必要性与可行性，对互联网赋能我国相对贫困治理与乡村振兴的作用机理进行理论探索，并通过大样本统计数据和多案例进行验证，分析不同情境下乡村振兴的数字技术治理逻辑；最后总结当前存在的问题，并提出相关建议。研究技术路线如图1-2所示。

第一章 绪论

```
逻辑关系 → 研究内容 ← 研究方法
```

理论篇
- 一、绪论
  研究背景与意义
  文献综述
  研究内容与方法等
- 二、核心概念与理论基础
  数字技术与数字技术治理
  中国特色反贫困理论
  乡村振兴战略思想
  社会主义共同富裕思想

→ 文献研究 内容分析法

乡村振兴基础篇
- 三、新中国成立以来贫困治理的历史变迁、政策特征与典型制度
  发展阶段 政策演化特征 典型制度等
- 四、江西省脱贫攻坚的实践与模式
  全省脱贫攻坚成效与经验
  县乡典型模式
- 五、移民搬迁脱贫绩效评价
  指标体系构建
  实证分析与建议

→ 内容分析法 案例研究法 模糊综合评价法

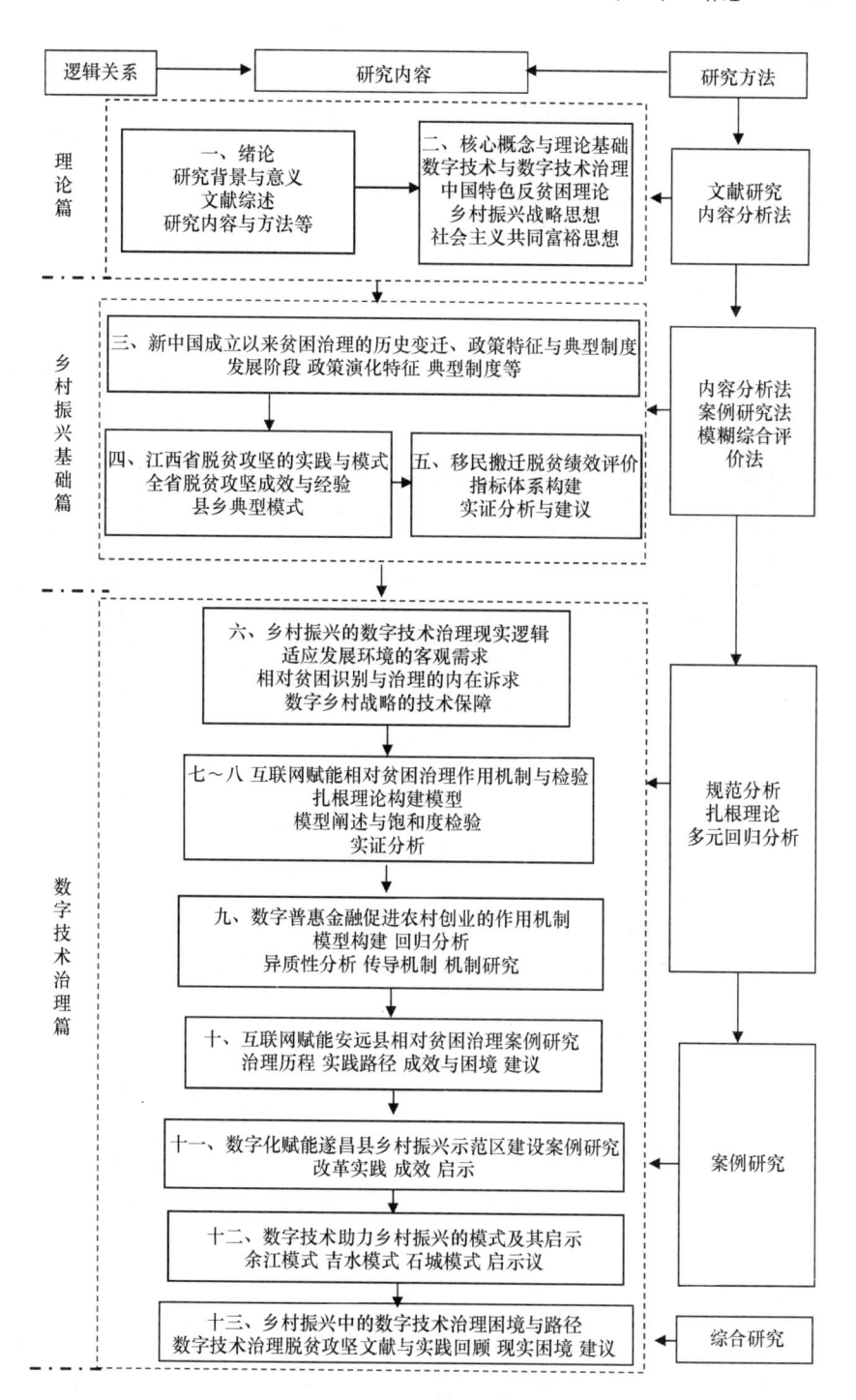

数字技术治理篇
- 六、乡村振兴的数字技术治理现实逻辑
  适应发展环境的客观需求
  相对贫困识别与治理的内在诉求
  数字乡村战略的技术保障
- 七~八 互联网赋能相对贫困治理作用机制与检验
  扎根理论构建模型
  模型阐述与饱和度检验
  实证分析
- 九、数字普惠金融促进农村创业的作用机制
  模型构建 回归分析
  异质性分析 传导机制 机制研究
- 十、互联网赋能安远县相对贫困治理案例研究
  治理历程 实践路径 成效与困境 建议
- 十一、数字化赋能遂昌县乡村振兴示范区建设案例研究
  改革实践 成效 启示
- 十二、数字技术助力乡村振兴的模式及其启示
  余江模式 吉水模式 石城模式 启示议
- 十三、乡村振兴中的数字技术治理困境与路径
  数字技术治理脱贫攻坚文献与实践回顾 现实困境 建议

→ 规范分析 扎根理论 多元回归分析

→ 案例研究

→ 综合研究

图1-2 本书研究技术路线

第七节 研究创新

一 学术视角创新

本书将数字技术治理与乡村振兴置于统一的分析框架,从技术治理逻辑研究乡村振兴路径,综合信息技术、管理学、经济学和社会学相关理论,进行学科交叉研究。从梳理文献来看,已有乡村振兴研究结合数字技术治理不多,学者们对数字乡村建设的研究,也多囿于乡村数字建设的问题与对策研究,与乡村振兴关联性不够。本书通过数字技术对乡村振兴的作用机制的理论探索和案例剖析,探讨乡村振兴的数字技术逻辑研究,是对已有以制度为主的乡村振兴研究进行补充。

二 学术观点创新

本书既有对乡村振兴的前期基础我国反贫困实践特别是脱贫攻坚的模式研究,更有对现阶段巩固脱贫攻坚成果与乡村振兴交汇期的数字技术对乡村振兴的影响机制进行理论与实践研究,提出新的学术观点。

一是厘清数字技术内涵与乡村振兴的数字技术治理概念,明晰相对贫困治理与乡村振兴的关系。强调数字技术治理不只是工具、手段,更是理念创新。相对贫困治理是乡村振兴的不可分割的内容。

二是提出互联网赋能通过"智能化管理服务、多元化协同治理和精准化匹配供需"的"三化共治"影响政府相对贫困治理绩效。通过扎根方法研究互联网赋能政府相对贫困治理作用机制,提出互联网赋能不仅对政府治贫绩效有显著的直接影响,而且以内部协同治贫、社会协同治贫和帮扶服务创新为中介间接影响政府治贫绩效;互联网赋能对内部协同治贫、社会协同治贫和帮扶服务创新有显著的直接影响;内部协同治贫、社会协同治贫和帮扶服务创新,对互联网赋能与政府治贫绩效的关系具有部分中介效应。并建议通过智能化管理服务、多元化协同治理和精准化匹配供需的"三化共治"提升政府治贫绩效。

三是数字普惠金融对农村创业活跃度的提升具有积极作用。人力资本水平、地区产业结构和基础设施水平是数字普惠金融影响农村创业活跃度的有效传导路径。就不同区域而言,数字普惠金融发展对东部地区的农村创业活跃度影响较中西部地区更显著；就创业类型而言，数字普惠金融对私营企业创业活跃度的推动作用较个体创业活跃度更显著。

四是新中国成立以来的贫困治理特别是脱贫攻坚的实践为乡村振兴奠定了理论基础、制度基础和经济基础。70多年来，中国治贫在理念上经历了经济性扶贫到内生性治贫的转变；在对象瞄准上，实现了区域、县、村、户的层层下移；在治贫主体上，从政府包揽转变为政府主导社会参与；在治贫路径上，从重资金投入转变为分类施策；在治贫制度上，以开发式扶贫为主，典型制度主要有以工代赈、产业扶贫、易地扶贫搬迁、教育扶贫、对口帮扶扶贫等。在长期的贫困治理特别脱贫攻坚实践中，形成了中国特色反贫困理论、脱贫攻坚精神，为2020年后中国相对贫困治理和乡村振兴提供理论、制度和经济支持。

五是乡村振兴的数字技术治理存在一些问题，除了加强农村数字基础设施建设力度，更重要的是系统推进制约数字技术治理的体制机制改革，为数字技术治理提供制度保障；提升农村居民数字素养，加强乡村人才队伍建设，为数字技术治理提供人才保障。

六是要因地制宜地促进乡村振兴的数字技术治理。我国各地农村自然资源禀赋差异大，经济社会发展不平衡，数字技术基础也不同，在产业发展中数字技术应用的模式也不同，因此必须根据各地县情乡情村情，选择适当的模式，以数字技术赋能乡村优特色产业发展，为乡村全面振兴夯实基础。

三 研究方法创新

本书根据研究的内容，综合运用管理学、经济学和社会学的研究方法展开研究。采用内容分析法，通过词频分析揭示新中国成立以来贫困治理历程及其政策特征和典型制度；运用扎根理论探索数字技术影响相对贫困治理作用机制，并以回归分析进行实证检验；据全国各省（直辖市、自治区）相关数据，实证分析数字普惠金融对农村创业活跃度的影响及传导机制；运用案例法分析脱贫攻坚模式与乡村产业发展中数字技术治理模式。为研究方法延展到其他学科，促进学科交叉研究进行些许创新。

第 二 章

核心概念与理论基础

第一节　数字技术与数字技术治理

一　数字技术

自互联网产生以来,从最初的 IT 时代到"互联网 +"时代再到当今的"智能 +"时代,信息技术一直深刻推动着经济社会的变革发展,也为全球未来公共治理创造巨大机遇(傅建平,2019)。新一代信息技术,从内容范畴看,是由移动互联网、大数据、云计算、物联网、区块链、人工智能等共同构成的数字技术体系(邬贺铨,2016)。其中,移动互联网是数字基础,大数据是数字资源,云计算是数字平台,物联网技术是数字传输,区块链技术是数字信任,人工智能是数字智能,它们共同构成一个相互融合的技术体系。从本质特征看,新一代信息技术就是"数据+算法+算力"。数据是基石,算法是动力引擎,尤其是深度学习的算法;算力则是重要支撑(谭九生、杨建武,2020);从应用功能看,新一代信息技术不仅是技术、平台,也是一种思维、理念,具有连接、跨界、重构、共生四大功能。其中,连接是基础,跨界是方式,重构是核心,关键在于融合共生(胡税根等,2017)。基于此,本书用数字技术指代新一代信息技术。

二　数字技术治理

技术治理的思想最早发端于培根、圣西门等人主张依靠科学家和技术家来改造社会。工业革命之后,技术治理思想被孔德、斯宾塞等人从不同方面发展，19世纪末传入美国，逐渐演变为著名的技术治理运动（刘永谋，2016）。

政府治理与"技术"息息相关，特别是新一代信息技术的发展，我国数字化政府建设将政府治理技术化研究推向高潮。但是技术治理概念尚未有清晰的界定和达成共识。目前概念的阐析主要有内涵、特征和维度解构三类（代佳欣，2020）。从内涵来看，"技术官僚制是在对经济和管理危机进行技术补救过程中结构调整的组织表现"（Jesse F. Dillard & Beverly H. Burris，1993），技术治理是政府的治理方式越来越技术化（渠敬东等，2009），是把科技嵌入治理活动中，实现人与技术相互构成的共同治理（宋辰熙、刘铮，2019）。政府技术治理概念的本质属性是多主体使用现代信息化操作工具及其知识体系实现政治和公共行政目标的过程（代佳欣，2020）。从特征来看，技术统治和技术官僚即技术治理的标志（Henrik Skaug Sætra，2020），"技术治理的基本特征强调风险控制、事本主义以及工具主义地动员社会"（黄晓春、嵇欣，2016）。从维度解构来看，技术治理维度包括治理的技术与用技术进行治理（刘秀秀，2019）。还有学者从乡村治理视角提出乡村技术治理的概念，即乡村技术治理是指按照创新、协调、绿色、开放、共享发展理念，利用现代信息技术优势，通过网络化、数据化、智能化手段，构建一种开放包容、宜居宜业、共治共享、智能高效的治理方式（沈费伟、陈晓玲，2021）。

本书研究的是乡村振兴的技术治理逻辑，根据文献梳理和研究目标，本书认为，数字技术治理是将新一代信息技术融入乡村治理，以其连接、跨界、重构和共生的技术经济优势，重塑发展理念，促进政府管理智能化、社会协同多元化和治理策略精准化，以创新地解决过去难以解决的问题。

第二节　中国特色反贫困理论

一　理论内涵

2021年2月25日，在全国脱贫攻坚总结表彰大会上，习近平总书记首次提出了"中国特色反贫困理论"这一重要论断，将我国长久以来的反贫困实践从道路自信升华为理论自信，不仅揭示了我国脱贫攻坚战役取得巨大胜利的制胜法宝，为乡村振兴和共同富裕奠定理论基础，更为全人类的减贫事业提供中国思维和道路，推动构建人类命运共同体（黄祖辉等，2022）。

中国特色反贫困理论是马克思主义反贫困理论中国化的巨大成果，习近平总书记将其内涵凝练为以下"七个坚持"。

（一）坚持党的领导，为脱贫攻坚提供坚强政治和组织保证

中国共产党始终是脱贫攻坚这一系统性伟大工程的有力组织者和领导者。在脱贫攻坚过程中，我党充分发挥了中国特色社会主义制度优势，团结带领全党全国各族人民全面建成小康社会，构建了"五级书记抓扶贫、全党动员促攻坚"的治贫格局（马俊峰、尹文华，2022）。我党以"驻村第一书记"为抓手，充分发挥驻村扶贫工作队的桥头堡和先锋队作用；以脱贫任务为导向，将贫困治理融入各级各党委政府工作考核中，激励全体党员干部始终以昂扬奋进的姿态落实治贫工作；以"不忘初心、牢记使命"为思想引领，确保全体党员干部在啃脱贫攻坚"硬骨头"时，思想不滑坡、行动不退却。

（二）坚持人民为中心的发展思想，坚定不移走共同富裕道路

在脱贫攻坚过程中，我党始终牢记为人民谋幸福，为民族谋复兴的初心和使命，始终致力于提高人民的幸福感、获得感和满足感。我党以"两不愁 三保障"为脱贫攻坚的基本要求，即使困难群众不愁吃、不愁穿，保障贫困人口基本教育、医疗和住房，全力推进民生工程，坚定不移提高生产力满足人民群众对美好生活的向往。广大党员干部怀揣"我将无我，不负人民"的崇高情怀，深入脱贫一线、走村入户，以实际行动诠释着"人民至上"的价值理念。

（三）坚持发挥我国社会主义制度能够集中力量办大事的政治优势，形成脱贫攻坚的共同意志、共同行动

我国的反贫困治理充分发挥全域协同作用，通过省际结对，构建东部发达地区与西部贫困地区的对口支援模式，充分利用西部的资源优势和东部的资金、市场优势，引导东部产业梯度式向西部转移，实现东西双方优势互补、长期协作、共奔富裕。中央政府能最大限度地调动各地区的优势资源，提升各类生产要素的适配性和利用率，降低资源转移成本，推动区域经济协同发展、均衡发展和共同发展。

（四）坚持精准扶贫方略，用发展的办法消除贫困根源

长期以来，我国的扶贫开发存在贫困人口底数不清、情况不明，扶贫举措针对性弱等问题（葛志军、邢成举，2015）。基于此，习近平总书记提出了"精准扶贫"概念，强调扶贫工作要因地制宜、分类施策，扶贫瞄准机制从市县级细化到村级乃至户级，采取精确识别、精确帮扶、精确管理和精准考核的治贫方式（汪三贵、郭子豪，2015）。精准识别是通过科学、透明的程序识别贫困对象，找出阻碍贫困对象脱贫致富的关键因素，为后续的扶贫工作奠定基础。区别于此前大而全、一刀切的扶贫方式，精准帮扶是在精准识别的基础上，瞄准贫困家庭的致贫原因，因地制宜、因人而异的采取针对性的帮扶措施。精准管理是运用信息化的手段管理扶贫对象，将扶贫对象的家庭情况、治贫原因、资源禀赋等信息纳入监测数据中，通过关键指标的对比和分析，及时辨别已经脱贫的群众，将其调整出扶贫范围，及时纳入新的贫困对象，以动态、科学、全面的监测机制精准管理贫困对象，为精准扶贫工作的开展提供有力抓手和重要依据。精准考核解决了此前扶贫领域工作考核形式化的问题，将群众的获得感和满意度作为"计分器"，通过具体的扶贫工作指标和计分细则，精准评价不同层级扶贫部门的工作成效，并将扶贫工作情况与干部未来发展相结合，督促、激励干部沉下身子、扎根扶贫一线，全面落实精准扶贫政策。

（五）坚持调动广大贫困群众积极性、主动性、创造性，激发脱贫内生动力

"志之难也，不在胜人，在自胜。"思想意识的匮乏是阻碍贫困人口持续脱贫的核心因素，外力帮扶和内源驱动相结合是我国脱贫攻坚战役取得巨大胜利的重要经验。我党在脱贫攻坚过程中，秉持"治贫先治愚、扶贫先扶志"的理念，将扶贫和扶志、扶智相结合，注重思想引导和精神动员，把贫困人口对美好生活的向往转化为摆脱贫困的自觉行动，培养贫困人口的内生发展能力。一是扶志，提振脱贫士气。加强思想教育，引导贫困人口认识到外界帮扶和自我努力的关系，摒弃"等靠要"思想，从"要我富"转变为"我要富"，激发贫困人口的脱贫积极性。注重风气塑造，大力开展移风易俗活动，充分发挥村民议事会、道德评议会、红白理事会等群众组织作用，通过公开说教、道德评议等形式敦促"不愿脱帽"甚至"争着戴帽"的贫困户认识自身不足、重新努力奋进。采取典

型激励，用身边人、身边事示范带动，开展脱贫之星、青年榜样、身边好人、五好模范脱贫家庭等评选活动，营造勤劳致富、懒惰返贫的社会氛围，激发群众"撸起袖子加油干"的劲头（贺荣，2018）。二是扶智，提升脱贫能力。授人以鱼不如授人以渔，教育扶贫是既富口袋又富脑袋的重要途径，能有效阻断贫困的代际传递。我国以保障教育为核心，织密基础教育"保障网"，实施贫困学生台账化精准控辍，精准帮扶因贫失学的贫困学生，稳步提升贫困地区义务教育质量，坚实保障贫困地区孩子接受教育的权利。以技术培训为手段，将技术培训和产业发展需求、企业用人需求有机结合，通过精准项目、订单培训的形式，大力开展农村产业发展急需的生态特色养殖技术、种植技术、电子商务技术等实用技术培训和家政服务等定向输出的订单培训，不断提升贫困群众的个人能力和综合素质。

（六）坚持弘扬和衷共济、团结互助美德，营造全社会扶危济困的浓厚氛围

在脱贫攻坚过程中，全党全社会以社会主义核心价值观为引领，深刻践行着扶危济困、守望相助的中华民族传统美德。党中央完善社会动员机制，搭建社会参与平台，鼓励、引导民营企业、社会组织和公众关注减贫事业、投身减贫行动。全社会守望相助、和衷共济，凝聚财力人力物力，积极参与万企帮万村、社会组织慈善捐赠、大学生志愿服务西部计划等一系列蓬勃的帮扶行动，形成了人人愿为与人人可为的社会帮扶格局（贺荣，2018）。"千千万万的扶贫善举彰显了社会大爱，汇聚起排山倒海的磅礴力量"，[①] 在脱贫攻坚的战场上，中华民族秉持着"众人拾柴火焰高""团结就是力量"的价值理念，始终风雨同舟，手拉手、心连心，一方有难、八方支援，闯过一道道艰难险阻，缔造了团结一心、同心同德的强大合力，凝聚成团结、坚强、奋进的中国精神。

（七）坚持求真务实、较真碰硬，做到真扶贫、扶真贫、脱真贫

"治人者必先自治、成人者必先自成"。我党把全面从严治党要求贯穿脱贫攻坚全过程和各环节，以抓铁有痕、踏石留印的劲头狠抓党风党纪，坚决查处雁过拔毛、虚假冒领、贪污截留等扶贫领域腐败问题，坚决

[①] 习近平：《在全国脱贫攻坚总结表彰大会上的讲话》，https://baijiahao.baidu.com/s? id = 1692707352496902946&wfr = spider&for = pc，2021年2月26日。

抵制形式主义、官僚主义、面子工程等不良作风，杜绝虚假式、算账式、指标式、游走式等假把式脱贫。对党员干部，我党强化主体责任，制定扶贫干部问题清单、任务清单和责任清单机制，将扶贫工作落实到人民群众的切实所需。对困难群众，我党严把贫困人口退出关，制定了返贫人口和新发生贫困人口监测和帮扶机制，保障贫困群众真脱贫、稳脱贫。从上到下、从里到外，我党建立起全面、严格的监督体系，以实干兴邦、实干惠民的姿态，使脱贫攻坚成果真正经得起历史和人民的考验。

二 脱贫攻坚精神

脱贫攻坚战不仅消灭了绝对贫困，还形成了"上下同心、尽锐出战、精准务实、开拓创新、攻坚克难、不负人民"的脱贫攻坚精神。脱贫攻坚精神是中国共产党精神谱系的重要组成部分，也是中国特色反贫困理论的重要内容。

（一）脱贫攻坚精神的生成基础

脱贫攻坚精神既赓续传承于我国传统文化，又孕育于我国人民长期反贫困斗争的实践（李心记，2021），同时是社会主义制度的本质体现。从传统文化层面来看，儒家"民为贵，社稷次之，君为轻"的"民本"思想要求统治阶级应积极救助、安抚普通百姓（李晓青、唐剑，2020）。从实践层面来看，从1979年实行改革开放、1986年实施大规模的扶贫开发工程（李心记，2021）到党的十八大的精准扶贫，为脱贫攻坚精神的孕育奠定了实践基础。从理论层面来看，解放生产力，发展生产力，消灭剥削，消除两极分化，最终达到共同富裕是贫困治理的本质。习近平总书记坚持以思想脱贫为前提，坚持扶贫工作的人民性、精准性、有效性、可持续性，坚持以党的领导为根本保证等的扶贫思想（燕连福、马亚军，2019）是脱贫攻坚精神形成的理论基础。

（二）脱贫攻坚精神的思想内涵

1. 上下同心

脱贫攻坚是一项与全社会密切相关的伟大事业。在脱贫攻坚战中，我国充分发挥"集中力量办大事"的制度优势（王均伟、边及岩，2021），坚持党的集中统一领导，形成中央统筹、省负总责、市县抓落实的管理体制，党政一把手负总责的工作责任制。全国一盘棋，上下齐动员，五级书记抓扶贫，广泛动员社会各方力量，形成跨地区、跨部门、跨单位，全社会共同参与的多元主体扶贫的格局，为打赢脱贫攻坚战提供了强大合力。

2. 尽锐出战

在脱贫攻坚战中全党动员，选派优秀的干部包括驻村工作队、驻村干部、第一书记奋战在脱贫攻坚一线。截至2020年底，全国累计选派25.5万个驻村工作队、300多万名第一书记和驻村干部，他们与近200万名乡镇干部和数百万村干部一起，苦干实干，倾情奉献，为夺取脱贫攻坚努力奋斗。此外，企业家与政府合作扶贫（周飞舟，2016；谢岳，2020），东西部协作扶贫（张晓颖、王小林，2021），府际合作扶贫（赵晖等，2021）等，共同组成脱贫攻坚斗争中强大的扶贫队伍。

3. 精准务实

"实事求是"是中国共产党人不断取得胜利的法宝。我国幅员辽阔，资源禀赋呈现明显差异，经济社会发展水平不同，人文传统风俗差异很大，"贫有百样，困有千种"，脱贫攻坚，精准是要义。[①] 党中央出台精准扶贫方略，坚持"六个精准"：扶持对象精准、项目安排精准、资金使用精准、措施到户精准、因村派人精准、脱贫成效精准。从实际出发，精准施策，真抓实干，拒绝形式主义和面子工程，真扶贫、扶真贫、脱真贫，切实解决人民群众的实际困难，展现了求真务实的工作作风和科学精神。

4. 开拓创新

中国共产党百年奋斗历程就是敢为人先、不断变革的历程。在脱贫攻坚战中，我党勇于推进理论创新、实践创新和制度创新，形成中国特色反贫困理论，构建以责任体系、工作体系、政策体系、投入体系、帮扶体系、社会动员体系、全方位监督体系、考核评估体系等为内容的中国特色脱贫攻坚制度体系（中共国家乡村振兴局党组，2021）。在脱贫攻坚实践中，广大干部群众不断推进扶贫手段、扶贫方法和扶贫模式创新，探索产业扶贫、光伏扶贫、生态扶贫、电商扶贫、消费扶贫、对口支援、社会扶贫、兜底保障扶贫、教育扶贫、车间扶贫、信贷保险扶贫等脱贫致富路径。

[①] 习近平：《在打好精准脱贫攻坚战座谈会上的讲话》，2018年2月12日，http: // www.qstheory.cn/zhuanqu/2020 - 06/23/c_1126149177.htm，2020年6月23日。

5. 攻坚克难

"攻坚克难"体现了中华民族"不破楼兰终不还"敢于胜利的优秀传统，也是我们党一以贯之的精神品质。在脱贫攻坚斗争，面对千差万别的贫困，时间紧，任务重，广大扶贫干部群众不怕牺牲，排除万难，发扬敢于斗争，敢于胜利的在大无畏精神，久久为功、锲而不舍，取得脱贫攻坚的决定性胜利。在乡村振兴的道路上，还将遭遇更多险关硬仗，如贫困代际传递破解、脱贫攻坚与乡村振兴有效衔接、深度贫困地区农业产业可持续性（王志刚等，2021）、相对贫困的差异化治理（刘佳、曹景林，2021）、解决相对贫困长效机制等，仍需要坚持"攻坚克难"精神，以"我将无我，不负人民""强国有我"的情怀，推进乡村全面振兴。

6. 不负人民

"不负人民"的为民精神植根于中华民族文化基因和中国共产党的初心使命之中（燕连福等，2021）。在庆祝中国共产党成立100周年大会上，习近平总书记提出："江山就是人民、人民就是江山，打江山、守江山，守的是人民的心。中国共产党根基在人民、血脉在人民、力量在人民。"这些重要论述彰显了我党坚持人民至上的永恒追求。在脱贫攻坚战中，中国共产党始终坚持"以人民为中心"的发展思想，一方面把人民群众对美好生活的向往放在第一位，践行全心全意为人民服务的性质和宗旨，把群众满意度作为衡量脱贫成效的重要标准，集中力量帮助贫困群众脱贫，另一方面坚持群众的主体地位，扶贫与扶志、扶智相结合，提升贫困群众自我发展能力，广泛依靠群众，尊重人民首创精神，激发广大群众的积极性、主动性和创造性，自力更生，争取胜利。

（三）脱贫攻坚精神的当代价值

脱贫攻坚精神为全面推进乡村振兴提供了精神支撑。脱贫攻坚探索了新时代"三农"的工作方法，为全面推进乡村振兴提供了宝贵的经验（武国定，2021）。巩固脱贫攻坚成果，有效衔接乡村振兴战略，弘扬伟大脱贫攻坚精神，激发广大干部群众凝心聚力、真抓实干、坚持不懈，努力绘就乡村振兴的壮美画卷。脱贫攻坚精神彰显中国力量与中国智慧。脱贫攻坚精神脱胎于长期的反贫困实践，凝聚各方力量共同参与扶贫攻坚，广大党员干部努力奋战在脱贫攻击一线，人民群众将自身融入中华民族伟大复兴的宏大主题中（何得桂、徐榕，2020），表现出团结一心、吃苦耐劳的优秀品格,彰显了中国民族的力量;脱贫攻坚战的全面胜利,充分说明精准扶贫方略是制胜法宝,为全球反贫困事业提供中国样板(李晓青、唐剑,2020),丰富和发展了反贫困理论的思想谱系,对推动全球反贫困事业具有重要参考意义(何得桂、徐榕,2020)。

第三节 乡村振兴战略思想

乡村振兴战略在吸收马克思主义关于农村发展和城乡融合的经典论述,传承历代中国共产党人的农村发展思想的基础上,融会贯通,形成了逻辑严谨的理论体系(张海鹏等,2018)。

一 乡村振兴战略的提出与发展目标

"三农"问题是关系国计民生的根本性问题。2017年10月,中国共产党第十九次全国代表大会提出,实施乡村振兴战略,坚持农业农村优先发展。此后,每年都出台相应的政策文件,主要围绕乡村振兴的发展目标、总要求和重点任务,对实施乡村振兴战略行动进行部署,回答"为谁振兴、谁来振兴、如何振兴"等理论和实践问题。

2018年伊始,《中共中央 国务院关于实施乡村振兴战略的意见》颁布,明确提出乡村振兴阶段性目标和总目标,具体如表2-1所示。

表2-1 乡村振兴阶段性目标与总目标

时间	目标
到2020年	乡村振兴取得重要进展,制度框架和政策体系基本形成。农业综合生产能力稳步提升,农业供给体系质量明显提高,农村一二三产业融合发展水平进一步提升;农民增收渠道进一步拓宽,城乡居民生活水平差距持续缩小;现行标准下农村贫困人口实现脱贫,贫困县全部摘帽,解决区域性整体贫困;农村基础设施建设深入推进,农村人居环境明显改善,美丽宜居乡村建设扎实推进;城乡基本公共服务均等化水平进一步提高,城乡融合发展体制机制初步建立;农村对人才吸引力逐步增强;农村生态环境明显好转,农业生态服务能力进一步提高;以党组织为核心的农村基层组织建设进一步加强,乡村治理体系进一步完善;党的农村工作领导体制机制进一步健全;各地区各部门推进乡村振兴的思路举措得以确立

续表

时间	目标
到2035年	乡村振兴取得决定性进展，农业农村现代化基本实现。农业结构得到根本性改善，农民就业质量显著提高，相对贫困进一步缓解，共同富裕迈出坚实步伐；城乡基本公共服务均等化基本实现，城乡融合发展体制机制更加完善；乡风文明达到新高度，乡村治理体系更加完善；农村生态环境根本好转，美丽宜居乡村基本实现
到2050年	乡村全面振兴，农业强、农村美、农民富全面实现

二 乡村振兴的总要求与具体要求

（一）乡村振兴的总要求

中国共产党第十九次全国代表大会报告提出实施乡村振兴战略："要坚持农业农村优先发展，按照产业兴旺、生态宜居、乡风文明、治理有效、生活富裕的总要求，建立健全城乡融合发展体制机制和政策体系，加快推进农业农村现代化。""产业兴旺、生态宜居、乡风文明、治理有效、生活富裕"，这二十字深刻反映了新时代农业农村发展的新要求，是乡村振兴的总要求。

产业兴旺是乡村振兴的重点，是解决我国农村经济社会问题的关键。产业兴旺被置于乡村振兴总要求的首位，充分体现了产业发展在乡村振兴工作中的重要性。只有产业兴旺，可持续发展，才能壮大村集体经济，为乡村建设提供经济支撑；农民才能稳定就业，才能有更多的创业机会，不断增加收入；低收入人群才有更多的保障。产业兴旺可以促进城乡市场更好对接，进一步增强农村生机和活力。促进产业兴旺，应当因地制宜，承载乡村价值、发展乡村优特产业，促进三产融合，形成现代乡村产业体系，推进农业农村现代化。

生态宜居是乡村振兴的关键，也是乡村振兴的内在要求。金山银山不如绿水青山，生态环境是农村发展的最大优势。乡村振兴要牢固树立和践行"绿水青山就是金山银山"的两山理念，推行绿色发展模式，保留乡土气息，保存乡村风貌，保护乡村生态系统；转变生活方式，治理乡村环境污染，特别要整治一些乡村污水乱排、垃圾乱扔，房屋乱盖的脏乱差现象，建设美丽乡村，实现人与自然和谐共生。

乡风文明是乡村振兴的保障。乡风文明是灵魂，乡村振兴，既要塑形，更要铸魂，物质文明和精神文明一起建设。乡风文明建设既包含推动农村文化教育、医疗卫生等事业发展，改进农村基本公共服务；又包含大力弘扬社会主义核心价值观。乡风文明要求保护和传承农村优秀传统文化，培育文明乡风、良好家风、淳朴民风，尊老爱幼、邻里互助、诚实守信，因地制宜推进移风易俗，不断改善农民精神风貌，提高乡村社会文明程度。

治理有效是乡村振兴的基础，是乡村振兴的重要保障。治理有效要求建立完善党委领导、政府负责、社会协同、公众参与、法治保障的当代乡村社会治理体制，健全自治、法治、德治相结合的乡村治理体系，增强农村基层党组织建设，推进村民自治实践，建设平安和谐乡村。

生活富裕是乡村振兴的根本，是乡村振兴的主要目的。农民生活富裕水平是乡村振兴的重要评判标准。农民不富裕，乡村振兴就是一句空话。因此要推动农民持续增收，提高农村社会保障水平，不断缩小城乡居民贫富差距，让亿万农民和全国其他人民一起迈进共同富裕。

"二十字方针"，全面阐释了实施乡村振兴战略在各领域、各方面的具体要求，是"五位一体"总体布局、"四个全面"战略布局在农业农村发展中的具体体现。①

（二）乡村振兴的具体要求

习近平总书记指出："乡村振兴是产业振兴、人才振兴、文化振兴、生态振兴、组织振兴的全面振兴。"《中华人民共和国乡村振兴促进法》要求："全面实施乡村振兴战略，开展促进乡村产业振兴、人才振兴、文化振兴、生态振兴、组织振兴，推进城乡融合发展等活动。"

产业振兴。产业振兴是乡村振兴的基础。必须深入推进农业供给侧结构性改革，以发展特色鲜明、要素聚集、链条完善、机制创新的现代农业园区为重点，以创建农业强县为载体，加快构建现代农业产业体系、生产体系、经营体系，推动农村一二三产业融合发展。2021年1月农业农村部发布《农村土地经营权流转管理办法》《农产品质量安全监测管理办

---

① 思力：《乡村振兴这么看④：把握"二十个字"总要求》，2019年6月6日，http://www.qstheory.cn/wp/2019-06/06/c_1124588060.htm，2022年7月14日。

法》等规章，保障流转当事人合法权益，加强农产品质量安全管理，促进农业农村现代化。

人才振兴。乡村振兴，关键在人。2021年2月中共中央办公厅、国务院办公厅印发《关于加快推进乡村人才振兴的意见》，促进各类人才投身乡村建设。大力培养本土人才，引导城市人才下乡，推动专业人才服务乡村，吸引各类人才在乡村振兴中建功立业，培养造就一支懂农业、爱农村、爱农民的"三农"工作队伍，为乡村全面振兴提供人才支撑。

文化振兴。广泛开展文明村镇创建和乡村文脉保护传承行动，进一步增加农村优质文化供给，打造乡村文化产业品牌。2019年9月中共中央印发《中国共产党农村工作条例》，强调坚持走中国特色社会主义乡村振兴道路，推进乡村产业振兴、人才振兴、文化振兴、生态振兴、组织振兴。加强党对农村社会主义精神文明建设的领导。提出要培育和践行社会主义核心价值观，加强农村思想道德建设，加强农村思想政治工作，深入开展农村群众性精神文明创建活动，提高农民科学文化素质和乡村社会文明程度等。

生态振兴。全域推进"美丽宜居乡村"建设，彰显村落特色、保持乡土风情，抓好农村人居环境整治，打造幸福美丽新村升级版。2021年1月中华人民共和国市场监管总局、生态环境部、住房城乡建设部、水利部、农业农村部、国家卫生健康委、林草局七部门印发《关于推动农村人居环境标准体系建设的指导意见》，提出五大方面三个层级的农村人居环境标准体系框架、标准体系建设与标准实施推广等重点任务和保障措施。

组织振兴。组织振兴是乡村振兴保障。建立健全现代乡村社会治理体系，全面加强农村基层党组织建设，深入开展基层法治示范创建和扫黑除恶专项斗争，确保乡村社会充满活力、安定有序。《中国共产党农村工作条例》指出，实行中央统筹、省负总责、市县乡抓落实的农村工作领导体制，坚持党对农村工作的全面领导，确保党在农村工作中总揽全局、协调各方，保证农村改革发展沿着正确的方向前进。强调县（市、区、旗）党委要建立健全职责清晰的责任体系，县委书记应当把主要精力放在农村工作上，加强农村党的建设。

三 乡村振兴的重点任务

自乡村振兴提出以来，我国出台了系列重要法律和政策文件对乡村振兴的重点任务进行部署，代表性文件如表2-2所示。

表2-2　乡村振兴重要法律法规等政策文件提出的重点任务

年份	文件名	重点任务
2018	中共中央　国务院关于实施乡村振兴战略的意见	提升农业发展质量，培育乡村发展新动能；推进乡村绿色发展，打造人与自然和谐共生发展新格局；繁荣兴盛农村文化，焕发乡风文明新气象；加强农村基层基础工作，构建乡村治理新体系；提高农村民生保障水平，塑造美丽乡村新风貌；打好精准脱贫攻坚战，增强贫困群众获得感；推进体制机制创新，强化乡村振兴制度性供给；汇聚全社会力量，强化乡村振兴人才支撑；开拓投融资渠道，强化乡村振兴投入保障；坚持和完善党对"三农"工作的领导
2019	中共中央　国务院关于坚持农业农村优先发展做好"三农"工作的若干意见	聚力精准施策，决战决胜脱贫攻坚；夯实农业基础，保障重要农产品有效供给；扎实推进乡村建设，加快补齐农村人居环境和公共服务短板；发展壮大乡村产业，拓宽农民增收渠道；全面深化农村改革，激发乡村发展活力；完善乡村治理机制，保持农村社会和谐稳定；发挥农村党支部战斗堡垒作用，全面加强农村基层组织建设；加强党对"三农"工作的领导，落实农业农村优先发展总方针
2019	国务院关于促进乡村产业振兴的指导意见	突出优势特色，培育壮大乡村产业；科学合理布局，优化乡村产业空间结构；促进产业融合发展，增强乡村产业聚合力；推进质量兴农绿色兴农，增强乡村产业持续增长力；推动创新创业升级，增强乡村产业发展新动能；完善政策措施，优化乡村产业发展环境；强化组织保障，确保乡村产业振兴落地见效

续表

年份	文件名	重点任务
2020	中共中央 国务院关于抓好"三农"领域重点工作确保如期实现全面小康的意见	坚决打赢脱贫攻坚战;对标全面建成小康社会加快补上农村基础设施和公共服务短板;保障重要农产品有效供给和促进农民持续增收;加强农村基层治理;强化农村补短板保障措施
2020	中共中央 国务院关于实现巩固拓展脱贫攻坚成果同乡村振兴有效衔接的意见	建立健全巩固拓展脱贫攻坚成果长效机制、聚力做好脱贫地区巩固拓展脱贫攻坚成果同乡村振兴有效衔接重点工作、健全农村低收入人口常态化帮扶机制、着力提升脱贫地区整体发展水平、加强脱贫攻坚与乡村振兴政策有效衔接、全面加强党的集中统一领导
2021	中共中央 国务院关于全面推进乡村振兴加快农业农村现代化的意见	实现巩固拓展脱贫攻坚成果同乡村振兴有效衔接、加快推进农业现代化、大力实施乡村建设行动、加强党对"三农"工作的全面领导
2021	中华人民共和国乡村振兴促进法	按照产业兴旺、生态宜居、乡风文明、治理有效、生活富裕的总要求,统筹推进农村经济建设、政治建设、文化建设、社会建设、生态文明建设和党的建设,充分发挥乡村在保障农产品供给和粮食安全、保护生态环境、传承发展中华民族优秀传统文化等方面的特有功能等
2022	中共中央 国务院关于做好2022年全面推进乡村振兴重点工作的意见	全力抓好粮食生产和重要农产品供给、强化现代农业基础支撑、坚决守住不发生规模性返贫底线、聚焦产业促进乡村发展、扎实稳妥推进乡村建设、突出实效改进乡村治理、加大政策保障和体制机制创新力度、坚持和加强党对"三农"工作的全面领导

分析上述文件内容可知,虽然每年的任务有所不同,但现阶段乡村振兴的重点任务是通过加强党的领导和体制机制创新等,围绕巩固拓展脱贫攻坚成果、保障粮食安全,促进现代农业发展、推进乡村建设和乡村治理展开。

第四节 社会主义共同富裕思想

共同富裕思想传承于中华民族传统文化和马克思恩格斯思想，发展于中国共产党长期的探索与实践，体现了中国特色社会主义的鲜明特征。

一 共同富裕思想的形成

共同富裕的思想早在中国传统文化中便有所体现，春秋战国时期齐国晏婴曾在《晏子春秋》中提出"权有无，均贫富"，《论语·季氏》也曾记载"不患寡而患不均"，后期朝代更迭爆发的农民起义也常常以共享富贵作为起义口号，可见共同富裕一直都是中华民族孜孜不倦追求的美好理想（张占斌、吴正海，2022）。18—19世纪，西方国家也涌现了一些以蒲鲁东小资产阶级共产主义、傅里叶空想社会主义为代表的"共产主义"思想，但被马克思批判为"粗陋平均的共产主义"（王春光，2022）。马克思和恩格斯以历史唯物主义和辩证唯物主义为指导，通过政治经济学的方法，揭示了贫困与资本主义的内在联系（张占斌、毕照卿，2022），提出社会主义追求共同富裕的理论逻辑，强调公有制和按劳分配是实现共同富裕的先决条件（徐紫嫣、夏杰长，2022）。

中国共产党在追求共同富裕的道路上进行了诸多的探索与实践。新中国成立之初，我国因长期战乱，社会生产力低下，摆脱贫困是全体中国人民迫切的共同愿望。1953年，毛泽东在《中共中央关于发展农业生产合作社的决议》中首次提出"共同富裕"的概念，指出"实行以工业化为主导的社会主义改造"。1956年我国确立社会主义公有制和计划经济体制，为共同富裕的实现奠定了初步的制度基础（阳芳、刘慧敏，2022）。

改革开放以来，以邓小平为代表的党中央总结了社会主义国家建设中的经验教训，对共同富裕有了更深刻的认识（余永跃、王世明，2012）。邓小平多次在重要会议和场合阐述社会主义和共同富裕的关系，指出共同富裕是社会主义的本质所在。在实现共同富裕的制度保障上，强调坚持社会主义公有制制度；在实现方式上，邓小平提出："一部分地区有条件先发展起来，一部分地区发展慢点，先发展起来的地区带动后发展的地区，最终达到共同富裕。"① 邓小平的共同富裕思想指明了科学社会主义共同富裕的实质，从理论和实践层面为实现共同富裕提供了指导。

20 世纪 90 年代，国际形势风云变幻，国内区域间发展不平衡日益凸显，唯有不断提高社会生产力和人民生活水平，才能稳固民心（徐紫嫣、夏杰长，2022）。在此期间，以江泽民为核心的党中央深化分配制度改革，确立了按劳分配为主体，各种分配方式并存的分配制度，同时提出西部大开发战略。党的十八大以来，我国迈入中国特色社会主义新时期，面对国际上百年未有之大变局和国内的社会主要矛盾转变，以习近平为核心的党中央坚持"以人民为中心"和"共享发展"的理念，将全体人民实现共同富裕作为满足人民美好生活需要，破解发展中不平衡不充分问题的重要着力点（蒋永穆、何媛，2021；王婷、苏兆霖，2021）。

二 共同富裕的内涵

共同富裕是社会主义的本质要求，是发展性、共享性和可持续性的统一（郁建兴和任杰，2021）。共同富裕内涵丰富，主要包括以下三方面内容。

（一）共同富裕是全体人民的富裕

共同富裕体现了社会主义的本质要求。习近平总书记指出："必须坚持以人民为中心的发展思想，不断促进人的全面发展、全体人民共同富裕"。② 社会主义注重公平公正，反对两极分化和个人主义（孙武安，2013；吴忠民，2021），因此我国的共同富裕不是实现少数人、部分人甚至是多数人的富裕（张占斌、吴正海，2022），实质是全体人民共创共享日益美好的生活（刘培林等，2021）。

（二）共同富裕是物质与精神的双重富裕

共同富裕不是单维度的物质层面。邓小平同志强调："要在建设高度物质文明的同时，提高全民族的科学文化水平，发展高尚的丰富多彩的文

---

① 邓小平：《邓小平文选》第三卷，人民出版社 1993 年版，第 374 页。
② 习近平：《决胜全面建成小康社会　夺取新时代中国特色社会主义伟大胜利——在中国共产党第十九次全国代表大会上的报告》，人民出版社 2017 年版。

化生活，建设高度的社会主义精神文明。"① 共同富裕包括收入分配公平、基本公共服务均等化、个体发展机会公平和健康公平（张来明、李建伟，2021）等。

(三) 在高质量发展中促进共同富裕

共同富裕体现共享，意味着共同发展（沈斐，2018）。共同富裕不是平均富裕，不是"吃大锅饭"，不是"共同落后"（刘培林等，2021），要以高质量发展促进产业发展，人民增收，缩小城乡差别，推进共同富裕。习近平总书记在2015年华盛顿州当地政府和美国友好团体联合欢迎宴会上强调："发展依然是当代中国的第一要务，中国执政者的首要使命就是集中力量提高人民生活水平，逐步实现共同富裕。"共同富裕允许存在收入和财富的差距，坚持以按劳分配为原则，鼓励勤劳依法致富（唐鑫，2022）。共同富裕不是整齐划一的同步富裕，而是一个持续推进的过程（袁银传、高君，2021），鼓励部分人、部分地区先富起来，调动人民的积极性，以先富带动后富，达成共同富裕（谷亚光、谷亚华，2012）。

三 共同富裕的影响因素

共同富裕进程受经济、城镇化、收入分配等因素影响。

(一) 经济发展

共同富裕要坚持"国民共进"，做强做优做大公有制经济。改革开放以来，非公有制经济对国民经济的发展有着显著的推进作用，党的十九大也将"两个不动摇"写入中国特色社会主义发展方略（马艳等，2022），因此部分学者探讨非公有制经济发展对共同富裕的影响。学者们普遍认为，非公有制经济的壮大能创造巨大的生产力，稳定宏观经济，提供就业机会，为"做大蛋糕"激发内生动力（魏杰、施成杰，2014；周文、司婧雯，2022），因此要正确引导非公有制经济与共同富裕协同发展（杨小勇、余乾申，2022）。数字经济作为优化资源配置，推动生产关系变革的关键力量，能通过提升社会生产效率、拓宽发展渠道、加快产业绿色转型、优化市场运行机制推动共同富裕（蒋永穆、亢勇杰，2022）；数字经济提高了初次分配中的效率且营造了良好的创新创业生态，同时提升了三

---

① 邓小平：《邓小平文选》第二卷人民出版社1994年版，第208页。

次分配中的公平程度，从而对共同富裕的实现产生积极影响（刘诚，2022）。

（二）新型城镇化

新型城镇化促使农民身份和农业产业发生转换，有效改善资源型地区的生态环境恶化、经济贫困和社会两极分化严重的问题，从而推动共同富裕（李利宏、董江爱，2016）；城镇化能从经济增长和收入分配两方面影响共同富裕；城镇化在优化资源配置，促进消费，推动经济增长的同时，还能缩小城乡收入差距，这对共同富裕的实现具有积极意义（万广华等，2022）。新型城镇化与共同富裕之间存在空间相关性，新型城镇化的推进不仅对本地的共同富裕产生正向影响，对相邻城市的共同富裕也有推动作用（孙学涛等，2022）。

（三）收入分配

在实现共同富裕的分阶段推进过程中，我国的收入不平等差距始终处于高位（孙学涛等，2022），这与我国在中央财经第十次会议上强调的"扩大中等收入群体"相悖，不利于促进共同富裕。改善收入差距过大的问题，必须要有有效的收入分配制度进行支撑。我国的分配制度经多次改革完善，已形成以初次分配、再分配和第三次分配协调配套的分配制度体系（韩文龙、唐湘，2022）。财政政策是实现共同富裕的重要保障，在高质量发展的背景下，应充分发挥财税的收入调节作用，构建更加普惠、均等的基本公共服务保障体系（吕炜，2022）；直接税对共同富裕具有显著正向作用，而间接税将抑制共同富裕的实现（郭健等，2022）；人均GDP在税制结构对共同富裕的作用中发挥门槛效应，当人均GDP超过一定水平时，税制结构的优化能有效促进共同富裕。第三次分配方面，韩文龙、唐湘（2022）通过借鉴国外第三次分配的趋势发展特征，提出基于体系、制度、产权保护和政府定位等维度的三次分配进路建议；杨蕤（2022）围绕市场、政府和利他三方面剖析了企业慈善行为的内生动因，并提出建立生产—人人参与、消费—扩大内需和分配—人人共享的企业慈善激励机制。

第二篇
乡村振兴的基础

乡村振兴的前提是巩固脱贫攻坚成果。
——习近平在2021年12月中央政治局常委会会议上的讲话

第 三 章

新中国成立以来贫困治理的历史变迁、政策特征与典型制度[①]

新中国成立以来,党和政府一直高度重视农村发展问题,贫困治理是农村发展问题的核心内容,特别是进入 21 世纪以来,贫困治理更是成为我国政府的重点工作,脱贫攻坚战取得了全面胜利,并形成具有中国特色的反贫困理论,诞生了"上下同心、尽锐出战、精准务实、开拓创新、攻坚克难、不负人民"的脱贫攻坚精神。中国的贫困治理取得伟大成就,彰显了中国特色社会主义制度优势。党的十九届四中全会指出:"中国特色社会主义制度是党和人民在长期实践探索中形成的科学制度体系,我国国家治理一切工作和活动都依照中国特色社会主义制度展开。"在中国共产党的领导下,中国人民同舟共济,凝心聚力,不断建立和完善贫困治理相关制度,持续致力于贫困人口的脱贫致富,使 7 亿人口脱贫。中国治贫的成功,既为全面建成小康社会打下坚实的基础,也为世界反贫困事业提供了中国智慧和中国方案。"广大第三世界国家往往把中国视为消除贫困现象、改变落后局面的典范。"(陈学明,2017)对我国 70 多年的扶贫历程进行回顾,总结这一历史进程的发展特点以及中国扶贫开发思路的演进过程,对于全球反贫困具有重要的历史意义和理论意义(王曙光、王丹莉,2019a)。

政策分析是认识和理解公共政策的有效工具。"对政策文本分析的最终目的是跳出文本政策框架和表象特征对政策文本进行本质分析,从政策文本的信息传递和沟通功能中揭示出基本公共服务政策的演变特征、价值

[①] 根据笔者发表在《青海社会科学》2020 年第 1 期的论文《中国治贫 70 年:历史变迁、政策特征、典型制度与发展趋势》修改。第二作者为笔者所指导的博士研究生钟伟。

转向和政策目标的变化。"（杨波，2019）一定时期的典型扶贫政策文件是推进扶贫工作的行动指南，体现了一定时期国家的治贫思想、主要特征和相关制度成果。中华人民共和国成立以来，中共中央和国务院发布和实施了一系列相关政策文件，这些文件是各个时期的反贫困工作的指导性文件，目前以质性分析法系统地对上述政策文本进行研究的成果尚不多见。本章运用 NVivo 方法，以上述政策文本为研究对象，研究中国贫困治理历程的历史变迁、政策特征、典型模式，探索中国贫困治理的制度化规律，研判治贫未来发展趋势。新中国成立 70 余年来贫困治理，特别是脱贫攻坚形成的制度化经验和成效、模式为乡村振兴奠定制度基础、经济基础和提供实践借鉴。

第一节　中国贫困治理历程研究文献简要回顾

围绕中华人民共和国成立 60 周年、70 周年及改革开放 30 周年、40 周年这些时间节点，学者们对中国扶贫开发的发展历程进行总结和梳理。

从内容上来看，主要研究改革开放以来中国扶贫开发实践，聚焦于扶贫开发的阶段划分、基本经验或主要模式、主要特征研究。目前主要有划分为四阶段、五阶段和六阶段三种类型。大多数学者按不同时期政府扶贫行动，将 1978 年以后的扶贫历史分为四段或者五段扶贫历程。即体制改革推动扶贫阶段（1978—1985 年）、大规模开发式扶贫阶段（1986—1993 年）、扶贫攻坚阶段（1994—2000 年）、综合扶贫开发阶段（2001—2010 年）和以片区开发新举措与精准扶贫新方略融合推进的脱贫攻坚阶段（2011 年至今），（曾小溪、汪三贵，2017；黄承伟，2016；刘娟，2009）。范小建等将 1949—1978 年作为一阶段（范小建，2009）。王曙光（2019）将第五个阶段拆分为两个时期，即中国扶贫开发的转型和深化阶段（2000—2012 年）和扶贫攻坚决胜阶段与未来展望（2013—2020 年），从而提出改革开放后扶贫六阶段说（王曙光、王丹莉，2019b）。在基本经验、基本模式或主要特征上，主要观点有：党和政府领导、群众主体、社会参与的大扶贫格局（范小建，2009；韩广富，2012；吴国宝，2018；向德平、华汛子，2019；张琦、冯丹萌，2016）；外部帮扶与自主脱贫相结合、社会保障与扶贫开发双轮驱动（吴国宝，2018；向德平、华汛子，

2019；许尧、王雪，2019；张琦、冯丹萌，2016）；坚持扶贫创新（吴国宝，2018；向德平、华汛子，2019；张琦、冯丹萌，2016）；新的亲贫性制度与政策结构的确立（邢成举、李小云，2018）；革命经验、中国传统治理资源和西方治理方法的"三江汇合"等（许汉泽，2019）。

从扶贫政策体系研究来看，扶贫政策分为组织保障政策、目标瞄准政策等在内的九项政策（王朝明，2008）。中国农村反贫困政策是具有三个层次的政策体系，即宏观层面的经济发展政策、中观层面的扶贫开发政策和微观层面的社会保障政策（赵定东、方琼，2019）。

从研究方法来看，大同小异。多以中国扶贫历史阶段为叙事线索，结合历史背景对各阶段贫困特征、扶贫政策、减贫经验和成就进行概括和梳理，以规范性研究方法为主。

梳理文献可知，目前关于中国贫困治理历程研究以改革开放以来实践为主，多采用概括性、描述性分析，具有重要的理论与现实价值。然而，关于70多年来我国贫困治理政策文本的系统性分析成果很少，采用质性研究方法的更少。

第二节　研究设计

一　样本数据选取

本书选取中共中央、国务院及相关部委出台的相关政策文本作为典型样本，文本主要来源于国务院扶贫办网站公开的政策性文件和相关贫困政策文本汇编（杨同柱等，2017）。共选取《中国共产党中央委员会关于发展农业生产合作社的决议》等27个典型文件作为分析对象（在下文阶段分析中列出）。这些文件包括农村改革的法律和红头文件、各时期扶贫工作的指导性文件和扶贫专项事务的规范性文件，均为各时期事关国家扶贫战略和全国性扶贫事务的纲领性文件，是地方政府及相关部门制定相关政策的指导性文件。如《中共中央国务院关于打赢脱贫攻坚战的决定》作为精准扶贫精准脱贫阶段党和国家的扶贫指导性文件，是各地制定落实性文件的总依据。基于此，本书提出基本假定，地方党委政府关于扶贫的思路、举措皆是对中共中央、国务院及相关部委出台的相关政策文本的遵循、实施和创新。质化研究的数据量没有一套明确的规定（陈晓萍等，

2018），本书数据为典型政策文本，与访谈等数据相比，具有很好的稳定性和权威性，因此选取 27 个国家层面出台的政策文本作为研究样本，具有可行性和典型性。

二　研究方法

本书运用内容分析法，并结合 NVivo 工具开展质性研究。内容分析法（content analysis）作为一种将用语言而非数量表示的文本转换为用数量表示的资料的规范研究方法，可以对政策文本内容进行客观、系统和量化描述，揭示政策的历史变迁及其特征（范逢春，2016）。NVivo 软件主要用于质性研究中的资料分析，能够协助研究者完成文字、图片、声音甚至视频等资料的搜集、整理、分析以及呈现工作，增进质性研究的严谨性、信实度和趣味性（习勇生，2017），是目前质性研究的主要方法之一。

本书运用 NVivo 11 的文本搜索和词频统计功能，搜索各时期典型政策文本关键词及其词频，结合各时期的历史背景、国家发展战略，运用相关反贫困理论，探索中华人民共和国成立以来中国农村反贫困的历史变迁规律，总结和分析各时期扶贫政策特征、模式，并预测 2020 年后解决相对贫困长效机制的演变趋势。

第三节　新中国成立以来农村贫困治理的历史变迁

一　无重点区域的救济式扶贫阶段（1949—1977 年）

此阶段典型扶贫开发政策文本的相关关键词的词频搜索结果如图 3-1 所示。

图 3-1 高频词体现了三个方面的明显特征。"土地、社会主义、资本主义土地改革、所有制、剥削、合作社、改造"高频词汇表明此阶段要解决的主要问题是制度上的根本变革；"生产、农业、发展"高频词汇表明当时比较注重通过发展农业生产减贫；"困难、物资、物质、援助、临时、信用"等则体现了当时的反贫困具体方式主要是经济性救济。

这一时期反贫困的主要目标是消除贫困的制度性根源。路径有两条，一条是所有制的根本变革，另一条是社会保障制度的建立和完善。中共中

相关关键词及词频		
生产(234)	社员(145)	农业(139)
土地(113)	农民(99)	合作社(82)
社会主义(43)	困难(15)	改造(15)
剥削(13)	土地改革(13)	资本主义(11)
信用(9)	所有制(7)	物资(6)
物质(5)	援助(4)	临时(3)

图 3-1　词频搜索词语云

央、全国政协分别制定和颁布了《关于发展农业生产合作社的决议》《农村人民公社工作条例（草案）》《土地改革法》等相关政策文件，集中解决造成贫困的所有制问题，对农业进行社会主义改造。这一时期，国家尚未有明确的扶贫重点区域，帮扶的对象主要以个体性的困难户为主。国家通过对困难户开展临时性物质援助，通过建立合作信用体系，向困难户发放贷款方式帮助其发展生产和经营。

以制度变革为核心的反贫困，从根本上消除了不平等的根源，为贫困阶级提供了公平公正的生存和发展机会。中华人民共和国成立初期的土地改革，极大改善了农民的衣食住行状况，为缓解农民贫困状况起到了重要作用。据统计，土地改革共征收了约 7 亿亩（1 亩≈667 平方米，全书同）土地，无地或少地农民共分得约 3 亿亩土地。获得经济利益的农民占农业人口的 60% 到 70%（中共中央党史研究室，2011）。此外，在农村开始建立社会保障、医疗、教育相关制度体系，初步奠定了制度反贫困的基础。

二　山区为重点的发展式扶贫阶段（1978—1985 年）

此阶段典型扶贫开发政策文本的相关关键词词频搜索结果如图 3-2 所示。

为解决计划经济体制对农村农业发展造成的束缚，提高农民脱贫致富

相关关键词及词频		
农业 (222)	生产 (122)	农村 (104)
经济 (85)	经营 (69)	地区 (62)
技术 (36)	贫困 (29)	承包 (28)
收购 (26)	加工 (25)	企业 (24)
粮食 (21)	交通 (20)	资金 (18)
市场 (17)	山区 (17)	农副产品 (14)
运输 (13)	物资 (12)	价格 (11)

图 3-2 词频搜索词语云

的积极性和农副产品价格，增加农民非农收入，中共中央、国务院分别出台了《关于加快农业发展若干问题的决定》《关于帮助贫困地区尽快改变面貌的通知》《全国农村工作会议纪要》《关于进一步活跃农村经济的十项政策》等政策文件，主要目标是通过农村体制改革搞活农业经济，提高农民收入。在全国推广联产承包责任制，开展农村市场化改革，发展生产经营。放松了农业人口流动管制，允许农民进城务工和经商，有效增加农民非农收入。开始重视贫困地区基本面貌的改变，开展了"三西"试点，开启了国家财政支持贫困地区发展的先河。这一时期的农村反贫困，以普惠式的体制改革反贫困为主，同时兼顾直接物资援助的救济式扶贫，并开始关注贫困地区的发展问题。

以体制改革为核心的反贫困，极大地释放了农业生产力，农村贫困状况得到普遍改善，减贫效应得到集中体现。中国的农业总产值，包括粮食、棉花、油料、猪牛羊肉成倍增长，植物油、猪肉、家禽、鲜蛋和水产品等食品消费水平大幅提高。据统计，从1978年到1985年，农村人均粮食产量增长14%；农民人均收入增长了2.6倍；没有解决温饱问题的贫困人数从2.5亿减少到1.25亿，占农村人口的比例下降到14.8%（国务院扶贫开发领导小组办公室，2003）。

三 贫困县为重点的开发式扶贫阶段（1986—1993年）

此阶段典型扶贫开发政策文本的相关关键词词频搜索结果如图3-3所示。

第三章　新中国成立以来贫困治理的历史变迁、政策特征与典型制度　/　55

相关关键词及词频		
发展(126)	农村(117)	农业(99)
经济(97)	地区(71)	开发(67)
组织(60)	资金(48)	扶贫(47)
项目(32)	重点(23)	贫困县(16)
产业(15)	资源(15)	设施(11)

图 3 – 3　词频搜索词频云

图 3 – 3 中"发展、地区、经济、开发、项目、资源、产业"高频词表明这一阶段的扶贫主题是地区经济开发。"重点、贫困县"则表明扶贫开发有了明确的瞄准对象,即重点贫困县。"资金、设施"表明扶贫施策的重点。"组织"表明扶贫开发的组织性和计划性。

20 世纪 80 年代中期,农村的反贫困面临新的挑战。农业经历了前期的高速增长之后,出现减产现象,农业收入开始下滑。贫困地区产业结构单一和畸形,自给性的小农经济增收有限。体制改革和经济涓滴的减贫效应边际递减。城市改革的启动和推进,产生了虹吸效应,资金、人力资本等优质的资源由农村流向城市,市场的自发性弊端开始显现。

这一时期反贫困的主要目标通过开展大规模区域性扶贫开发集中减贫。中共中央、国务院分别出台了《关于进一步加强农业和农村工作的决定》《关于加强贫困地区经济开发工作的通知》等政策文件,成立了专门的扶贫领导机构,以 18 个集中连片贫困带中的贫困县为基本单元,依靠资源开发、培育地区性支柱产业等手段,以增强贫困地区内生发展能力。这一时期,中央政府从组织领导、减贫模式、减贫标准、减贫办法等方面加强了扶贫工作,标志着有组织、有计划扶贫时代的来临。

大规模有针对性的集中开发,极大地改善了贫困地区经济社会发展环境和条件,提高了贫困地区及其群众脱贫致富的能力,使得大量贫困人口解决了温饱问题。"经过8年的不懈努力,到1993年底,农村贫困人口由1.25亿人减少到8000万人,占农村总人口的比重从14.8%下降到8.7%。"(国务院扶贫开发领导小组办公室,2003)

四 贫困县为重点的攻坚式扶贫阶段(1994—2000年)

此阶段典型扶贫开发政策文本的相关关键词词频搜索结果如图3-4所示。

相关关键词及词频		
扶贫 (243)	贫困 (155)	地区 (126)
资金 (114)	开发 (86)	发展 (67)
温饱 (58)	攻坚 (46)	贫困县 (40)
专项 (15)		

图3-4 词频搜索词语云

图3-4中"地区、资金、开发、发展、贫困县"高频词表明这一阶段继续坚持了扶贫开发的基本方针。"温饱、攻坚、专项"新增高频词则表明这一时期扶贫主题的变化在于通过集中攻坚基本解决温饱问题,并且开始实施专项扶贫。

进入20世纪90年代之后,减贫增速有放缓迹象,不利于20世纪末基本解决温饱问题这一战略步骤的顺利实现。地区差距呈扩大趋势,东部地区先富起来,但却未能带动中西部地区后富。疾病、灾害、脆弱性生计、社会剥夺和排斥、文化都是造成贫困的原因,影响农民贫困的因素不再单一。贫困人口主要为集中在老少边穷地区的特困群体,脱贫难度加大。

这一阶段扶贫的主要目标是通过脱贫攻坚稳定解决温饱。中共中央、国务院分别出台了《关于尽快解决农村贫困人口温饱问题的决定》《关于印发国家八七扶贫攻坚计划的通知》《国家扶贫资金管理办法》等政策文件，启动了攻坚行动。继续以中西部地区的国定贫困县为重点，加大资金支持力度。创新专项扶贫模式，积极实施以工代赈、劳务输出、促进就业等措施。将残疾人扶贫纳入扶贫总体规划，统一实施相关政策。积极开展社会扶贫，动员全社会力量，引导民间机构参与扶贫事业。积极开展东西部协作，建立东西部对口帮扶机制。积极开展扶贫国际合作。开展贫困人口检测工作，建立贫困人口统计制度。建立了"四个到省"责任制，加强省级以下党委政府的扶贫责任监管。

经过"八七"扶贫攻坚，到20世纪末，中国基本解决了群众的温饱问题。至2000年底，全国农村贫困人口从1992年底的8000万人下降到不足3000万人，贫困发生率由8.8%下降到3%左右（沈镇昭等，2001）。

五 贫困村为重点的综合式扶贫阶段（2001—2012年）

此阶段典型扶贫开发政策文本的相关关键词词频搜索结果如图3-5所示。

相关关键词及词频		
农村 (466)	扶贫 (432)	发展 (297)
地区 (282)	建设 (234)	农业 (229)
开发 (206)	残疾人 (193)	社会 (182)
培训 (158)	保障 (114)	服务 (140)
资金 (116)	制度 (105)	条件 (94)
水平 (70)	经济 (67)	设施 (49)
行业 (45)		

图3-5 词频搜索词语云

由图3-5可知，除扶贫外，"农村、发展、地区、建设、农业、开发"词频数均在200以上，表明农村地区开发上升为扶贫主题。其他高频词

"残疾人、社会、培训、保障、服务、资金、制度、条件、水平、经济、设施、行业、定点"表明这一阶段的施策重心之一是改善贫困地区整体经济社会发展环境和群众生产生活条件,特别关注到残疾人的扶贫问题,开始综合运用培训扶贫、保障扶贫、行业扶贫和定点扶贫等举措。

为解决贫困人口返贫问题、残疾人贫困问题及村级贫困问题,中共中央、国务院及其部委分别出台了《关于促进农民增加收入若干政策的意见》《关于切实加强农业基础建设进一步促进农业发展农民增收的若干意见》《中国农村扶贫开发纲要(2011—2020年)》《中国农村扶贫开发纲要(2001—2010年)》《关于在全国建立农村最低生活保障制度的通知》《关于印发农村残疾人扶贫开发纲要(2011—2020年)的通知》《农业部关于加强农业行业扶贫工作的指导意见》《关于在贫困地区实施"雨露计划"的意见》《贫困青壮年劳动力转移培训工作实施指导意见》等扶贫政策性文件,这一时期反贫困的主要目标是通过重心下移和整村推进式的开发集中改善村级面貌。从宏观上加强了对落后地区农村及其贫困人口的战略支持,通过密集制定相关优惠政策,集中力量改善地区发展环境和农民生产生活条件。以村为基础,实施整村推行策略,加大村级扶贫开发力度。这一时期的扶贫开发,更加注重政府的扶贫义务和投入保障。为此,一些学者也将这一时期称为开发式扶贫和保障式扶贫双轮驱动时期。

自2000年开始的村级扶贫开发,无论在扶贫措施的成熟度,还是在政策优惠力度方面,都较以往上了一个台阶。2007年底,592个国家扶贫开发重点县的农民人均纯收入达到2278元,比2006年增加350元,扣除物价因素,比上年增长11.5%,高出全国平均水平2个百分点(张合成等,2008)。至2010年底,中国贫困人口仅余2688万人,贫困发生率仅2.8%。[1]

六 贫困户为重点的精准治贫阶段(2013—2020年)

此阶段典型扶贫开发政策文本的相关关键词词频搜索结果如图3-6所示。

---

[1] 国家统计局:《2010年国民经济和社会发展统计公报》,2011年2月28日,http://www.stats.gov.cn/statsinfo/auto2074/201310/t20131031_450703.html,2019年11月20日。

第三章 新中国成立以来贫困治理的历史变迁、政策特征与典型制度 / 59

相关关键词及词频		
扶贫(528)	贫困(419)	地区(347)
开发(215)	发展(194)	老区(193)
服务(156)	金融(148)	教育(146)
机制(104)	脱贫(76)	精准(73)
创新(52)	参与(58)	考核(48)
信息(36)	责任(23)	网络(22)
建档立卡(19)		

图 3-6 词频搜索词语云

图 6 中，"地区、开发、发展"高频词表明这一阶段仍然坚持开发式扶贫的基本方针。不同之处是出现了"精准""脱贫"等高频词，表明扶贫的基本方略有了重大变化。而"创新、建档立卡、信息、网络、考核、机制、参与、责任"则体现了精准扶贫精准脱贫阶段的相关特征。"老区、服务、金融、教育"高频词则表明了这一时期扶贫路径的重点所在。

这一阶段反贫困的主要问题有：一是集中连片特殊贫困地区和深度贫困地区成为扶贫主战场。二是原有的漫灌式扶贫严重影响脱贫成效。三是扶贫领域出现腐败问题，官僚主义、形式主义抬头。四是文化贫困问题突出。五是教育贫困问题凸显。贫困人口的代际传递现象突出。

这一时期反贫困的主要目标是通过精准脱贫实现全面小康。为巩固村级扶贫开发成果，中共中央、国务院及其部委出台《关于创新机制扎实推进农村扶贫开发工作的意见》《关于实施教育扶贫工程意见的通知》《关于全面做好扶贫开发金融服务工作的指导意见》《建立精准扶贫工作机制实施方案》《国务院办公厅关于进一步动员社会各方面力量参与扶贫开发的意见》《关于加大脱贫攻坚力度支持革命老区开发建设的指导意见》《打赢脱贫攻坚战的决定》等文件，以解决贫困人口"两不愁""三保障"为基本目标，实现贫困人口全部脱贫，贫困县全部退出，解决区域性整体性贫困问题的总任务。针对扶贫方式传统、扶贫对象瞄不准、扶贫项目资金跑漏、帮扶措施不对路、驻村流于形式、扶贫成效不显著等问题，中央提出要创新扶贫开发方式，实施精准扶贫、精准脱贫方略，坚决打赢脱贫攻坚战。

党的十八大以来，以习近平同志为核心的党中央，把贫困治理提高到前所未有的战略高度，全面强化了治贫的各项举措。确定了精准扶贫、精准脱贫的基本方略，实现了贫困户电子信息实时监控，实施了"五个一批"工程，取得了治贫的历史性成就。截至2018年末，中国农村贫困人口减少至1660万人，贫困发生率下降至1.7%。截至2019年5月中旬，全国共有436个贫困县脱贫摘帽，占全部贫困县的52.4%。[①]

第四节　新中国成立以来治贫政策的演化特征

一定时期的典型扶贫政策文件体现了一定时期国家的治贫思想、主要特征和制度成果。对这些文件进行分析，可以探究中国扶贫开发的基本规律。对政策文本内容进行客观、系统和量化描述，可揭示政策的历史变迁及其特征（范逢春，2016）。对各时期相关政策文本内容进行词频统计和扶贫相关关键词的频率分析，可以洞察中国扶贫开发政策演变特征。

一　治贫理念：由重单一经济性扶贫转向重"志智双扶"的内生性扶贫

各时期的政策文本的词语表述，体现了一定时期的扶贫理念。而这些关键词不同时期有不同的变化（见图3-7）。

由图3-7可知，各个时期关于能力扶贫的基本手段主要是文化教育和技术培训，且重视程度总体上随着时间推移而不断加强。

注重内生性脱贫理念是随着时间的推移而逐步强化的。党和国家最初的扶贫手段是制度保障和物质帮扶。中华人民共和国是在一穷二白的基础上建立的。长期的战乱和三座大山的长期压迫，使得中华人民共和国成立初期百业凋零，民生凋敝。绝大部分民众处于贫困状态，贫困人口发生率达97.5%。在农村，90%以上的农民处于绝对贫困线下。1949年中国人

---

① 《中国贫困县摘帽进程过半　已有436个贫困县脱贫》，中国新闻网，2019年7月2日，https://www.chinanews.com/gn/2019/07-02/8881898.shtml，2019年8月14日。

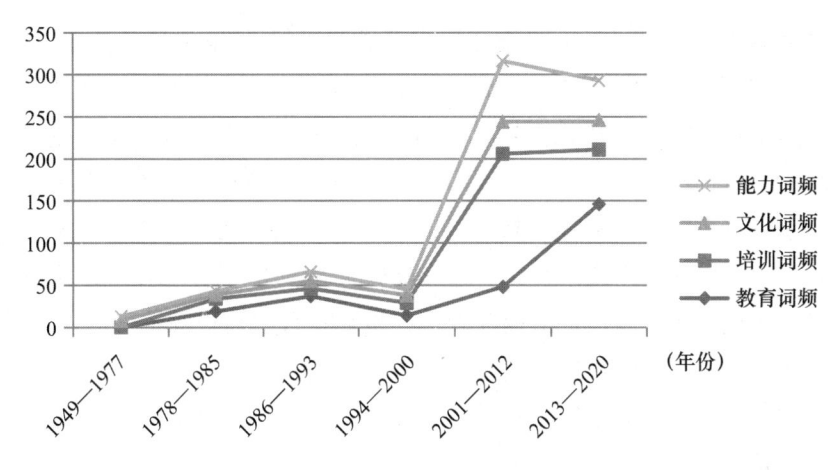

图 3-7　各时期能力扶贫相关词频趋势

均国民收入 27 美元，而当年整个亚洲的人均收入是 44 美元，印度是 57 美元，相比而言，中国是当时世界上最贫困的国家之一（范小建，2009b）。造成民众普通贫穷的根本原因，在于半封建半资本主义的社会制度。正如马克思所认为的，剥削制是造成工人和农民贫困的根本原因，要从根本上改变其贫困状况，必须从制度入手。因此，中华人民共和国成立初期通过三大改造、确立土地等公有制度，同时建立救济制度，保障群众的最低生活。制度性救济是这一时期反贫困的主要特征。在新中国成立初期出台的关于发展农业合作社的文件中，虽然已提到"教育"和"技术"这些关键词，但这一时期采取的扶贫措施以短期困难救助和特殊困难对象长期救济为主。

1978 年之后，由于沿海开放和城市的改革，城乡差距、地区差距问题凸显。中国的贫困人口主要分布于中西部落后地区。为此，邓小平强调统筹沿海与内地两个大局，先富必须带动后富，地区性开发自此提上日程。而自中华人民共和国成立以来的制度性反贫困之后，中西部地区发展滞后的关键问题，是自身发展能力不足，资源优势未能转变为发展优势。这种地区性贫困仅通过原有的外部物资救济，无法从根本上解决问题。因此，能力性贫困成为制约贫困地区发展的重要因素。阿马蒂亚·森认为，能力型贫困是指贫困人口由于缺乏相应的教育和医疗等条件而引起的脱贫可行能力不足，这些能力不足主要包括过早死亡、严重的营养不良（特别是儿童营养不足)、长期流行疾病、大量的文盲等(阿马蒂亚·森,2013)。2000年,我国贫困人口文盲率仍高达22.1%,高于非贫困人口13.2个百分点,而初中以上贫困人口比重也只达到38.6%,低于非贫困人口15个百分点,贫困人口能力不足问题十分突出(国家统计局农村社会经济调查总队,2000)。因此,自20世纪80年代起,我国开始重视贫困地区自我脱贫能力的培育,实施大规模的地区性扶贫开发,加大贫困地区基础设施建设,发展贫困地区教育,培育符合本地资源特色的产业等。相应地,这一时期的扶贫开发文件,强调要把智力开发摆到重要的位置,至今,"教育""技术""科技""培训"等成为扶贫政策文件中的高频词。

党的十八大以来,文化性贫困问题成为脱贫攻坚的"硬骨头"之一。文化性贫困是指贫困人口在长期的贫困生活环境中形成了一种独特的贫困文化,这种文化充满惰性、自卑等消极因素,越来越成为影响贫困人口可持续性脱贫的重要因素。刘易斯(Oscar Lewis,1959)曾对这种贫困类型做过深刻分析。他认为,穷人独特的生活方式特征产生了共同的价值观、态度和行为,形成一种共性贫困亚文化,这种文化能自动代际传递。处于这种文化环境中的贫困人口,一般难以适应新的环境和利用新的机遇来脱贫(Lewis,1966)。在脱贫攻坚实践中,部分有劳动能力的贫困对象的"等靠要"思想、一些少数民族的"安贫乐道",都是文化性贫困的表现。为此,以习近平同志为核心的党中央在注重能力贫困问题的同时,强调"治贫先治愚""扶贫必扶志"(中共中央党史和文献研究室编,2018)。志智双扶是精准扶贫和脱贫攻坚时期的基本要求。至此,中国的扶贫理念从单纯的经济性援助,发展成更加注重"志智双扶"的内生性扶贫。

二 治贫对象:由贫困县转向贫困户

在各个扶贫时期,扶贫的重点对象也有变化。运用NVivo分析扶贫开发典型政策文本,得到相关关键词词频及词频数,如图3-8所示。

由图3-8可知,在贫困对象瞄准上,中国扶贫经历了一个由贫困县到贫困村再到贫困户的变化过程,贫困瞄准层层下移。贫困县瞄准在"八七"扶贫攻坚期间达到顶峰,随后被贫困村和贫困户代替。贫困村的瞄准占比在村级扶贫开发时期占优,在精准扶贫时期比重有所下降,而贫

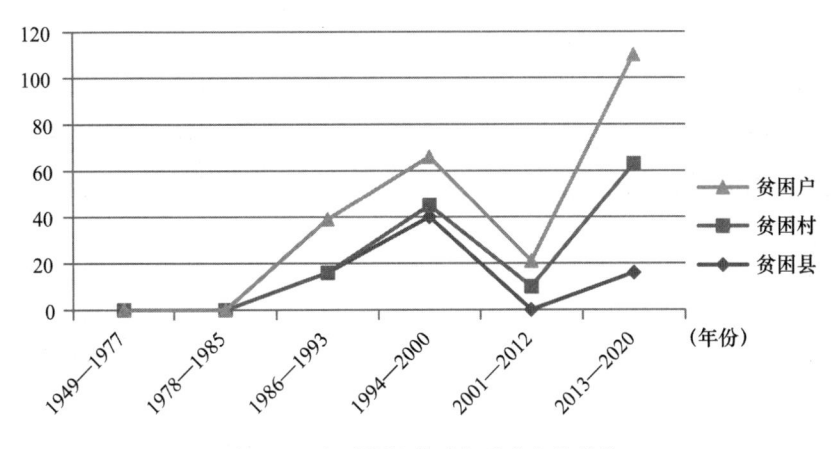

图 3-8　各时期扶贫对象瞄准变化趋势

困户瞄准比重大幅上升。

新中国成立后至改革开放前,党和国家的扶贫对象主要着眼于个体视角,对困难户进行单独的物资救济。但这一时期尚无贫困瞄准一说。经过几十年的发展,普通群众的生活困难问题已基本解决。自20世纪80年代初始,贫困人口呈现地区性分布的特征越加明显。1978年以后,国家政策文件开始关注"分散插花贫困乡村",并以"山区"扶贫为重点,开启了区域性扶贫之路。1986年后的政策文件,开始扩大扶贫区域,扶贫重点由山区拓展到老少边穷地区,开始大规模实施以贫困县为瞄准对象的扶贫开发。21世纪以来,政策文件明确地把贫困村作为贫困瞄准对象。虽然至此扶贫取得了较好的成效,但是,由于瞄准、帮扶、管理上的不精准问题,导致扶贫开发成效减弱,未能完全做到真扶贫、扶真贫。汪三贵(2007)的一项研究结果显示,2001年贫困县的瞄准数量错误有25%,而贫困村的瞄准数量错误为48%。2013年,习近平总书记提出精准扶贫,我国遂进入精准扶贫和脱贫攻坚阶段,以贫困户为帮扶对象的精准瞄准成为重点。习近平的精准扶贫思想有效地克服了漫灌式扶贫的弊端,指导我国反贫困事业取得巨大成就,"精准扶贫,关键的关键是要把扶贫对象摸清搞准,把家底盘清,这是前提"。[①]

[①] 中共中央党史和文献研究室编:《习近平扶贫论述摘编》,中央文献出版社2018年版,第55页。

三 治贫主体：从政府包揽转向政府主导的多方参与

以扶贫主体相关词汇为关键词，运用 NVivo 对各时期政策文本进行内容搜索，各时期体现扶贫主体的关键词及词频，以此数据为基础，得到图 3-9。

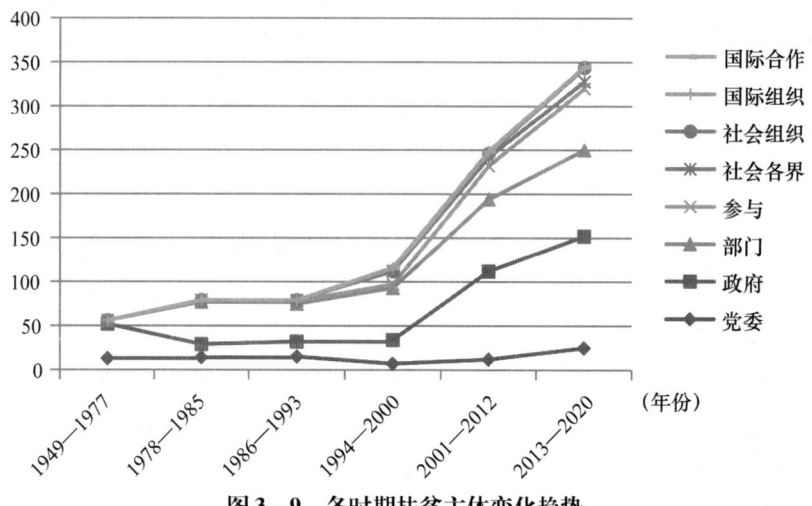

图 3-9 各时期扶贫主体变化趋势

由图 3-9 可见，除国际组织和国际合作外，各关键词都随着时期的推移而总体上呈现上升趋势。党委和政府两个词汇贯穿各个时期，总体呈递增趋势。参与、社会组织、社会各界等词在 1978 年之前尚未出现，表明当时的扶贫由政府包办。而此后，体现社会参与特征的词汇及频次逐渐增多，特别是"参与"一词增幅最大，在精准扶贫时期达到高峰，为 70 次，表明扶贫主体实现由政府包揽向政府主导下的社会参与转变。

自中华人民共和国成立以来，中国反贫困的主体一直为中央及地方各级党委政府。坚持党对扶贫的统筹领导和政府对扶贫工作的具体部署是中国扶贫的突出特征。然而，扶贫是一项宏大的社会事业，仅仅依靠政府一方并不能完成这一艰巨任务。没有社会各界的积极参与和扶贫对象的配合，就无法形成扶贫合力，最终达不到预期效果，正如习近平所说："扶贫开发是全党全社会的共同责任，要动员和凝聚全社会力量广泛参与。"[①]

---

① 中共中央党史和文献研究院编：《习近平扶贫论述摘编》，中央文献出版社 2018 年版，第 99 页。

第三章　新中国成立以来贫困治理的历史变迁、政策特征与典型制度　/　65

20世纪70年代诞生的参与式发展理论在分析不发展中国家贫困问题时，将贫困人口置于广泛的社会参与和直接的活动之外作为有别于传统的重要原因，它认同以赋权为核心，尊重差异，平等协商，目的是修正发展者与发展对象之间的不平等关系，实现持续发展和成果共享。它鼓励国际组织和机构的参与式援助。随着经济社会的发展，我国越来越重视和鼓励社会各界共同参与扶贫事业，使其成为扶贫的参与主体，而且积极开展反贫困国际合作，有效利用国际组织、国际机构和外国政府的信贷资金和援助物资，并通过基础设施建设、技术输出、人才教育培训等方式，积极援助经济社会落后国家。

贫困人口由于自身人力资本、社会资本弱势的原因，常常因扶贫资源的"精英俘获"而实际上被排斥在优惠政策享有者之外。产业项目的申报和贫困贷款的发放这类的机会和资源，往往为地方强势人群或富裕阶层所垄断。如在一些到村的扶贫项目中，贫困户受益比重仅为16%，中等户为51%，富裕户为33%，贫困户受益比重远低于中等户和富裕户（汪三贵等，2007）。弱势群体遭受多重不利境遇，被排斥出社会行动参与的过程而表现出贫困的状态（唐丽霞等，2010）是社会排斥引致的贫困，这些排斥涉及不平等与关系贫困、劳动力市场上的排斥、信贷市场上的排斥等（阿马蒂亚·森、王燕燕，2005）。社会排斥会造成贫困人口的能力和社会关系剥夺，不利于其贫困状况的改善。因此，通过多种手段消除贫困人口的社会排斥现象，保障贫困对象的参与性权利，也是国家加大参与式扶贫力度的重要考量。

四　治贫路径：由重资金投入转向综合施策

对扶贫路径相关关键词进行文本搜索，得到相关结果（见表3-1）。

表3-1　　　　　各时期体现扶贫路径的关键词及词频

时期	关键词及词频	新词变化
1949—1977	生产（353）、资金（5）、物质援助（1）	
1978—1985	生产（159）、资金（18）、产业（10）、水利设施（1）、生产设施（1）、交通设施（2）、服务设施（1）	新出现设施、产业

续表

时期	关键词及词频	新词变化
1986—1993	生产（49）、资金（49）、产业（21）、基础设施（7）、计划生育（7）、以工代赈（4）、社会保障（2）、扶贫资金（14）、科技扶贫（1）	新出现社会保障、科技扶贫、计划生育、以工代赈
1994—2000	生产（17）、资金（122）、产业（13）、基础设施（4）、计划生育（8）、生态（4）、科技扶贫（4）、资金投入（3）、定点帮扶（2）、社会扶贫（2）、专项扶贫（2）、社会保障（1）	新出现生态、社会扶贫、专项扶贫、定点帮扶
2001—2012	生产（110）、资金（117）、产业（77）、基础设施（33）、搬迁（15）、社会保障（35）、行业扶贫（29）、扶贫资金（27）、定点扶贫（17）、计划生育（13）、资金投入（8）、科技扶贫（7）、整村推进（4）、专项扶贫（2）、社会扶贫（2）、就业扶贫（1）	新出现搬迁、就业扶贫、行业扶贫
2013—2020	生产（17）、资金（93）、产业（71）、基础设施（23）、搬迁（33）、社会保障（14）、社会扶贫（35）、教育扶贫（33）、定点扶贫（20）、专项扶贫（10）、扶贫资金（8）、资金投入（5）、科技扶贫（4）、整村推进（4）、计划生育（4）、金融扶贫（3）、老区扶贫（2）、行业扶贫（1）	新出现教育扶贫、金融扶贫

表 3-1 表明，随着扶贫事业的不断推进，实施路径也越加多样化、多元化。中华人民共和国成立初期反贫困的主要路径是发展农业生产、建设基础设施、进行物资救济。改革开放以来，逐步完善社会保障制度，开展科技扶贫等；"八七"扶贫攻坚时期，开始关注贫困地区生态环境问题；21 世纪以来，大力实施生态移民搬迁、就业扶贫；进入精准扶贫阶段，着重强调教育扶贫和金融扶贫。

无论是救济式扶贫还是地区扶贫开发，其核心要素都是扶贫资金的投入。因此，长期以来，中国扶贫的主要手段是加大资金投入。然而，一个被忽略的基本事实是，贫困的内涵正由一维性走向多维性。最初贫困的主要测量维度是收入指标，贫困的类型比较单一，即收入型贫困。随着反贫困理论与实践的发展，政界和学界都意识到仅以收入来衡量贫困状况不够全面，除经济因素之外，政治、文化、能力等非经济因素对贫困人口产生越来越重要的影响。哈根尔斯（Hagenaars，1987）构建了首个二维贫困评价指数，将一维性贫困研究推向二维。此后，阿特金森（Arkinson，2003）开发出多维贫困的数理计数方法。阿玛蒂亚·森所在的牛津大学贫困与人类发展中心（OPHI）于 2007 提出多维贫困指数，并在人类发展报告中用这一指数取代了之前使用的人类贫困指数。自此，贫困问题开始进入多维性时代，这对于中国的扶贫实践同样具有重要启示。中华人民共和国成立以来，中国贫困人口的致贫原因主要是制度性贫困和收入性贫困。随着经济社会的发展，分配形式、就业形式、疾病、教育代际传递、交通不便、生存条件恶劣等因素对贫困人口的影响越来越大。2016 年我国多维贫困发生率为 3.3%、人口规模 4491 万人……这部分贫困人口在教育、健康、生活条件方面有 38.1% 达不到要求。（冯怡琳、邸建亮，2017）因此，21 世纪初全面解决群众温饱问题后，中国扶贫的路径开始走向多元化，多维度治理贫困，不再是单纯运用发展农业生产和产业、农田基础设施、资金投入这些传统手段，而是综合运用专项扶贫、行业扶贫、社会扶贫手段，大力实施"五个一批"工程，并在就业、医疗、科技、金融、整村推进、老区扶贫、人口服务、定点扶贫、东西部协作、国际合作等方面，不断拓展扶贫路径。

总之，70 多年来，中国贫困治理经历了一个与时俱进的过程（图 3-10）。在治贫理念上，经历了经济性扶贫到内生性扶贫的转变；在对象瞄准上，经历了区域、县、村、户的层层下移；在扶贫主体上，实现了政府包揽到政府主导社会参与的转变；在治贫路径上，实现了侧重资金投入到多元化扶贫的转变。而这一切成绩的取得，归根结底，得益于中国特色社会主义的独特制度优势，并形成了包括救济保障、以工代赈、扶贫开发、对口帮扶等一系列制度在内的制度体系。

1949—1977年	1978—1985年	1986—1993年	1994—2000年	2001—2012年	2013—2020年
个体救济	山区扶贫	地区开发	县区攻坚	村级开发	精准扶贫
土地改革、合作社改造及物质性救济	以山区为试点实施发展式扶贫；引入市场机制；放宽政策限制；反贫困明确为党和国家的重要工作	加强扶贫组织领导，建立扶贫专门机构；以贫困县为基本单元集中开展扶贫开发；中国扶贫进入有组织、有计划开发阶段	开展以基本解决全部贫困人口温饱问题为目标的八七攻坚；开展专业扶贫；扶贫战略地位得到进一步明确	贫困瞄准下沉到村，实施村级扶贫开发；扶贫目标由解决温饱升级到改善地区经济社会整体发展环境和提高群众生产生活条件	实施精准扶贫和精准脱贫方略，推进机制创新；加强扶贫考核、责任追究、扶贫服务，全面加强党对扶贫的领导；推进教育、金融和老区扶贫

图 3-10　中国贫困治理变迁

第五节　新中国成立以来贫困治理的典型制度

中华人民共和国成立以来相关治贫制度的形成与扶贫模式密切相关。各时期体现扶贫模式的关键词比较如表 3-2 所示。

由表 3-2 可知，在中国治贫历程的六个阶段中，4 个阶段均出现"地区性开发"高频词，表明中国扶贫以地区开发式扶贫模式为总模式，具体经典模式主要为以工代赈、产业扶贫、易地扶贫搬迁、教育扶贫、对口帮扶扶贫、政策性扶贫、互联网＋扶贫等。在治贫模式的形成过程中，相应的管理制度也开始形成并逐渐完善。

表 3-2　　　　　各时期与扶贫模式相关的关键词及词频

时期	关键词及词频	主要模式
1949—1977	物资（6）、物质（5）、援助（4）、临时（3）	经济性救济
1978—1985	发展（122）、经济（85）、经营（69）、技术（36）、山区（17）、物资（12）	开始支持山区发展，兼顾物资援助

续表

时期	关键词及词频	主要模式
1986—1993	地区（71）、开发（67）、产业（15）、资源（15）	地区产业开发
1994—2000	地区（126）、社会（180）、开发（86）、发展（67）、经济（44）	地区经济社会发展
2001—2012	农村（466）、地区（282）、农业（229）、开发（206）、经济（67）、设施（49）	农村地区农业开发
2013—2020	地区（347）、开发（215）、发展（194）、老区（193）、精准（73）、治理（9）	地区精准开发和综合治理

一 以工代赈

以工代赈是指通过开展农村基础设施建设，吸收贫困劳动力参加劳动，以实物或现金形式给予其报酬，以取代直接救济实现的扶贫方式。"现阶段，以工代赈是一项农村扶贫政策。"以工代赈的基础设施工程主要以县乡村公路、农田水利、人畜饮水、基本农田、河流治理等小型基础设施建设以主。从20世纪80年代起开始实施的以水利、交通、生产设施为重点的赈济式帮扶，到精准扶贫阶段重点实施的饮水安全工程，以工代赈扶贫方式几乎贯穿中国70多年扶贫的各阶段，形成了较为成熟的模式和制度。公共性和劳动性相结合、建设与赈济相结合是其鲜明特征。为指导各地开展以工代赈工作，国家发展改革委每个五年规划，都印发全国以工代赈工作方案。如2021年7月出台了《全国"十四五"以工代赈工作方案》，通过以工代赈，改善贫困地区生产生活条件，促进农民收入。"十三五"期间，国家累计投入以工代赈资金近300亿元，发放劳务报酬超30亿元，带动100多万贫困群众就近务工增收，在激发群众内生动力、助力贫困地区脱贫发展方面发挥了重要作用。[1] "十四五"至2022年3月，我国共投入各类资金900亿元持续加大以工代赈政策实施力度，其中中央以工代赈专项投资110亿元，支持地方按照"先有群众、后有项目"

---

[1] 环球网：《国家以工代赈巩固脱贫成果衔接乡村振兴试点工作取得明显成效》，2021年6月2日，https://baijiahao.baidu.com/s?id=1701455221700913675&wfr=spider&for=pc，2022年2月2日。

"工程项目是载体、就业增收是目标"的原则，组织实施以工代赈项目4200余个。各地还投入各类资金790亿元。[①]

二 产业扶贫

产业扶贫是以市场为导向，以促进贫困地区产业发展和增加贫困人口经济收入为目的，通过发展产业经济，增强贫困地区经济发展能力和水平，提高贫困人口就业水平。产业扶贫是中国扶贫的主要模式之一。自中华人民共和国成立以来，党和政府就十分重视发展粮食生产和农副产品经营。改革开放以来，更是大力引进市场机制，发展乡镇企业和农产品加工业。21世纪以来，产业扶贫模式日渐成熟，相应的制度也逐渐建立。以"公司+合作社+农户"为基本组织运营方式，以"一乡一品""一村一品"品牌建设为抓手，以特色产业基地为依托，因地制宜大力发展特色农产品种养业和传统手工业，以股权收益为重点发展光伏发电产业、现代农业观光业和村级生态旅游业已成为产业扶贫的通行做法。产业扶贫基本模式如图3–11所示。

三 易地扶贫搬迁

易地扶贫搬迁是指对于基本生存和发展条件无法得到保障的贫困地区人口，进行移民搬迁另行安置，通过改善迁入地基础设施、发展产业和教育事业，改善迁入地贫困人口生产生活条件，优化经济结构，拓宽增收渠道，帮助贫困人口脱贫致富。易地搬迁扶贫始于20世纪80年代的"三西"地区"移民吊庄"工程，村级扶贫开发时期正式开始试点，并逐步在全国范围内推广。随着国家对于生态建设的逐步重视，易地搬迁与生态保护结合越加紧密，形成了生态移民搬迁模式。生态移民搬迁的对象是居住于深山、荒漠化及地方病多发区的农村建档立卡贫困人口，这些地区往往生存环境差，生态环境脆弱、不具备基本发展条件。易地搬迁的基本原则是搬得住、留得住、能致富。基本做法是坚持搬迁与脱贫两手抓，坚持

---

① 国家发展改革委：《本周"发展改革热点，我知道"（3月7日—3月11日）》，2022年3月12日，https://www.ndrc.gov.cn/fggz/fgzy/xmtjd/202203/t20220321_1319847.html?code=&state=123，2022年6月12日。

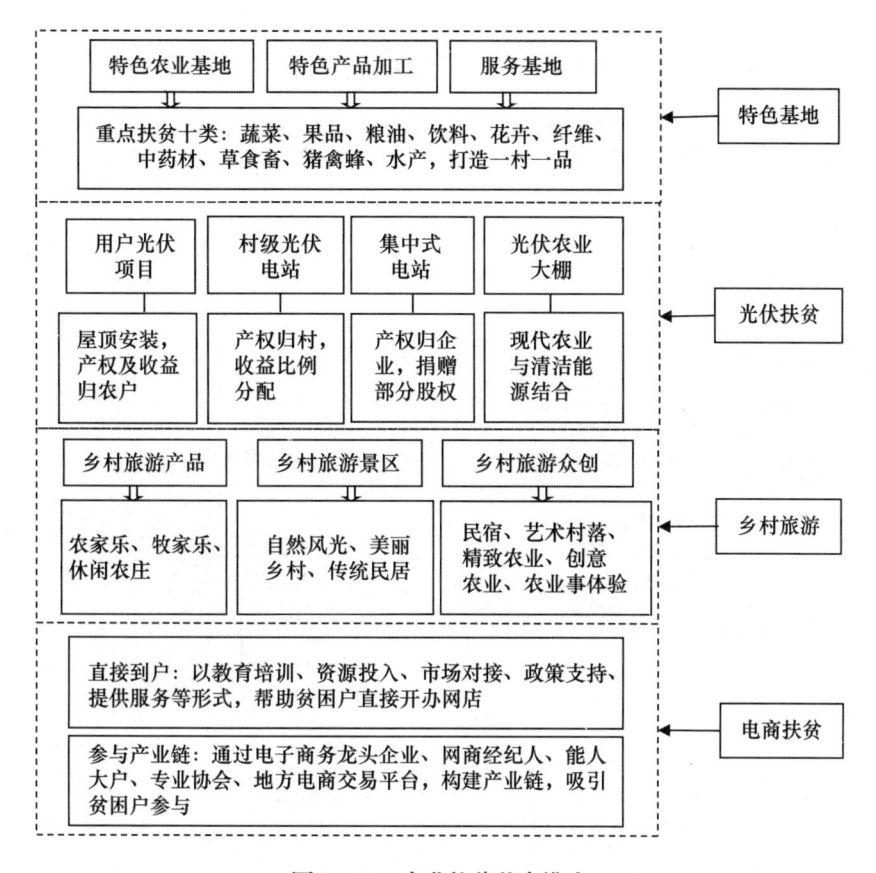

第三章　新中国成立以来贫困治理的历史变迁、政策特征与典型制度 / 71

```
┌─────────────────────────────────────────────┐
│  特色农业基地    特色产品加工    服务基地      │
│                                              │──→ 特色基地
│  重点扶贫十类：蔬菜、果品、粮油、饮料、花卉、纤维、│
│  中药材、草食畜、猪禽蜂、水产，打造一村一品      │
├─────────────────────────────────────────────┤
│  用户光伏    村级光伏    集中式    光伏农业    │
│  项目        电站        电站      大棚        │
│                                              │──→ 光伏扶贫
│  屋顶安装， 产权归村， 产权归企 现代农业       │
│  产权及收益 收益比例   业，捐赠 与清洁能       │
│  归农户     分配       部分股权 源结合         │
├─────────────────────────────────────────────┤
│  乡村旅游产品  乡村旅游景区  乡村旅游众创      │
│                                              │──→ 乡村旅游
│  农家乐、牧家乐、自然风光、美丽 民宿、艺术村落、│
│  休闲农庄        乡村、传统民居 精致农业、创意 │
│                                 农业、农业事体验│
├─────────────────────────────────────────────┤
│  直接到户：以教育培训、资源投入、市场对接、政策支持、│
│  提供服务等形式，帮助贫困户直接开办网店         │
│                                              │──→ 电商扶贫
│  参与产业链：通过电子商务龙头企业、网商经纪人、能人│
│  大户、专业协会、地方电商交易平台，构建产业链，吸引│
│  贫困户参与                                   │
└─────────────────────────────────────────────┘
```

图 3-11　产业扶贫基本模式

资料来源：根据《中国扶贫开发报告（2017）》相关资料整理。

整村搬迁与分散安置相结合、安居与就业相结合、移民搬迁与生态修复相结合、搬出与融入相结合、安置与治理相结合的原则，注重搬迁对象精准识别、搬迁规划设计、安置点科学选址、房屋标准管理和质量监控、搬迁后稳定脱贫就业、投融资管理。易地搬迁扶贫模式如图 3-12 所示。

易地扶贫搬迁是脱贫攻坚的"头号工程"和标志性工程。贫困人口难实现就地脱贫的要按规划、分年度、有计划实施易地搬迁，确保贫困人搬得出、稳得住、能致富。为贯彻落实这一重要指示，国家发展改革委联合有关部门编制印发《全国"十三五"易地扶贫搬迁规划》，计划用五年时间对近 1000 万建档立卡贫困户实施易地扶贫搬迁。2016 年以来，国家发改委协调财政部、自然资源部、中国人民银行、国务院扶贫办、国家开

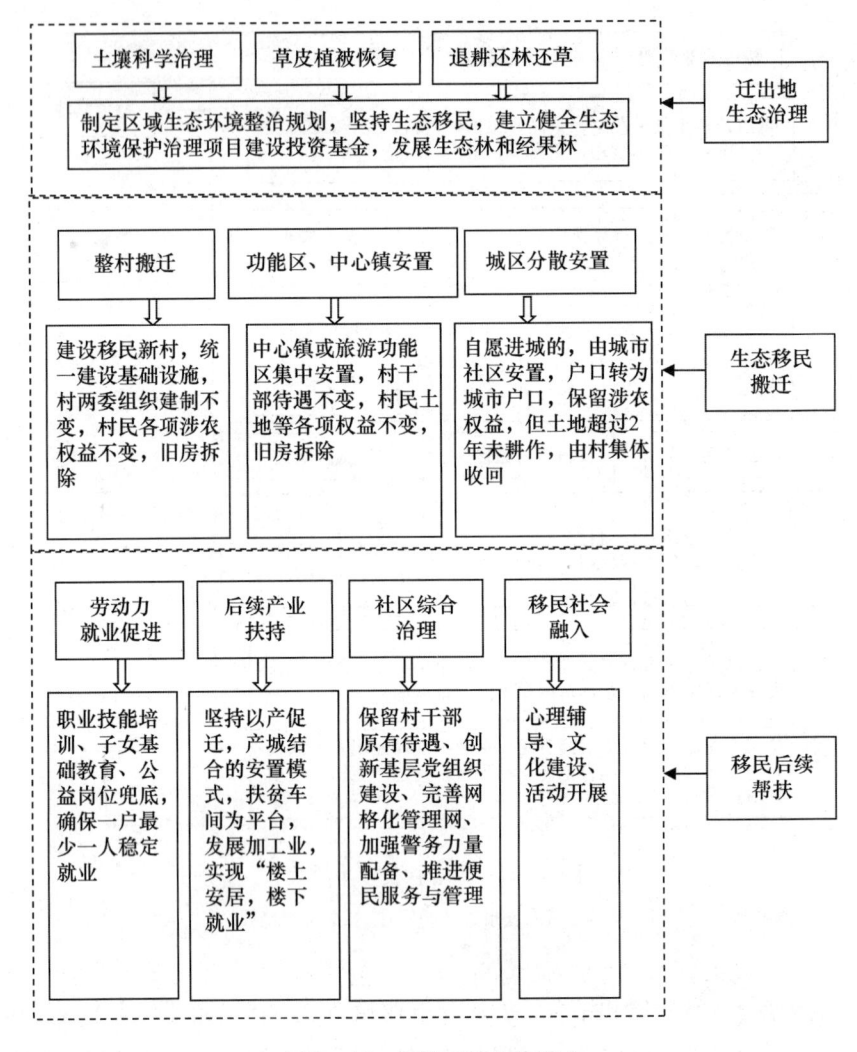

图 3-12　易地搬迁扶贫模式

发银行、中国农业发展银行等单位，以精准扶贫、精准脱贫为统领，统筹协调，全面推进，取得了突出成绩。

四　教育扶贫

教育扶贫是国家通过加大教育投入，开展职业技能培训等方式，增强贫困人口内生脱贫动力和能力，防止贫困代际传递，从根本上消除贫困根源的扶贫模式。教育扶贫的相关举措在 20 世纪 80 年代已有涉及，但教育扶贫模式的形成，则经历了一个较长时期的发展过程。党的十八大以来，党和政府对贫困地区教育问题越加重视，出台了《关于实施教育扶贫工程意见的通知》，形成了优先发展基础教育、强化教育保障、重点发展职业教育和成人培训、贫困儿童营养健康保障、关爱行动、教育资助在内的完备体系，至此，教育精准扶贫制度基本形成。坚持基础教育、职业技能培训和贫困生物质保障三管齐下是教育扶贫制度的主要特征。

优先发展基础教育。这是治理贫困代际传递的基本要件。2013 年之前的教育扶贫政策主要在保障九年义务教育方面。2013 年以后，国家对基础教育投入的力度逐渐加大。教育部于 2013 年出台了《关于全面改善贫困地区义务教育薄弱学校基本办学条件的意见》，开始"全面改薄"行动，着力点放在基本办学条件和生活设施改善、乡村教育队伍力量的强化上。同时开展对口支援和公益性助教行动。此外，农村贫困地区学前教育和高中教育普及力度得到加强，学前教育普及的目标由一年级提高到三年级，高中教育要求到 2020 年基本普及。

加强职业教育和技能培训。这是有效提高贫困地区青壮年劳动力就业能力的关键举措。一是增加贫困地区职业高中数量配比，让贫困学生尽早掌握生存技能。二是提高中等职业技术院校面向贫困地区招生规模和比重，加强校企对接，实行订单式培养，提高毕业学生就业率。同时加强贫困地区职业技能培训力度，通过实施新型职业农民学历教育、"雨露计划""阳光工程""两后生"职业技能培训、农民夜校等项目，提升贫困人口人力资本，增强其就业和创业能力。

完善其他保障性政策。完善教育资助手段，建立健全资助体系。涵盖"希望工程"等社会捐助、针对困难学生的"两免一补"、奖助学金和助学贷款等形式的政府资助。资金来源以中央财政拨款为主，地方和社会为辅。开展学前三年教育和义务教育"控辍保学"，保障贫困青少年享有义务教育基本权利。推行贫困儿童和青少年营养计划，改善其营养状况，促进智力和身体发育。2011 年，国务院出台《关于实施农村义务教育学生营养改善计划的意见》，启动贫困地区县农村义务教育学生营养改善计划试点项目，从当年秋季学年起，由中央财政提供每天 3 元的膳食补助。2014 年这一标准提升至 4 元。自 2016 年起，国家扩大试点范围，将这一计划覆盖到所有贫困县。2014 年，国家又出台《国家贫困地区儿童发展规划（2014—2020）》，将营养改善计划升级至儿童健康保障计划，涉及新生儿健康、婴幼儿营养改善、儿童医疗卫生保健三个项目。此外，还加强了对农村留守儿童、残疾儿童的关爱保护。教育扶贫基本模式如图3-13所示。

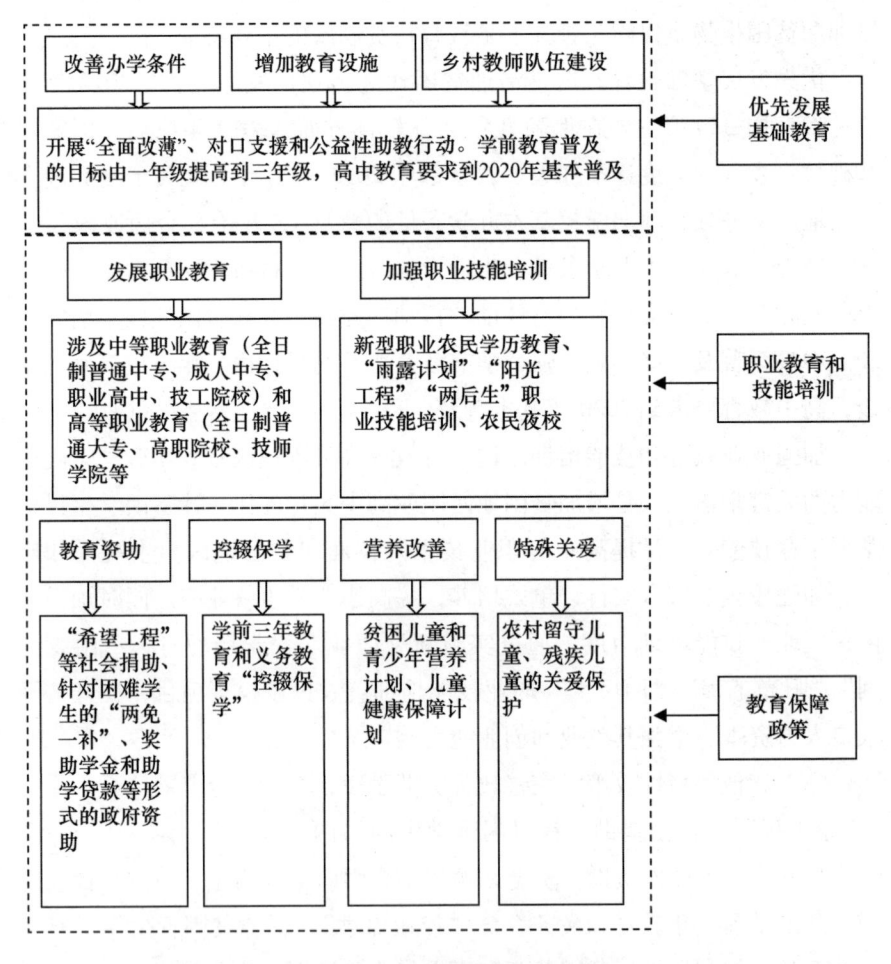

图 3-13 教育扶贫基本模式

五 对口帮扶扶贫

对口帮扶扶贫是指为提高扶贫针对性和扶贫实效，实施党政机关及其干部定点帮扶和东西部对口帮扶的一对一帮扶模式。定点帮扶是具有中国特色的扶贫制度，是党的群众路线在扶贫领域的深刻体现。我国在"八七"

扶贫攻坚时期就开始实施定点帮扶和东西部对口协作扶贫，主要做法是党政机关、政府部门及其干部定点联系对口贫困县、贫困村、贫困户，实行一对一帮扶；东部地区行政区对口协作帮扶中西部地区行政区，开展交流结对、项目援建、产业合作和劳务合作。党的十八大以来，定点扶贫制度得到进一步强化。驻村帮扶机制和驻村工作队管理得到进一步完善，建立了扶贫第一书记制度，第一书记全覆盖重点扶贫村（李培林等，2017）。

对口扶贫最早于20世纪80年代就已开始实施，最初以项目开发为主。邓小平在提出先富战略时强调，要统筹沿海和内地两个大局，要在支持沿海地区先富起来的同时，坚持先富带动后富原则，发动东部沿海地区要反过来帮助中西部落后地区发展，为其提供项目、资金、技术、人才援助。[①] 为贯彻落实这一指标，东部地区在发展起来之后，逐步与中西部地区建立横向联系和对口支援，在资源开发利用、产业承接转移、劳动力输出等方面开展合作。精准扶贫开始以来，地区对口协作机制进一步完善，合作项目和金额不断增加，有效实现了资源互补，合作共赢。

定点扶贫是中央及地方党政机关、企事业单位选定一个贫困县作为一对一对口援助试点。通常是以项目或扶贫资金为纽带，根据部门或单位性质和职能，在力所能及的前提下，发挥自身优势，帮助贫困地区解决生产、生活困难和需要，促进定点区域生产生活条件改善。《八七扶贫攻坚计划》规定："中央和地方党政机关及有条件的企事业单位，都应积极与贫困县定点挂钩扶贫，一定几年不变，不脱贫不脱钩。"[②]

驻村帮扶是对于定点扶贫的深化和细化。自党和政府提出因村派人精准扶贫的要求以来，各地不断加强了驻村帮扶管理。2017年12月，中办国办印发《关于加强贫困村驻村工作队选派管理工作的指导意见》，进一步完善驻村帮扶管理机制。驻村派人的基本做法是各地根据贫困村实际需求，参考各单位、各部门及工作人员的履历，因地制宜选派扶贫驻村工作队开展定点帮扶。驻村扶贫主要由县级进行统筹（省市一级也有派驻），根据单位资源和干部自身情况，组建驻村工作队，实行一村一队。一般一

---

① 参见邓小平《邓小平文选》第3卷，人民出版社1993年版，第277—278页。
② 国务院办公厅：《关于印发国家八七扶贫攻坚计划的通知》，2006年6月28日，http://www.gov.cn/ztzl/fupin/content_396733.htm，2022年7月14日。

个驻村工作队由2个以上单位人员组成,队长由第一书记兼任,一般为处科级干部或处科级后备干部。工作队驻村时间有严格要求,不得少于规定时间。一般情况下,每个驻村工作队不少于3人,每期驻村时间不少于2年。驻村工作经费由地方财政部分统筹安排,驻村干部享有下乡伙食补助、通信补贴、人身意外保险等待遇,费用由原单位在公用经费中支出。建立工作队驻村制度,涵盖签到打卡和请销假、书写和报送工作日志、工作例会。干部驻村期间专职扶贫,与原单位事务脱钩,党组织关系转接至所驻贫困村支部,驻村期间原有人事关系和各项待遇均不变。驻村工作领导小组每季度至少召开一次工作队长会议,以了解掌握工作进展,总结经验,协调解决存在的问题。脱贫攻坚期内,即使贫困村实现脱贫退出,驻村工作队也不得撤离,且帮扶力度不能减弱。干部驻村帮扶成绩作为年度综合评价、评先评优和提拔使用重要依据。驻村帮扶运行模式如图3-14所示。

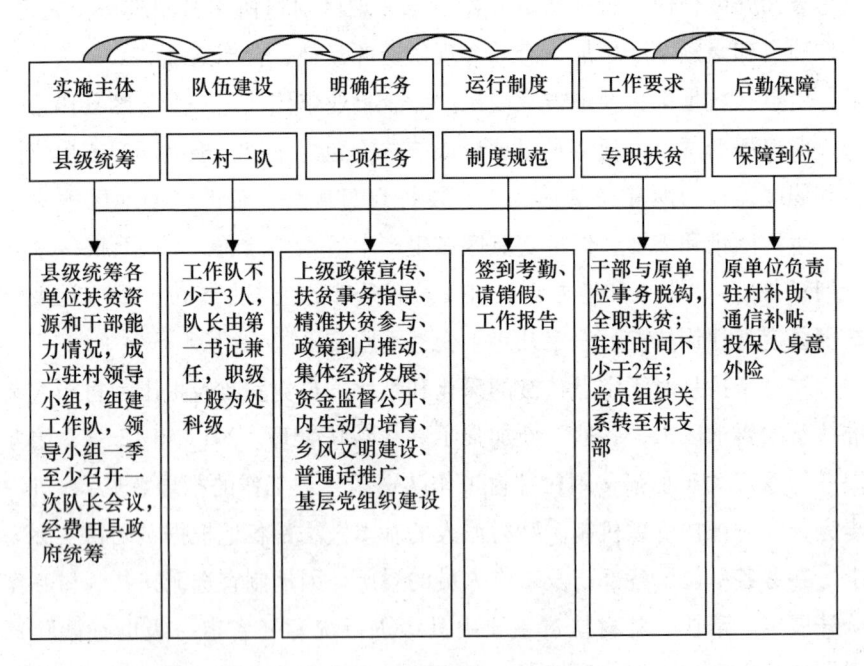

图3-14 驻村帮扶运行模式

六 政策性扶贫

政策性扶贫是指国家通过制定和实施大量优惠和保障政策,以指导各地扶贫的开展。党的十八大以前，中国扶贫以政策性扶贫为主。中华人民共和国成立至今，党和政府出台了困难户救济、五保低保、财政转移支付、合作医疗、大病保险、民族地区扶贫、老区扶贫、税收减免、消费扶贫等大量扶贫政策，形成了相应的制度体系，是地方开展扶贫开发的行动指南和基本遵循。权威性、普惠性、约束性是其突出特征。

七 "互联网+扶贫"

"互联网+扶贫"是指以互联网为平台和载体，运用现代信息网络技术，助力扶贫开发的新型模式。"互联网+扶贫"是21世纪村级扶贫开发时期出现的一种扶贫方式，并日益成为新时期中国扶贫开发的重要模式，如图3-15所示。"互联网+扶贫"的主要做法有电商扶贫、扶贫云等，以互联网为媒介，通过线上线下互动，实现扶贫主体和贫困对象的无缝对接。即时性、便利性、信息互通性、精准性是"互联网+扶贫"的突出特征。

人类社会已进入网络和信息时代，信息日益成为社会运行不可或缺的要素。互联网购物、互联网交易、互联网学习、互联网交往等虚拟行为逐渐代替传统现实场景，成为人们生产生活、贸易交往的重要方式。并且随着数据信息技术的发展，传统互联网方式又为大数据、移动互联网所赶超。科技日新月异，如果赶不上科技潮流，不能有效利用突发猛进的科学技术，人们从事的活动都难免事倍功半。自2015年习近平提出要用数据技术服务精准扶贫的要求以来，"互联网+"和大数据扶贫方式得到快速发展。以互联网、大数据为基石的扶贫模式爆发式发展，"互联网+产业扶贫""互联网+社会扶贫""互联网+教育扶贫"等模式迅速发展，社会扶贫网、扶贫电子数据信息系统、移动扶贫终端等应用性平台加速建成和应用，极大地提高了扶贫开发的精准性和科学性。

发动全社会力量，共同投入扶贫开发，形成扶贫大格局，是中央既定的扶贫方针，也是精准扶贫能够取得巨大成效的基石。长期以来，社会扶贫缺乏一个有效的资源共享、信息即时互通、供需双方方便有效对接的平台和渠道。而互联网和大数据则为这一平台的实现提供了技术条件。正如习近平2015年在中央扶贫开发工作会议上指出的："扶贫合力还没有形成……我国社会不缺少扶贫济困的爱心和力量，缺的是有效可信的平台和参与渠道。"① 加快社会扶贫网络平台建设成为当务之急。中共中央、国务院相继出台《中共中央国务院关于打赢脱贫攻坚战的决定》和《关于进一步动员社会各方力量参与扶贫开发的意见》,要求加快社会扶贫攻坚网络平台的搭建。在这一背景之下,由国务院扶贫办、中央网信办、工信部、国资委等共同建设的"中国社会扶贫网"于 2016 年 10 月 17 日正式启动。网站统筹联接物资、资金、产业、数据资源,互联建档立卡户、爱心人士、爱心企业、社会团体,打造一个信息流、资金流、物流、文化流共融共通的"互联网 + 社会扶贫"大生态圈。网站使用群体包括 12.8 万名驻村第一书记、数百万名扶贫干部、102 家央企、2.6 万家企业员工,与国资委、发改委等五家扶贫口主管部门对接,协调东部 9 个省 13 个扶贫资源,与碧桂园、恒大、京东、国美、万达等龙头企业开展合作。平台接入建档立卡数据库。互联网云平台的优势在于利用即时互联互通技术和数据共享功能,实现社会资源与贫困地区、贫困人口的无缝对接,从而达到资源供给方与贫困需求方的精准衔接,实现资源有效利用。

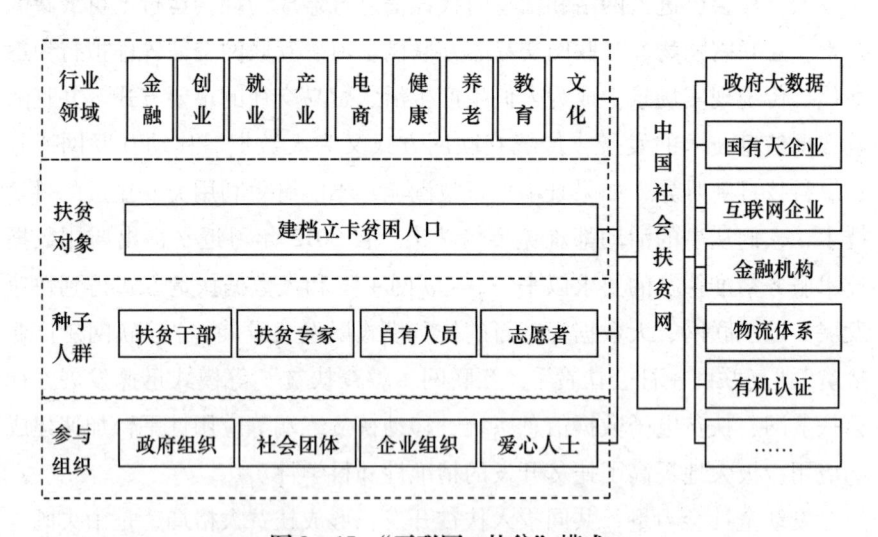

图 3-15 "互联网+扶贫"模式

资料来源:中国社会扶贫网, http://www.zgshfp.com.cn/pages/aboutme.html。

---

① 中共中央党史和文献研究室编:《十八大以来重要文献选编》,中央文献出版社 2018 年版。

贫困人口精准识别是精准扶贫的基础和前提。摸不清贫困人口底数，未掌握贫困真实情况，就无法做到扶真贫、真扶贫。为此，国家于2014年开始建设贫困人口电子数据信息系统，至今已形成以国家扶贫信息管理系统（全国扶贫开发信息系统业务管理子系统）为核心，以省级扶贫系统为要件，以手机移动扶贫平台为补充的扶贫大数据储存、分析、应用和动态监管体系。尤其是移动扶贫云平台的开发和应用，极大地便利了精准扶贫的管理和监测。全国扶贫开发信息系统业务管理子系统主要包括爱心帮扶、电商扶贫、扶贫众筹、扶贫展示和扶贫榜样五大核心板块，该数据库能识别12.8万个贫困村、2948万个贫困户、8962万个贫困人口，在中国扶贫开发史首次利用现代技术手段实现了贫困信息精准到户到人。该系统能通过数据分析，对贫困户致贫原因和所需政策进行科学统计和匹配，节约了大量工作成本，极大提高了管理效率。

第六节 "十四五"期间农村相对贫困治理机制

基于前述质性分析研究结果，运用可持续性反贫困、社会情境、增权反贫困等理论，结合党的十九届四中全会会议精神、乡村振兴重大战略等文件要求和国务院及各部委出台的最新有关政策文件研判可知，构建防范返贫、阻断阶层固化、巩固拓展脱贫攻坚成果与与乡村振兴有效衔接、运用技术赋能相对贫困治理是"十四五"时期中国农村反贫困在现阶段主要面临的相对贫困治理问题。

一 返贫与新致贫风险防控机制

脱贫攻坚只是在关键时点完成全面脱贫的历史性任务，并不能确保脱贫的一劳永逸，这就涉及脱贫的可持续性问题。可持续性生计理论认为，只有在应对压力和打击下能够恢复，并且在当前和未来能够保持和加强其资产和能力的生计，才是可持续的（Chambers，1992）。20世纪末，这种可持续性生计观在解释和应对世界反贫困中新出现的返贫等问题时，得到学术界和国际机构的广泛重视。巩固脱贫成果，防止脱贫人口返贫，是2020年后一段时间的中国反贫困的主要任务。首先，脱贫人口存在一定程度的生计脆弱性。在重大疾病保障方面，现有的新型合作医疗、大病保险已较完善，可有效防止因病返贫现象。但在抵抗自然灾害、突发事故、市场经济风险方面，相关保障仍有待加强。其次，脱贫攻坚的强政治性易产生短期效应。脱贫攻坚战的政治性要强于其经济性。由于政治性的任务压力，不排除地方党委政府采用一些临时性和应急性手段，而产生数据造假、扶贫大跃进、过度帮扶、违规兜底等问题。一旦地方党委政府通过2020年扶贫大考之关，相关的政策支持和财政资金的后续投入无法确保。再次，脱贫人口的能力培育不是一个短期过程。现有的绝对贫困人口都是难啃的"硬骨头"，有的观念落后，缺乏动力，有的老弱病残，其中最大的问题是缺乏脱贫的志气和智力。这些问题非短期能解决。要根治"志贫"和"智贫"痼疾，教育是治本之策。但教育是一个长期的过程，其效应的真正发挥需要时间的沉淀。最后，低收入人群和边缘人群甚至目前经济状况较好的群众可能因为大病、自然灾害等意外事件导致贫困。为此，必须重视防控脱贫人口、低收入人群和困难群众三类重点人群的返贫致贫风险，建立健全防止返贫新致贫动态监测机制和帮扶机制，强化监测预警响应，早发现、早干预、早帮扶，确保监测对象不返贫、不致贫，坚决守住不发生规模性返贫的底线目标。

二 农民工阶层固化的阻断机制

因自发的进城务工和城市化推进，大量农民进城务工并逐渐定居于城市，形成了农民工阶层。对于农民工群体，国家已开始制定相关政策，以解决农民及其子女的生产、生活、教育、社保等问题。但由于城乡二元社会结构及以其为基础的户籍制度的长期影响，农民工群体仍未完全得到城市市民同等国民待遇。2020年，全国约有1亿农业转移人口在城市落户。随着乡村振兴战略的实施、户籍制度改革的推进和农业转移人口的城市人口身份的确立，农民工势必不再拥有农村集体土地，而且由于农民工教育素养整体相对较弱，容易形成阶层固化。如果相关的社会政策和体制机制不及时跟进，失业问题、住房及子女教育等高额的城市生活成本等问题都极易成为农民工致贫的因素。社会情境论认为，贫困是社会转型的产物，贫困人口在适应过程中因政府关注不够而成为失败者和被排斥者。以西方国家为例，城市化所带来的城市贫民问题十分严重。为此，在解决农村绝对贫困问题之后，农民工阶层应该成为未来中国相对贫困治理的重点检测群体，相关的反贫困长效机制应尽早研究和建立。

三 巩固拓展脱贫攻坚成果与乡村振兴有效衔接机制

2020年后，农村工作的重心是乡村振兴。农村的反贫困将融入到乡村振兴战略中。如何正确处理反贫困与乡村振兴的相互关系，将考验执政者的执政能力和执政水平。农村反贫困是乡村振兴的前提和基础，农业绝对贫困人口全面脱贫是乡村振兴的基础。乡村振兴的最终目标是让乡村共享改革开放的成果，促进城市与农村共同发展。乡村振兴战略的推进，既是乡村发展本身的必然要求，也是对脱贫攻坚成果进一步巩固的必然要求。为此，乡村振兴战略规划提出要"推动脱贫攻坚与乡村振兴有机结合相互促进"。乡村振兴战略规划中的加强农村基础设施建设、发展农村教育、医疗、社会保障事业、发展特色产业、促进农民就业等措施，与扶贫开发政策是一脉相承的。不同之处只在于，脱贫攻坚偏重中微观性、生存性，乡村振兴更加注重宏观性和发展性。乡村振兴战略实施过程中，仍然不能放松对反贫困的关注。在制定乡村振兴的具体政策和措施时，要给予脱贫人口一定的政策倾斜。在乡村产业发展、乡村环境治理、繁荣乡村文化、乡村人才培育等方面，应借鉴和吸收原有反贫困政策，保持政策的稳定性和延续性。

四 数字技术赋能相对贫困治理机制

消费贫困、信息贫困将成为新时代贫困新的表现形式。随着互联网、大数据、云计算、5G技术的完善和成熟，电子信息将成为人们生产、生活不可或缺的要素。以此为基础的数字和信息赋能问题也将成为经济社会发展的热点问题。然而，贫困地区在思想和行动上对于信息的了解和对信息技术的掌握运用都相对落后，信息获取、管理和利用的意识不强，这就是"信息贫困"。增权理论认为，信息增权是弱势群体的有效保护手段。在未来社会，信息就是生产力，流量就是财富。中央网信办、国家发展改革委、国务院扶贫办联合发布《2019年网络扶贫工作要点》，要求充分发掘互联网和信息化在精准脱贫中的潜力，防止"数字鸿沟"进一步拉大。因此要充分运用移动互联网、大数据、云计算、物联网、区块链、人工智能等新一代信息技术，发挥互联网连接、跨界、重构、共生等功能，构建新形势下互联网赋能相对贫困治理的长效机制，为区域经济社会发展、农村居民特别是三大重点人群赋能赋权，促进贫困地区资源整合和优化配置、协同管理，保障贫困人口的信息和机会获取、资源利用、生计决策和参与表达等权利，以"智"提"质"、以"智"图"治"、以"智"谋"祉"，推动经济和社会高质量发展。

第四章

江西省脱贫攻坚实践与模式

第一节 江西省脱贫攻坚成效

党的十八大以来，习近平总书记两次赴江西省考察，指引江西省在加快革命老区高质量发展上作示范，并深情指出："井冈山精神和苏区精神，承载着中国共产党人的初心和使命，铸就了中国共产党的伟大革命精神。这些伟大革命精神跨越时空、永不过时，是砥砺我们不忘初心、牢记使命的不竭精神动力。"[①] 江西省牢记总书记嘱托，发扬井冈山精神和苏区精神，攻坚克难，开拓创新，精准务实，全面对标中央脱贫攻坚战略部署，坚持"核心是精准、关键在落实、实现高质量、确保可持续"工作方针，全面完成了脱贫攻坚目标任务，积累了脱贫攻坚的江西经验，广大脱贫群众的获得感、幸福感和安全感显著增强。

一 脱贫攻坚目标如期实现

一是全部脱贫。至"十三五"期末，全省25个贫困县全部摘帽，3058个贫困村全部退出，贫困人口全部脱贫。二是贫困群众生活显著改善。贫困群众"两不愁"质量水平明显提升，"三保障"和饮水安全突出问题全部解决。三是通过大力推进产业扶贫和就业扶贫，贫困群众收入大幅提升，自主脱贫能力稳步提高。农村人居环境明显改观。四是贫困地区基础设施和公共服务不断改善。五是贫困农村生态绿、环境美、气象新，

---

① 《人民日报》评论员：《让井冈山精神放射出新的时代光芒》，《人民日报》2021年7月22日。

引领了全省乡村的美丽蝶变。

二 "五个一批"工程卓有成效

一是扶贫产业快速发展。"十三五"期间，全省74.2万户贫困户获得产业发展扶持，3058个贫困村（含深度贫困村）均有村集体经济和专业合作社，有扶贫带动作用的新型经营主体达4.96万个。发展有扶贫带动功能的特色种植业养业、光伏产业成效显著。二是易地扶贫应搬尽搬。全省"十三五"易地扶贫搬迁建档立卡人口3.5万户，共计13.47万人。三是生态脱贫成效明显。累计投入生态护林员补助资金7.7亿元。全省生态护林员总量达到2.3784万名，辐射带动7万多贫困人口。四是教育扶贫力拔穷根。严格落实贫困家庭学生义务教育政策。落实控辍保学机制，确保了贫困学生无因贫失学辍学。加大了教育助学金发放力度，确保贫困家庭学生应享尽享各种助学政策，"十三五"以来共发放贫困生资助金213.5亿元，确保教育扶贫资助"不漏一人"。五是社会保障提标兜底。大力推进农村低保提标增效工程。统筹发挥社会保险、社会救助、社会福利等综合保障作用，加强对特殊贫困群体保障，织牢编密困难群众基本生活兜底保障网。

第二节 江西省脱贫攻坚经验

在脱贫攻坚的实践探索中，江西省从实际出发，走出了一条革命老区脱贫攻坚补短板和促长效同步推进的新路子，探索了一批可借鉴、可推广、可复制的经验做法。

一 示范引领发展带贫产业

在选准一个产业、打造一个龙头、创新一套利益联结机制、培育一套服务体系的"五个一"产业扶贫模式框架下，倡导村干部与能人带头领办、村党员主动参与、村民自愿参与、贫困群众统筹参与的"一领办三参与"产业合作形式。完善带贫益贫的利益联结机制，推动产业扶贫精准到户到人，筑牢"四项保障防线"。创新金融扶贫机制。完善政策设计，密切联动协作，加强数据监测，为立查立改问题提供精准指向保证。

二 "电商+"创新扶贫新业态

将电商扶贫作为推进精准扶贫的重要举措,狠抓组织、政策、平台(渠道)、人才、产品、品牌、配套体系等要素资源优化。成立省电商脱贫工程办公室,创立"电商扶贫+党建""电商扶贫+产业发展""电商扶贫+农家书屋""电商扶贫+自主创业""电商扶贫+品牌经营"等模式。以点带面推动农村电商扶贫深入发展,"十三五"期间,先后分5批培育43个国家电商进农村综合示范县、分3批培育10个省级电商进农村示范县和12个省级电商扶贫重点推进县。[①]

三 "专项、行业、社会"三位一体构建扶贫大格局

率先出台《中国社会扶贫网江西推广管理办法》,通过精准聚焦平台影响力、帮扶精准度、社会参与度、用户活跃度等"一力三度",持续打造社会扶贫网"升级版"。结合建档立卡、结对帮扶工作,省领导带头示范,各级领导干部和爱心人士通过社会扶贫网参与脱贫攻坚。组织32.2万名结对帮扶干部通过社会扶贫网对接83万户贫困户的帮扶需求。全面掌握贫困地区、贫困户的需求信息并及时发布,充分收集整理企业的帮扶意愿和资源,帮助企业和贫困地区、贫困户之间加强信息沟通,合理安排产业类型与贫困村、贫困户生产生活有共同点的企业结对帮扶,实现帮扶资源和脱贫需求之间的精准对接,集聚社会各方力量,打造"人人皆可为、人人皆能为"的扶贫工作平台。

四 "四大感恩行动"激发脱贫内生动力

聚焦部分贫困群众存在"等靠要"思想、主体意识不强、个别脱贫能力不足、赡孝观念淡薄、陈规陋习顽固以及一些地方帮扶工作简单给钱给物等突出问题,开展四大感恩行动,建设文明乡风,丰富文化生活,惩戒不良习俗,深化村民自治、法治和德治,树牢自力更生风向标,增强群众自主脱贫内生力。坚持扶志为先,开展感恩自立教育行动,强化党恩教

---

① 江西省人民政府:《电商扶贫成脱贫攻坚新引擎》,江西要闻(jiangxi.gov.cn),2019-01-24。

育,实化政策教育,深化示范教育。坚持扶智为本,开展感恩自强培育行动,加强教育公平斩"穷根",加强技能培训增本领,加强生产帮带强能力。坚持扶勤为要,开展感恩自力激励行动,增强主体意识,促进自力更生,防范"养贫助懒",表彰先进典型。坚持扶德为魂,开展感恩自尊治理行动,建设文明乡风,推行"三讲一评"颂党恩活动,树牢自力更生风向标,增强自主脱贫内生力。

第三节　江西省脱贫典型模式

"十三五"期间,江西省脱贫攻坚工作走在全国前列,一大批贫困地区和贫困人口的发展条件得到改善,井冈山市在全国率先实现脱贫。县作为脱贫攻坚的"主战场",在脱贫攻坚中积累了许多可操作性强、推行效率高的扶贫举措,形成特色模式。

一　井冈山模式:兜底保障与红色产业发展脱贫

2017年,井冈山摘掉"贫困帽",并入选2017中国改革年度十大案例。这一年其贫困发生率由2016年底的1.6%降至0.42%,降幅超过73%,贫困户数也由2016年底的539户降至199户,降幅超过63%,农村居民人均可支配收入9606元,增幅12%。

2016年春节前夕,习近平总书记来到井冈山神山村,指出:在扶贫的路上,不能落下一个贫困家庭,丢下一个贫困群众,为井冈山脱贫攻坚指明方向。① 井冈山主要采取以下脱贫攻坚举措:一是通过划定"红(特困户)、蓝(一般贫困户)、黄(2014年已脱贫的贫困户)"三种类型,精准识别每一个贫困户。二是创造"有能力的扶起来、扶不了的带起来、带不了的保起来、住不了的建起来、建好了的靓起来"五种模式,让每一个贫困户"真脱贫"。三是坚持党建为先、产业为根、立志为本、机制为要,创新"党建引领、产业增收、动态管理、兜底保障"四个全覆盖机制,确保全市脱贫攻坚"能落实"等措施,扎实推进精准脱贫,成效

---

① 朱磊、王丹:《发挥基层党组织引领作用,打造新时代乡村振兴新样板》,《人民日报》2022年6月8日。

显著。四是挖掘井冈山红色文化资源,大力发展红色旅游等特色产业,带动大量当地贫困人口就业,帮助贫困人口受益增收脱贫。

2021年井冈山市荣获2021年全国脱贫攻坚先进集体,全国农业休闲县,顺利通过"四好农村路"全国示范县和全省美丽宜居示范县复核,被国务院办公厅列为"开展农村人居环境整治成效明显的地方"。连续10年通过国家重点生态功能区县域生态环境质量监测评价和考核,顺利举办中国红色旅游博览会,并入选2021年度中国旅游产业影响力案例。农村居民可支配收入14551元,较上年增长13%。

二 吉安模式:优特产业发展脱贫

2017年11月1日,吉安县脱贫摘帽,贫困户人均纯收入由2013年的2760元增至2017年的6523元。

吉安县主要采用发展特色农业和工业脱贫。为促进贫困户增收,该县创新推广一户一亩井冈蜜柚、一户一亩横江葡萄、一户一个鸡棚、一户一人进园区务工的"四个一"产业扶贫模式,健全完善担保贷款、贷款贴息、产业奖补、产业保险"四轮驱动"金融扶贫机制,大力推广"支部引领、干部带头、群众参与、贫困户全覆盖"的"四统一分全覆盖"益贫产业发展模式。通过可复制、可推广的三个"四"的吉安县脱贫攻坚模式,确保家家有一个致富产业、户户有一份稳定收入。吉安县补工业短板,工业园曾连续多年被评为省、市先进工业园区,园内涵盖了电子、食品、林产化工、医药、建材、服装六大产业区,为当地群众提供了大量的就业岗位,且园区产业综合拉动性强,扶助力量巨大。

2021年吉安县地区生产总值增长9.3%,固定资产投资增长11.7%,规模以上工业增加值增长12.2%,电子信息产业营收在吉安市占比达26.2%,绿色食品、冶金建材、林化医药、新能源产业营收分别增长25.4%、47.5%、13.1%、12.1%;国泰特种化工创建江西省智能制造标杆企业,数字视听创新型产业集群纳入科技部创新型产业集群试点(培育),电子信息数字视听产业获批省级新型工业化产业基地。城镇、农村居民人均可支配收入分别增长7.6%、12.5%,城乡居民收入比进一步缩小。

三　广昌模式：品牌农业发展脱贫

2018年7月29日，经过国务院扶贫开发领导小组组织的第三方严格评估，广昌县综合贫困发生率为0.80%，群众认可度为97.24%，无漏评和错退，正式脱贫"摘帽"，退出贫困县序列。农村居民人均可支配收入由2014年的6553元增长到2017年的9364元。

广昌县是著名的"中国通芯白莲之乡"和"中国物流第一县"。为增强贫困群众的自我造血功能，实现可持续脱贫目标，广昌县依托本地白莲、茶树菇、烤烟、肉牛等特色产业资源，打造享誉全省的特色农产品品牌，将发展扶贫产业作为助力脱贫的根本之策。在农产品加工方面，以白莲产业为例，位于广昌的几家食品公司以莲子、莲藕、莲叶、莲花为原料，生产白莲系列饮料、休闲食品和儿童食品等，产品远销东南亚、欧洲市场。广昌在多个乡镇开展"千户万亩工程"推广有机莲种植，让"中国白莲之乡"变为有机莲生态种植示范基地。农产品"卖难"也是农业产业普遍遇到的问题。广昌在引进壮大农业龙头企业的同时，还加快电商布局，为农产品销售插上电商翅膀。在广昌甘竹镇答田村，一个名为"梦想e谷"的电商特色小镇吸引了京东、中国网库、贡粮在线等10多家电商企业入驻，当地的茶树菇、莲子、莲子汁、藕粉等特色农产品通过这里销往全国。

2021年，广昌县农村居民人均可支配收入14056元，较上年增长12%；被省委、省政府评为2020年度高质量发展综合绩效先进县，获批创建国家现代农业产业园；广昌白莲获批筹建"国家地理标志产品保护示范区"，入选第五批国家生态文明建设示范区；获评第五批"省级生态县"、第四批省级"两山"实践创新基地、全省数字乡村试点县等。

四　安远模式：农旅融合发展脱贫

2019年4月28日，安远县以零错退、零漏评、群众满意度99.16%、综合贫困发生率0.72%的优异成绩退出贫困县序列。截至2019年底，全县已脱贫12026户53604人，贫困发生率由2014年底的13.96%下降至2019年底的0.07%；退出贫困村74个。

安远县地处丘陵山区，山地占总面积的83.43%，是典型的农业县。

安远按照"以长补短、以短养长"的产业扶贫思路，大力推行"五个一"产业扶贫模式，充分利用产业直补和金融扶贫政策，积极引导贫困户能种则种、宜养则养，大力发展脐橙、烟叶、紫山药、百香果等脱贫致富产业，形成了"一乡一业、一村一品"的产业扶贫格局。产业扶贫项目覆盖了全县所有贫困村、贫困户，形成了"村村有主导产业、户户有增收门路"的良好局面。此外，安远扎实推进"四好农村路"品质化建设，助力交通扶贫。一条条由"线"成"网"、由"窄"变"宽"的农村公路，将物流成本降到了历史最低水平，为群众打开了脱贫致富之门。在"四好农村路"建设的引领下，全县新增50多个、近10万亩特色产业基地，带动5300多户贫困户脱贫；以农家乐、特色民宿、采摘体验为主的乡村旅游发展迅速。同时，安远依托优良自然资源禀赋，大力发展旅游业，创建三百山5A旅游景区等，成为群众脱贫致富的重要渠道。

2021年，安远县现代农业巩固提升，粮食产量实现"十八连丰"，建成赣州市第一个赣南脐橙大数据中心——橙信通赣南脐橙大数据平台，扶持培育全国第一家专注生产冻鲜果汁的本土深加工企业果然公司，发展猕猴桃、紫山药等特色产业5.9万亩，富硒绿色有机农产品认证42个。三百山索道、星空•房车露营基地建成投用，成功承办"2021环鄱阳湖自行车精英赛"，全年共接待游客521.6万人次，旅游总收入41.7亿元，较上年分别增长6.2%、11.8%，获评国家级森林康养试点建设基地、中国最美生态文化旅游名县等荣誉称号。电商交易额达28亿元，增长12%，电商产业园获评省级电商示范基地。首创"智慧园区+智运快线+数字平台"三位一体城乡绿色智慧物流发展"安远模式"得到国家部委高度肯定，获评全国第二批农村物流服务品牌。

五 修水模式：易地搬迁脱贫

2020年4月26日，江西省政府新闻办举行新闻发布会，宣布省内剩余7个县退出贫困县序列。九江市修水县正式脱贫摘帽。早在20世纪90年代末，修水县就开始探索移民扶贫工作并在2003年和2013年两次向全国推广成功经验，尤其是推进整体移民搬迁、加快城乡发展一体化工作试点，探索移民进城镇或进工业园区，被誉为扶贫搬迁的"江西样本"。

修水县按照"山上的问题山下解决、山内的问题山外解决、面上问题点上解决"的工作思路，修水县稳妥推进易地搬迁扶贫工作，做好搬迁、安置、后扶三篇文章，对迁出地实行"一个必须、两个不安排、三个不变"，做到"权属随人走、搬迁不失利"，根据每户实际情况和发展意愿，采取园区、集镇、中心村等与扶贫新居相结合的方式进行分类安置，做到住房和基础设施、公共服务配套同步规划、同步建设，确保搬迁户顺利安居。重点围绕外出务工输出一批、公益性岗位安排一批、特色产业发展一批、原有利益不变稳定一批、兜底政策保障一批"五个一批"，实施产业带动、就业创业扶持、盘活两地资产收益、两基一园提升和社区融入"五大工程"，让搬迁农户"有家业、有就业、有产业"。

修水县脱贫后，有效衔接中补短板、强弱项，乡村振兴全面推进。脱贫成果持续巩固，投入资金5.83亿元，落实"两不愁 四保障"，没有出现返贫致贫现象。入选国家农业现代化示范区、茶业百强县和全国农民合作社质量提升整县推进试点县。乡村基础设施不断改善，石嘴水库除险加固、布甲防洪工程等项目全面建成，农村居民人均可支配收入达到14320元。

第四节　生态脱贫的镇岗乡样本[①]

生态扶贫是扶贫开发与生态保护有机结合的扶贫新思路，是绿色发展理念在扶贫开发中的体现，也是精准扶贫思想的有益补充（杨文静，2016）。2017年春节前夕，习近平总书记到江西视察时明确提出，绿色生态是江西最大财富、最大优势、最大品牌，一定要保护好，做好治山理水、显山露水的文章，走出一条经济发展和生态文明水平提高相辅相成、相得益彰的路子，打造美丽中国"江西样板"。

镇岗乡所处的安远县位于江西省赣州市东南部，2020年前是国家扶贫开发工作重点县、罗霄山脉扶贫攻坚特困片区县。

[①] 本节部分内容为刊载于《江西发展研究》2018年第7期论文《一个贫困山区生态脱贫的实践与启示——基于安远县镇岗乡精准脱贫调查》，获时任江西省政协副主席张勇批示。

一 镇岗乡生态扶贫动因

（一）脐橙产业受挫、生态系统有待修护

镇岗乡于2011年1月开展了以"送政策、送温暖、送服务"为核心的"三送"产业扶贫工作。以脐橙产业为核心，以西瓜、生猪养殖、食用菌、水产等为辅助产业，推动发展"一村一品"，大力建设现代农业示范园区和农产品加工示范基地。尤其是该镇依托脐橙产业的全面开发，镇岗乡产业扶贫取得了空前的经济效益，人民生活水平日益提高，使得镇岗一度整乡脱贫。然而始料未及的是，2013年的一场黄龙病灾害重创了镇岗乡的农业产业。镇岗乡90%的脐橙树被砍伐。2016年调研时，村民反映，脐橙年收入从2010年的5万元以上跌至2万多元甚至更少，损失惨重。脐橙复种果耗时长，成本高，不少农民砍树后选择放弃脐橙产业，使得镇岗乡脐橙复产难。黄龙病对柑橘园造成的损害是毁灭性的。黄龙病又称黄梢病，系国内外植物检疫对象，也是世界难题。脐橙果园内通过传病昆虫木虱传播，感病植株树势衰退，产量极低，果实品质变劣，直到整株果树枯死，病情严重时造成成片柑橘园毁灭。镇岗乡大面积种植脐橙，且前期果园大量农药喷洒，在一定程度上破坏了生物的多样性，加之连续暖冬气候等原因，潮湿闷热的环境更是助长了果树发病。同时脐橙受灾后大面积的果园砍树和焚烧使生态进一步遭破坏，生态系统亟待修护。

（二）东生围文化资源特色鲜明

东生围是我国最大的方形围屋，记载着客家文化的繁荣兴盛。东生围是中国最大的客家方形围屋，宏伟壮观，坚固结实，布局科学合理，设计美观大方，是赣南客家人聪明才智的结晶，是客家文化的一个窗口，然而，由于交通不便，发展初期设施跟进难度大，乡村道路错综复杂却无完善的道路指示系统，配套设施建设差，游客不多，亟待开发。2016年12月，镇岗乡以东生围景区为核心，发展围屋旅游，打造客家风情市集，使游客体会不同的民俗文化。镇岗乡与周边乡镇联合，给予每个贫困村一定资金，进行旅游试点建设，带动农家乐等乡村旅游业发展，并在对传统古村落老围村的生态开发基础上，打造手工艺村，挖掘非物质文化遗产。将各个乡镇、村庄串联形成百里乡村旅游长廊，打造兼具丰富历史文化底蕴和现代人文气息的"东生围"旅游文化名片（见图4-1）。

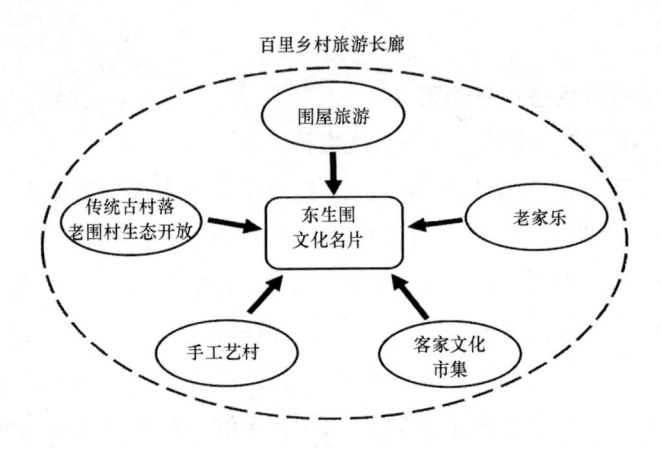

图 4-1　镇岗乡打造东生围旅游名片模式

（三）生态扶贫初尝甜头

早期为了追求短期经济效益，镇岗乡发展经济没有兼顾生态环境的保护，使得镇岗乡生态系统遭到破坏，生态系统的破坏还成为黄龙病的引发原因之一。此后村民发现在减少水稻等其他农产品农药喷洒后产量并不会减少，反而因为是有机农产品价格得以提升。人们逐渐认识到生态资源对扶贫的重要性。

镇岗乡大力整治村容村貌，尤其是对东生围周边环境的保护，营造环境优美的乡村氛围。镇岗乡村容村貌焕然一新，曾经的臭水沟水质清涟，荷动藕香；曾经的泥水路硬化后干净整洁，道路两旁花草树木郁郁葱葱。吸引了大量的来镇岗乡体验乡村风情的游客，促进了村民增收，带动了镇岗乡的经济发展。

二　镇岗乡生态脱贫举措

为帮助贫困群众致富梦想变为现实、解决横亘在脱贫路上的绊脚石，镇岗乡创新思维，采取各种举措，开展了以生态脱贫为特征的新一轮扶贫攻坚战。

（一）发展生态农业，栽好一村一品致富"树"

一是积极减少脐橙黄龙病，促进主导产业脐橙尽快复产。在镇岗乡产业扶贫阶段，通过发展脐橙种植业取得了很好的经济效益，脱贫只差临门一脚，然而始料未及的是一场黄龙病灾害就让前期的所有扶贫努力付诸东流。问卷调查显示，93.2%的群众认为脐橙种植业受黄龙病影响很大，返贫现象加重，为脱贫攻坚带来前所未有的重大考验。面对挑战，当地政府一方面加快黄龙病树的砍除，减少病源，严控"三无"苗木，严把防控关，为脐橙尽快复产创造条件。

访问者：脐橙产业受黄龙病影响这么大，为什么还是以其作为主导产业呢？

常务副乡长：2013年以前还没有这样大面积暴发黄龙病的时候，农户们通过种植脐橙赚了不少钱。和其他农产品相比，还是赣州脐橙的名片好，赚的钱多。现在突来的黄龙病给了农户很大打击，所以我们也在积极地推动脐橙复产，给乡亲们信心。

二是根据本地自然条件和市场需求，大力推行一村一品。镇岗乡通过发展生态产业，促进了贫困人口就业，让农民靠近田间地头上班，同时鼓励和帮助致富能人选好特色产业，带头组建专业合作社，带动周边农民和贫困户发展特色产业。2016年，镇岗乡老围村发展猕猴桃600亩、赖塘村发展鹰嘴桃400亩、罗山村发展木薯500亩、高峰村发展烟叶400亩，而当地相关产品均价分别为：猕猴桃5元/千克、鹰嘴桃4元/千克、木薯1.5元/千克、烟叶5元/千克，一村一品在黄龙病疫期推动农民脱贫致富发挥了重要作用，部分贫困户发展一村一品或从事劳务得以增收（见表4-1）。

表4-1　　2016年镇岗乡一村一品、多元发展种植业

一村一品	农产品	产量	当地价格
老围村	猕猴桃	600亩	5元/千克
赖塘村	鹰嘴桃	400亩	4元/千克
罗山村	木薯	500亩	1.5元/千克
高峰村	烟叶	400亩	5元/千克

三是扶贫信贷通打通产业扶贫"最后一公里"。问卷调查显示，67.4%的群众认为缺乏资金是脱贫道路中最大的"拦路虎"。因此，为了

解决这一问题，该乡通过组织干部深入走访贫困户，宣传产业信贷通政策，同时给予一定的技术指导、全方位帮扶，以此推动产业发展（见图4-2）。

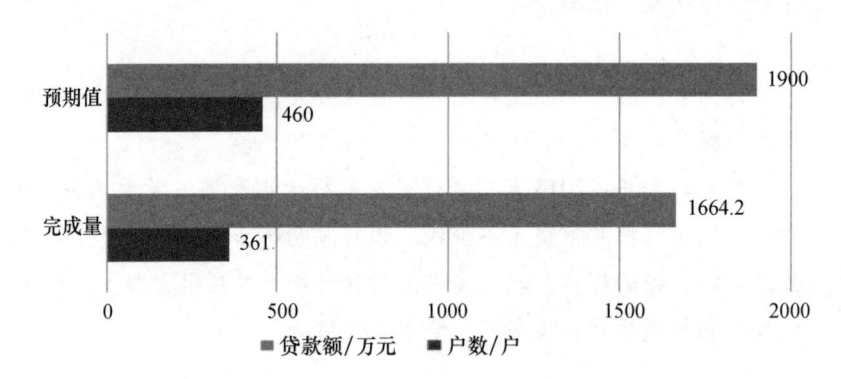

图4-2　镇岗乡产业扶贫信贷通发放情况

截至 2016 年 11 月，该乡已有 361 户贫困户申请了产业扶贫信贷通，累计发放贷款 1664.2 万元。① 镇岗乡将继续发放产业扶贫信贷通贷款 460 户 1900 万元。

（二）挖掘整合资源优势，打好生态旅游牌

一是加快特色景区建设。近年来，镇岗乡对中国传统古村落老围村进行乡村生态文化旅游开发，依托该村全国最大的客家方形围屋东生围，正在创建东生围围屋群 4A 级景区。2017 年 1 月 9 日，镇岗乡政府表示东生围围屋群旅游开发创 4A 工程截至目前已经完成游客服务中心主体建设、旅游新村主体建设以及电瓶车道、东生围围屋的修葺，围屋周边花海的打造。镇岗乡还将启动磐安围、尉廷围的维修，儿童花园、农耕花园、手工艺村等项目的建设。东生围围屋群文化旅游区建设项目规划用地面积 824653 平方米，总建筑面积 144538 平方米，其中保留村庄建筑面积 79400 平方米。项目规划形成"一心一带四区"的总体布局结构（见图 4-3），即旅游综合服务中心、镇江河湿地景观带、东生围民俗展示体

---

① 安远县镇岗乡·扶贫信贷通打通产业发展"最后一公里"［EB/OL］. http://www.aydw.gov.cn/n423228/c17324444/content.html.

验区、尉廷围美食乐活区、尊三围红色革命纪念区、磐安围精品文化度假区。主要建设迎客广场、客家风情商业街、生态停车场、电瓶车首末站等。如今古朴的围屋与美丽的花海交相辉映，吸引了越来越多的游客来这儿游玩。①

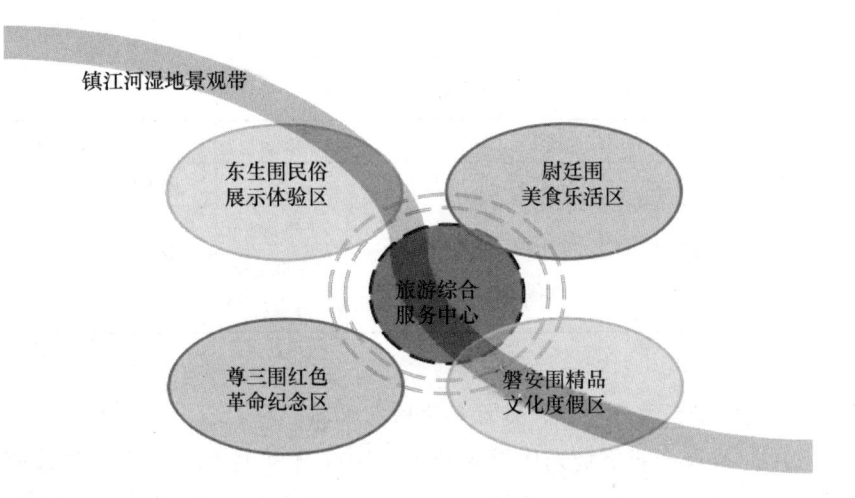

图 4-3 "一心一带四区"总体布局结构

二是跟进配套设施，打造农家乐品牌。东生围附近居民充分利用地理优势，将自家住房改造成快捷宜居的小旅馆，为前来游玩的旅客提供住房服务，同时在菜地种植本地特色农产品，积极研发新菜式，力图创建知名农家乐品牌。另外，部分旅馆正在积极推进住宿配套设施的建设，如修建专业停车场、增加安全保卫人员。另外少数村民将自家土地进行规划，为游客提供菜地租让服务，即将土地租给游客，游客可在土地里随意种植喜爱的植物，增加游客接近大自然的机会，而游客为了照顾自己的植物，必然会多次来到东生围，因此这一做法使东生围的"回头客"数量大幅增加。

三是与周边乡镇联合，打造百里乡村旅游长廊（见表4-2）。问卷调查显示，36.7%的群众认为脱贫过程中最重要的是生态资源的整合与利

---

① 安远县人民政府网．东生围围屋群文化旅游区建设初见成效越来越多游客来此游玩 [EB/OL]．http://www.ay.gov.cn/zjay/lyay/lyzx/201702/t20170214_435721.html.

用。镇岗与周边乡镇联合，拟给予每个村一定资金，进行旅游试点建设，从而打造百里乡村旅游长廊。通过"景区带村""能人带户""公司+农户"等路径带动贫困村户提高经济收入。乡村两级因势利导，引导贫困户参与旅游开发，目前景区周边约300户贫困户不同程度参与了旅游开发，有的加入了旅游合作社，有的自主经营与旅游相关的产业。

表4-2　　　　　　　　百里乡村旅游长廊

乡镇名称	起点	途经	途经	途经	途经	终点
	版石镇	镇岗乡	车头镇	新龙乡	凤山乡	三百山镇
旅游景点	显扬山佛堂、片云山佛堂	东生围花海	永兴山官溪村	十里荷乡采茶戏文化广场	东风湖井安山	三百山恒豫围

（三）推广清洁能源，铺好光伏助农脱困"路"

一是推行产业信贷光伏贷新政策。2017年4月6日，安远县政府加大力度宣传光伏产业扶贫的各项惠民政策，要求各乡镇做好摸底调查，推荐有条件且符合信贷条件安装的贫困户名单，同时明确放贷合作银行，加快放贷进程。据调查了解，产业信贷光伏贷的新政策是，每户贫困户累计贷款总额不超过8万元，超过65周岁或无劳动能力的贫困人口，可委托赡养其的子女或孙辈或亲属申请贷款。近年来，镇岗乡根据安远县发展新能源规划，引进了光伏发电项目，为贫困户无息贷款5000元，推动项目早开工、早建设。

> 访问者：贫困户承担风险的能力比较低，政府有做出资金上的支持吗？
> 刘主任：贫困户想参与光伏项目的建设也是需要自己投资的，而贫困户没有钱，我们就想到了提供政府贴息的贷款支持。乡亲们对光伏也是比较陌生的嘛，很多人害怕有风险不敢参与，我们就积极宣传成功经验、提供资金支持，鼓励他们参与。

二是引进新能源利用技术。新能源包括沼气、太阳能等生态乡的可再生资源。问卷调查显示，75.8%的群众认为开发新能源最环保，有利于解决环境污染问题，走出绿色生态扶贫新路径。然而贫困地区缺乏资源的利用技术，镇岗乡由政府引入技术，计划于2017年5月30日之前建成村级电站并完成并网。

三是推广光伏产品，鼓励贫困户参与光伏项目。镇岗乡通过引进太阳能热水器、太阳能地暖、农村光伏发电系统等风险小、收益直接的光伏应用类产品，让贫困户切身体会到了新能源对生活的便利性。贫困户开发新能源除自用外，还可售电获得收入。

（四）改善教育设施，扶贫扶智提高综合素质

一是成立教育发展协会，加大教育资金投入，完善基础教育设施。问卷调查显示，24.80%的群众认为生态脱贫过程中最大问题是教育水平低下，生态资源利用和保护意识不强。因此为做好教育扶贫工作，镇岗乡积极吸引外资，同时发动社会各界力量帮助贫困学生，资助寒门学子上学。另外镇岗乡积极落实全乡各项教育扶贫政策，基本完成各村小学标准化建设。

二是加强职业教育，为农村输送人才。2014年安远县中等职业技术学校从全国1万多所中高职业学校中脱颖而出，喜获"全国职业教育先进单位"殊荣，这项奖项代表了职业教育单位的最高荣誉，全国共有298家单位获得表彰，其中江西省仅有10家。目前，镇岗乡积极与安远县进行对接，定期安排人员去职业学校进修，并让进修人员将所学知识与村民分享，在农业增产方面取得了初步成效。

三是积极开展宣传教育活动，强化生态环保意识。镇岗乡在建设新农村的过程中，在古树周围培植花草，放置石板凳，方便村民休闲小憩，再拉上爱护村里环境的宣传横幅，潜移默化村民的环保意识。同时，镇岗乡定期组织茶话会，加强各个村落之间的经验交流，推动镇岗乡生态经济的发展。

（五）创新工作机制，提高政府公共服务能力

一是运用"8531"干部结对帮扶模式，与4个贫困村、贫困户结对，进行点对点指导，分类施策、精准扶贫。"8531"结对帮扶模式指县领导结对帮扶8户，科级干部结对帮扶5户，其他干部结对帮扶3户，科级以下干部结对联系1户纯低保、五保户，其余未能覆盖的，由乡镇干部包干

托底。

二是建立"3315"工作机制，进一步强化责任、加强协作配合，为共同推动安远县精准扶贫工作取得了不错的实效。"3315"工作机制是指"三个满意、三项工作、一个变化、五个全覆盖"。"三个满意"指精准扶贫工作过程、工作成效要让贫困对象满意、广大群众满意、考评考核满意；"三项工作"指开展一次上门走访认亲活动、建立一个帮扶干部微信群、完善一个扶贫工作手机客户端；"一个变化"指精准脱贫要让贫困户生活及村容村貌有明显变化；"五个全面覆盖"指上门走访全覆盖、政策享受全覆盖、脱贫措施全覆盖、干部帮扶全覆盖、示范带动全覆盖。

镇岗乡从生态农业、生态旅游、新能源、教育扶贫等方面积极引导贫困户脱贫致富，取得明显成效，2019年顺利脱贫，农民增收渠道多样化（如图4-4所示），扶贫对象素质有了很大的提高，干群关系日益和谐，被破坏的生态系统也正在逐步恢复。

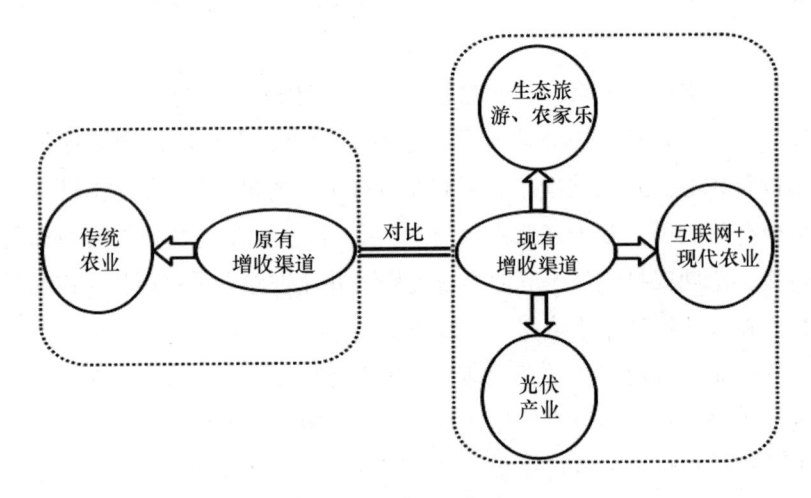

图4-4　增收渠道对比

三　镇岗乡生态脱贫模式分析

（一）镇岗乡生态脱贫"5+1"模式构建

通过分析镇岗乡扶贫举措等，我们构建其生态脱贫模式为"5+1"模式，其中"5"为"两创新"+"三生态"，"1"为"一核心"，如图4-5、图4-6所示。

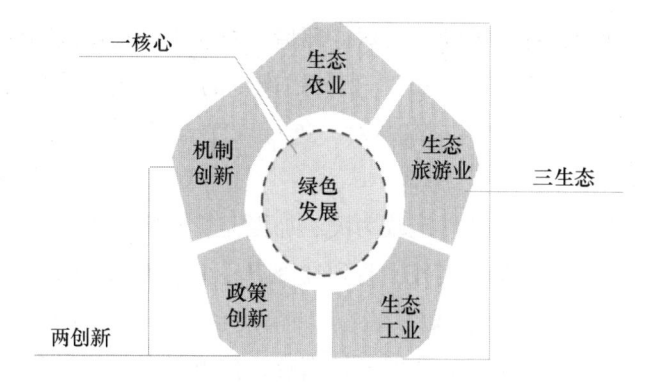

图 4-5 生态脱贫 "5+1" 模式

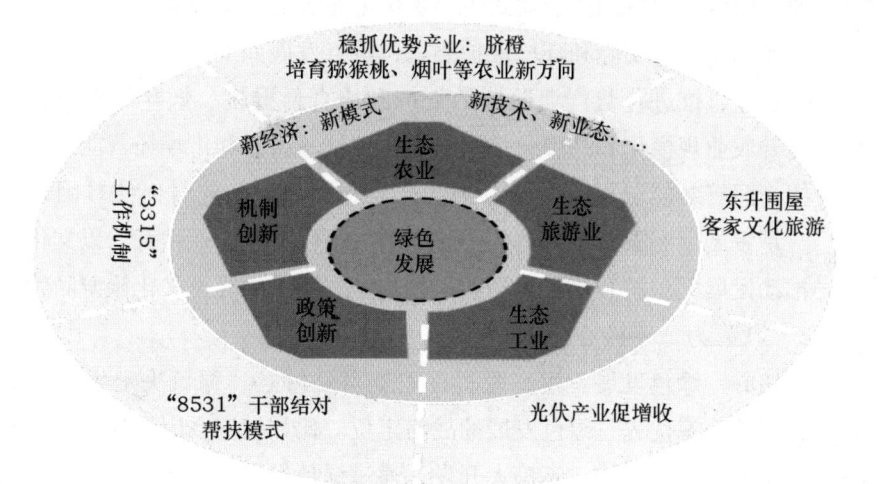

图 4-6 "5+1" 模式在镇岗乡的实际运用

(二) 模式阐释

1. "5" 为 "两创新" + "三生态"

两创新：政策创新、机制创新。由于经济社会发展与生态环境保护的矛盾较为突出，建构生态扶贫体系面临社会阻力，生态扶贫的整体运行机制尚待完善，加快贫困地区生态扶贫政策的顶层设计迫在眉睫。

政策创新能充分调动各级干部干事工作的积极性。在政府统一协调下，以扶贫和环保部门为主体，整合其他部门的资源，按照农村环境与贫困类型差异性，做到精准发力，以项目示范为抓手，创造村民环境保护与经济发展的动力，逐步推动农村居住环境、农业生产环境以及周边自然生态环境的保护（熊善高，2016）。例如镇岗乡的"8531"干部结对帮扶模式，与4个贫困村、贫困户口结对，进行点对点指导、分类施策、精准扶贫。

同时机制创新可以帮助施政为民、加强监管和完善责任体系，从而帮助生态扶贫政策真正落到实处，落到贫困户心里。带动贫困户自主脱贫积极参与各项政策，融合干群关系。正如镇岗乡"3315"工作机制让贫困对象满意、广大群众满意、考评考核满意，拉近了干部与群众的距离。

三生态：生态农业、生态旅游业以及生态工业。消除贫困根本上要依靠产业，而生态脱贫的产业模式主要聚焦生态农业、生态旅游业以及生态工业。如镇岗结合实际和环境保护要求，重点发展如下产业：一是大力发展生态农业，推进优势产业脐橙的复产和培育猕猴桃、烟叶等农业新方向，提升农业规模化和品牌化，增强农业的技术服务和市场经营能力。二是发挥光照等新能源优势，着力光伏产业利民便民的同时促使贫困户增收。三是发展生态旅游业，把旅游业作为战略性支柱产业培育，以文化为先导推动发展大旅游和培育大产业，打响东升围屋的客家文化旅游品牌。

2."1"为"一核心"

一核心：绿色发展。生态脱贫首先就需要树立"绿色决定生死"的理念，坚持生态优先、绿色发展的战略定位。比如镇岗乡因为处于限制开发区，主要抓环境保护，不搞大开发，通过绿色发展带动经济健康可持续发展。

这种模式可概括为"5+1"模式，即三个经济发展方向、两个创新都围绕一个绿色、生态的核心来展开。该模式由镇岗乡具体的生态扶贫经验提炼而来，对于其他生态贫困地区脱贫有借鉴意义，通过政府的宏观协调和方向转变引导经济发展向生态经济靠齐，从而实现经济的可持续发展，减少脱贫工作中的返贫现象，引导脱贫工作顺利开展。

四 镇岗乡生态脱贫经验与启示

（一）脱贫经验

1. 以绿色发展为核心，改革创新为动力，生态经济为特征

生态脱贫的模式以绿色发展为核心，通过机制和政策的创新发展生态

农业、生态旅游业以及生态工业"5+1"的模式开展，但是要提高生态扶贫的效益，需要重塑扶贫理念（即兼顾贫困户增收金额、贫困户减少数量、防止贫困户返贫与生态系统的破坏）、创新扶贫方式（即采用生态经济、环境保护、组建队伍、"智""致"培育型的方式）；更需要根据现有状况，抓主要因素制定并实施扶贫方式。

2. 生态脱贫是保障生态和实现脱贫的双赢道路

生态扶贫兼顾脱贫和改善生态环境双重目标。生态扶贫，是以科学发展观和绿色发展为指导，把精准扶贫、精准脱贫作为基本方略，以"消除贫困，生态修复，保护环境，产业致富，改善民生，人地和谐"为生态扶贫的出发点的生态产业体系。一般的脱贫思路是为贫困地区嫁接资源，没钱就给钱，没工作就办厂。生态脱贫讲求挖掘利用当地的可再生资源，实现经济发展与环境保护的双赢模式，这种模式能在短期发挥政府专项资金的效用以及保障贫困地区的后续发展。

3. 因地制宜撬动生态脱贫的支点

层次分析法作为一种定性与定量相结合的方法，不仅适用于存在不确定性和主观信息的情况，还允许以合乎逻辑的方式运用经验、洞察力和直觉的判断（谢健民，2019）。本团队运用层次分析法研究发现，镇岗乡生态扶贫受许多不确定性因素影响，需要综合考虑贫困户增收金额最大化、减贫人数最大化、返贫人数最小化与生态系统破化程度最小化四个因素。其中，若政府以实现贫困户增收金额最大化为小目标，在制订生态扶贫方案时，应把工作重点放在发展生态经济和扶贫队伍建设上；若政府扶贫小目标转变为实现减贫数量最大化，则应把重心调整为对贫困户"智""志"培育。根据不同情况分析，从而抓住主要矛盾，打赢扶贫攻坚战。因此政府必须根据不同地方不同阶段的生态扶贫具体目标而相应地调整扶贫支点，因地制宜找准动生态脱贫的支点。

4. 对贫困地区特别是限制开发区有较好的普适性

镇岗乡的生态扶贫道路给人以很多启发，通过对调研资料的整理，本团队发现一个没有专项资金支持、名不见经传的小乡镇，通过提高以下四个方面的生态资源的利用，探索出了一条可为广大农村贫困区借鉴的脱贫致富之路。

一是生态农业。生态农业产业链是一条围绕"消除农业面源污染、提供绿色农产品"进行的"产、加、销"或"产、销"的链状结构，是一个把农业增长、农民增收和生态环境的治理与保护融为一体的现代可持续农业体系。农村地区可以结合当地环境优势，开发生态农业，打造农业主导产业。

二是生态旅游业。生态旅游扶贫指依托生态资源所提供的美学观赏、户外体验服务、科考活动等，发展生态旅游产业也属于生态扶贫路径之一。目前生态系统文化功能展现的观赏性价值，应该将其作为资源进一步开发与利用（沈茂英，2015）。

三是生态工业。贫困地区一般污染比较轻，有丰富的光照、风能、沼气等其他资源。新能源利用的技术目前也比较完善，成本也有所降低，逐渐成为一项便民利民的工业项目。贫困地区如果重视新能源的发展前景，把本来就不多的资金合理利用，再鼓励贫困户自主的意识，授之以渔，可以取得一定的经济效益。

在物质生活日益丰富的今天，我们仍希望能守护住家乡的绿水青山。农村地区要跟上时代的发展走出贫困，不一定要采用趋于城镇化的方式。农家的土地、河流都很美，农家的温暖阳光也能致富。生态扶贫针对贫困地区的特点，突破输血式脱贫的惯性思维，利用生态优势打造不同于高楼大厦，而专属农家的繁荣景象，通过对镇岗乡的调研，本团队认识到镇岗乡的生态脱贫模式是贫困地区减贫脱贫和持续发展的新思路，能帮助贫困地区完成紧迫的脱贫任务，早日实现摘帽，早日迈入小康社会，为美丽中国"江西样板"的建设添砖加瓦。

（二）启示

生态扶贫是一条保障生态和实现脱贫的双赢道路，兼顾脱贫和改善生态环境双重目标。生态脱贫的模式可以从树立绿色发展理念，创新机制、创新政策，发展生态农业、生态旅游业、生态工业入手。但是提高生态扶贫的效益，需要重塑扶贫理念，创新扶贫方式，开拓扶贫的新路径。

1. 坚持"富起来"与"绿起来"相结合，提升政策的针对性

一是建立到乡到村的生态补偿机制。对于东江源区等重点生态保护区，给予到乡到村的生态补偿，对于对生态特别重要或特别脆弱，需要移民的，应在现在的基础上加大资金支持力度，加强移民安置点的基础设施建设，使移民搬得出，稳得住，能发展。

二是设立专项产业发展基金，帮助乡村发展生态产业、推进生态扶贫。对贫困地区受灾的主导产业的复产给予资金、政策等方面的支持。镇岗乡是赣南脐橙产业的重点乡镇，赣南脐橙完全可以带动全乡脱贫致富。面对黄龙病疫情，上级政府部门应加大对该类地区复产的支持，包括技术、资金、政策等。要有相关的资金和政策大力支持贫困地区发展乡村生态文化旅游，既要支持旅游基础设施建设，又要支持贫困户参与融入旅游开发，加快旅游脱贫步伐。

2. 突出"生态治理"与"生态扶贫"相结合，实现稳定脱贫

一是完善生态环境保护预警机制，保护农业生态安全。受生态环境知识不足和发展经济急于脱贫心态等多种因素的影响，贫困地区在发展经济时，常常有意或无意识地破坏环境，环境一旦破坏则恢复困难，费时长，正如镇岗乡黄龙病暴发造成脐橙产业损失重大，而且至今尚未能恢复。因此环保部门应会同农业部门，建立生态环境的预警机制，定期深入乡村，加强对农业产业发展指导，注重发展农产品产业中物种多样性，防治农业污染和环境破坏，保证生态安全，促进生态脱贫。

二是对因病致贫的贫困户，一方面，对大病重病实现扶贫基金兜底保障；另一方面，改善基层医院软硬件条件，提高基层医院的医疗水平，降低病人特别是慢性病患者的就医成本。

三是加大对口支援力度，推动相关项目特别是可以充分利用当地资源的项目入乡进村，吸引更多的农村人口返乡创业，培育和发展贫困地区一村一品。镇岗乡目前一村一品的格局让广大贫困户在脐橙复产前转产的艰难时期脱贫。

3. 强化"扶志"与"扶智"相结合，激发生态脱贫内生动力

一是加强教育扶志。政府宣传部门应挖掘当地脱贫的典型案例，结合思想道德建设，通过各种媒体宣传，营造贫困户自强光荣、脱贫光荣、懒惰可耻的良好氛围，对因好吃懒做而返贫的有劳动能力的人采取一定的措施，使其参与劳动。

二是加大贫困地区义务教育和职业教育的支持力度。镇岗乡启动了义务教育学校标准化建设"三年推进计划"，对义务教育学校进行了标准化建设，教育设施有了很大的改进，但师资不稳定，水平低。因此应当增加贫困地区的免费师范生名额，为该地区义务教育提供师资，以阻断代际贫

困。做实贫困户免费就业创业技能培训，引入新理念和新技术，注重培训的针对性和有效性。减少初中教育的辍学率，为在职业中专和高职院校就读的贫困户子女减免学费。

4. 重视"基层队伍"与"干部交流"相结合，增强服务能力

一是创新激励机制，吸引优秀人才向基层政府、企业和农村聚集。镇岗乡的政府工作人员队伍主要由公务员和村官等事业编制人员构成，由于贫困县乡镇条件相对较差，且工作繁杂，任务重，压力大，安心来乡镇工作的人才较少。特别是精准扶贫工作全面开展以来，乡镇干部的工作量极大增加，连正常的轮休也难以保证，因此应提高基层公务员的特殊津贴（调查发现在乡镇工作8年的公务员每月仅200元津贴），加大从乡镇事业编、村官考录乡镇公务员力度，对在基层工作中表现突出，群众反映好的基层干部优先晋级晋升，改革农村乡土人才职称评价机制等，以吸引优秀人才到基层和农村工作。

二是设立专项培训资金，建立县乡人才轮训制度，提高基层人才的政治素养和服务能力。所有人才每年均获得培训机会，以补充新理念、新知识、新方法和新技能。可委托当地高校或主管部门，在认真分析贫困乡镇人才队伍特点和素质能力的基础上，设计针对性强的培训方案。通过培训，提升基层人才的政策水平，增强其对党和政府的"五大"发展理念和扶贫攻坚政策的理解与认同，并内化为自觉行动；强化其基层服务能力，既能做好农村稳定工作，又能结合实际，用新经济思维促进生态脱贫。

三是加强基层人才交流。建立基层人才交流制度，特别是要加强与经济发达地区、上级机关、央企事业单位干部以及省级政府机关干部的交流，以开阔视野，增长才干。

第 五 章

基于模糊综合评价法的移民搬迁绩效评价[①]

习近平总书记指出，对居住在自然条件特别恶劣地区的群众加大易地扶贫搬迁力度。从总体上看，我国易地扶贫搬迁脱贫成效较为明显，移民家庭收入显著提高，居住环境彻底改善（东梅、王桂芬，2010）。通过实施易地扶贫搬迁，不仅能有效破解深度贫困问题，亦能推动城乡一体化发展，对贫困地区加快推进工业化、城镇化、信息化、农业现代化进程具有重要的现实意义。

《"十三五"易地扶贫搬迁规划》提出在2020年前完成易地搬迁建档立卡贫困人口一千万左右。面对如此大规模的脱贫搬迁，解决好"人往哪里去"这个问题对于贫困人口加快脱贫小康至关重要。对此，《中国农村扶贫开发纲要（2011—2020）》指出，有条件的地方引导向中小城镇和工业园区移民，创造就业机会，提高就业能力。在此背景下，政府实施扶贫搬迁的动因及政策导向出现变化，更加注重搬迁的开发成本和产出效益，兼顾解决生态环境、脱贫攻坚、人口城镇化等重要问题，一些地区按此思路先行探索小城镇或园区安置模式，取得一定成效。然而，移民搬迁后生产恢复和发展压力大，特别是城镇或园区安置移民，在由农民向市民的转变中，陷入次生贫困和介入型贫困的风险较大（施国庆等，2015）。

国内对移民的早期研究集中在三峡水库移民，涉及移民的安置政策、后期扶持、文化适应、社会保障等方面，主要目的是策应国家三峡大型水

---

① 此部分内容根据笔者刊发于《江西师范大学学报》（哲学社会科学版）2019年第3期同名论文修改而成，第二作者为笔者所指导的硕士研究生陈颖。

利工程建设，为解决库区移民安置问题提供决策支持。随着开发式扶贫的推进，生态移民既能减轻迁出地的资源环境压力，又可为贫困移民脱贫致富提供条件（贾耀锋，2016）。生态移民被赋予生态与扶贫的双重效益。后来生态移民的内涵进一步得到延伸，其功能和作用涉及治理贫困、城镇化、保护生态等方面。2007年，《"十一五"易地扶贫搬迁规划》正式提出，易地扶贫搬迁亦称生态移民。易地搬迁是精准扶贫的一种有效举措，与其他举措对比，易地搬迁被认为是系统解决生存环境恶劣、生态脆弱、自然灾害频发的贫困人群脱贫的有效对策，具有多重效益和功能（梅淑元，2019）。但因其具有复杂性、系统性特点，移民的生计脆弱性比较明显，搬迁可能导致次生贫困或介入型贫困现象的发生。城镇或园区安置是扶贫搬迁的新途径，有学者研究认为城镇安置在收入收益方面优于农村安置，但面临安置费用较高、非农就业挑战大、移民满意度相比较低的问题。所以，国家政策层面对小城镇或工业园安置一直比较慎重，根据《全国"十三五"易地扶贫搬迁规划》，小城镇或工业园区安置仅占到集中安置的37%。但也有学者指出，易地扶贫搬迁农业安置空间非常狭小且难以满足脱贫致富的需要，可以预计非农安置将成为主要途径，移民扶贫将会与推进生态文明、新型城镇化建设、农业现代化多维度交织。在精准扶贫战略背景下，我国扶贫搬迁的内涵发生深刻变化，易地扶贫搬迁成为脱贫攻坚"五个一批"战略举措之一，聚焦脱贫小康的实施动因更加明显。

已有研究从多个视角对扶贫搬迁绩效开展了评价研究，许多学者基于可持续生计理论、多维贫困理论等框架或视角运用一些评价模型对案例地区进行剖析评价，既有量化研究，也有深度访谈的质性研究。例如：付少平、石广洲（2021），陈胜东、孔凡斌（2016）等学者从可持续生计视角对移民搬迁前后的生计变化作了分析，认为搬迁有利于优化移民的生计结构，生计资本呈显著增加趋势，同时也面临一定的生计困境。也有一些学者通过构建评价指标体系，分类标准主要有经济、生态、社会、减贫等方面，通过构建评价模型进行分析，并针对存在的问题提出对策建议。例如：金梅、申云（2017）基于DID模型对绝对贫困户和相对贫困户在不同易地扶贫搬迁模式前后的生计资本变动状况进行政策评估，发现易地扶贫搬迁总体上有利于提升农户生计资本。然而，这些研究还有待进一步深入，主要有以下三个方面。第一，评价的目标导向重点是对扶贫搬迁组织的综合绩效，聚焦脱贫小康这个核心，但不能完全反映出扶贫搬迁的实际脱贫效果。第二，现有研究样本对象多为农业安置移民，以小城镇或工业园区安置移民为研究对象的比较少。第三，涉及指标估值较难。对扶贫移民的绩效评价涉及很多方面，要做到客观准确估值较难，如人均收入、家庭资产等指标。因此，本章以模糊综合评价为研究方法，以江西修水县城镇或工业园区的扶贫移民为研究对象，突出对具体搬迁对象的感知测量，从经济基础、政策保障、社会融入三个方面构建指标体系，通过实证分析来反映进城进园移民搬迁绩效，并分析其中存在的问题，提出对应的对策建议，以期为完善进城移民后期扶持政策提供决策依据。

第一节 评价指标的选取及权重确定

一 评价指标体系的构建原则

党的十九大报告指出，使人民获得感、幸福感、安全感更加充实、更有保障、更可持续。基于此，本书在对扶贫搬迁绩效评价的指标体系构建时也遵循这个理念，抓住扶贫移民最关心最直接最现实的问题，使指标体系更能反映移民搬迁后的真实生活状况。同时，由于扶贫搬迁工作的系统性、复杂性特点，评价指标构建也坚持整体性、相对独立性和数据可获取性的原则。

二 指标选取

在选取评价指标大致分为三步，首先，研读有关专家学者关于扶贫搬迁的文献，借鉴专家研究成果，初步构建指标体系；其次，在此基础上向扶贫研究学者、研究区域移民办工作人员、扶贫移民进行咨询，对指标体系作必要调整和修改；最后，根据研究区域的实际情况，经分析筛选后确定指标体系由3个一级指标、15个二级指标构成。具体如下：

（1）经济基础

选取经济基础（B_1）为一级指标，人均增收（B_{11}）、搬迁负债

(B_{12})、日常开支（B_{13}）、资产收益（B_{14}）、增收渠道（B_{15}）五个为二级指标。经济基础是维持生计的重要支撑，也是实现家庭功能的保障（黄兴等，2015）。毫无疑问，人均增收是评价扶贫搬迁的代表性指标，而资产收益能拓宽贫困户的增收渠道，使其能获得稳定的收入（戴旭宏，2016）。此外城镇移民会产生搬迁成本，过高的搬迁负债易演化成为可持续差的新型贫困移民（黄特军，2005），城镇安置的移民因其不再依靠山林、土地谋生，生活成本明显提高，因此，搬迁、负债增收渠道多寡和日常开支占比遂成为重要的评价。

（2）政策保障

选取政策保障（B_2）为一级指标，医疗卫生（B_{21}）、义务教育（B_{22}）、就业扶持（B_{23}）、交通便捷（B_{24}）、养老保障（B_{25}）五个为二级指标。《中国农村扶贫开发纲要（2011—2020）》指出，社会保障是实现脱贫的重要组成部分。基本社会保障是公共服务的重要组成，教育、医疗、就业、养老等基本公共服务是提高人的可行能力的重要条件（李凌、卢洪友，2008）。移民进城镇安置，其生活环境发生较大变化，面临创收压力，因此进城移民只有获得基本公共服务政策保障，优化生计条件，才能搬得出、留得住。

（3）社会融入

选取社会融入（B_3）为一级指标，环境适应（B_{31}）、社会网络（B_{32}）、政策参与（B_{33}）、文化心理（B_{34}）、社区管理（B_{35}）五个为二级指标。社会融入是指某一特殊群体或个体在特殊情境下对新的生产、生活、行为、规范、习俗、文化等所进行的调适过程及结果（江维国、李立清，2018）。移民对新的生存环境适应程度内在地反映着其把握、适应新环境的能力。贫困文化是产生贫困的主要根源（孙良顺，2016），移民必须摆脱"等靠要"的不良文化心理。移民搬迁后社会关系网络重构和扩大需经历较长时间，社会网络规模大小与贫困风险密切相关。设计利益协调机制，引导移民参与社区自治管理，有利于增强移民的自主组织和自我发展能力（叶青、苏海，2016），而移民的政策参与程度是影响社区组织管理和服务满意度的重要衡量标准。

表 5-1 "进城入园"移民搬迁绩效指标评价体系及二级指标释义

一级指标	二级指标	指标释义
经济基础（B_1）	人均增收（B_{11}）	搬迁后的家庭人均收入变化情况
	搬迁负债（B_{12}）	搬迁两年内家庭负债情况
	日常开支（B_{13}）	日常开支占家庭收入比重状况
	增收渠道（B_{14}）	家庭寻求增收的渠道多寡
	资产收益（B_{15}）	山林土地政策补偿或流转收益对增收的贡献
政策保障（B_2）	医疗卫生（B_{21}）	迁入地医疗卫生条件改善程度
	义务教育（B_{22}）	迁入地义务教育质量改善
	就业扶持（B_{23}）	政府就业创业扶持满意度
	交通便捷（B_{24}）	迁入地公共交通便利程度
	养老保障（B_{25}）	搬迁后基本养老保障水平
社会融入（B_3）	环境适应（B_{31}）	城镇或园区生产生活适应程度
	社会网络（B_{32}）	遇到重大经济变故时可求助对象多寡
	政策参与（B_{33}）	扶持政策、社区治理的政策参与程度
	文化心理（B_{34}）	对进一步改善生活条件、脱贫小康的积极性
	社区管理（B_{35}）	社区管理事务及帮扶服务方面的满意度

三 指标权重计算

采用层次分析法确定表 5-1 中各级指标权重。基本步骤如下：（1）建立层次结构模型。根据指标释义在专家组进行组内讨论，确定结构模型的目标层、准则层、方案层。（2）构造两两比较判断矩阵。邀请相关研究或有经验的贫困治理、政府治理、社会保障等专家和领导对各级指标同层各要素进行两两比较其相对重要性，根据 T. L. Saaty 教授的比例九标度法，汇总与统计 15 位专家的反馈数据，构造专家对各项评价指标相对重要程度的判断矩阵。（3）计算权向量并进行一致性检验。首先，按照 $AW = \lambda_{\max} W$ 公式，采用方根法计算出各判断矩阵的最大特征值 $\lambda_{\max}$ 和相应的特征向量（即权重向量）W_i 并作归一化处理。其次，为检查所构造的判断矩阵及由此导出的权重向量的合理性，引入随机检验矩阵一致性的公式 $CR = CI/RI$，其中，$CI = \dfrac{\lambda_{\max} - n}{n - 1}$ 为一致性指标，RI 为平均随机一致性指标，1—9 阶判断矩阵的 RI 值见表 5-2。通常认为，当 $CR < 0.1$ 时，

矩阵的一致性程度是可以接受的。根据上述原理，依照表5-3和表5-4的计算方法，各判断矩阵均通过了一致性检验，确定了各指标权重集（见表5-5）。

表5-2　　　　　　　　平均随机一致性指标的数值

矩阵阶数	1	2	3	4	5	6	7	8	9
RI	0	0	0.58	0.90	1.12	1.24	1.32	1.41	1.45

表5-3　　　　　　　　一级指标权重及其一致性检验

B	B_1	B_2	B_3	W_i	一致性检验
B_1	1	3	4	0.620	λ_{max} = 3.0183
B_2	1/3	1	2	0.235	CI = 0.0091
B_3	1/4	1/2	1	0.135	CR = 0.0175 < 0.1

表5-4　　　　二级指标权重及其一致性检验（以经济基础为例）

B_1	B_{11}	B_{12}	B_{13}	B_{14}	B_{15}	W_i	一致性检验
B_{11}	1	3	4	2	3	0.4119	
B_{12}	1/3	1	2	1	1	0.1593	λ_{max} = 5.0595
B_{13}	1/4	1/2	1	1/2	1/3	0.0807	CI = 0.0149
B_{14}	1/2	1	2	1	1	0.1729	CR = 0.0133 < 0.1
B_{15}	1/3	1	3	1	1	0.1753	

表5-5　　　　　　　　　评价指标权重集

指标要素	B_1	B_2	B_3
权重集 $\overline{W}_i$	0.6250	0.2385	0.1365
B_{i1}	0.4119	0.2073	0.3539
B_{i2}	0.1593	0.2563	0.1726
B_{i3}	0.0807	0.3220	0.2112
B_{i4}	0.1729	0.1263	0.1228
B_{i5}	0.1753	0.0881	0.1396

第二节　移民搬迁绩效模糊综合评价模型

模糊综合评价法应用模糊关系合成的原理，将一些边界不清、不易定量的因素定量化，将层次分析法与模糊评判法有效结合起来，客观反映事物因素间的不同层次，同时也避免了因素过多难于分配权重的弊端，在很多领域得到广泛运用，比较适合作为扶贫搬迁绩效的评价方法。评价步骤主要分为以下几种。

一　评价因素集及评语等级的确立

移民扶贫绩效评价因素集分为二级：一级指标集为 $B = \{B_1, B_2, B_3\}$；二级指标集为 $B_1 = \{B_{11}, B_{12}, B_{13}, B_{14}, B_{15}\}$，$B_2 = \{B_{21}, B_{22}, B_{23}, B_{24}, B_{25}\}$，$B_3 = \{B_{31}, B_{32}, B_{33}, B_{34}, B_{34}, B_{35}\}$。评语等级 $V = \{v_1, v_2, \cdots, v_m\}$，表示评价主体对评价目标作出的总体评价结果的集合。本书将移民扶贫绩效评价分为五个等级：$v_1 =$ 优、$v_2 =$ 良、$v_3 =$ 中、$v_4 =$ 低、$v_5 =$ 差。

二　确立权重集

采用层次分析法计算各个层级指标权重值，设 W_1，W_2，W_3 是一级指标对目标层的影响权重，则对应的权重集为：$W = (W_1, W_2, W_3)$，$\sum_{i=1}^{3} W_i = 1$；二级指标对应一级指标的权重集为：$W_i = (W_{i1}, W_{i2}, \cdots, W_{im})$，$\sum_{j=1}^{m} W_{ij} = 1$，$(i = 1, 2, 3)$。各指标权重采用专家调查法确定，表示各个因素在评价对象中的相对重要程度。

三　建立单因素模糊关系矩阵 R

进行单因素评判时，须求得每个因素对各个评价等级的隶属度 r_{ij}，求出对 B_i 的一个模糊评判子集合 R_i，进一步求出单因素评判矩阵 R：

$$R = (R_1, R_2, \cdots, R_m)^T = (r_{ij})_{m \times n} = \begin{bmatrix} r_{11} & r_{12} & \cdots & r_{1n} \\ r_{21} & r_{22} & \cdots & r_{2n} \\ \vdots & \vdots & \ddots & \vdots \\ r_{m1} & r_{m2} & \cdots & r_{mn} \end{bmatrix}, 其中 r_{ij} = \frac{X_{ij}}{X}$$

X_{ij} 指第 i 项指标隶属于评价等级集中第 j 种评价 v_j 的有效评价人数，X 为参与调查的有效总人数。

四 模糊综合评价矩阵

首先，运用公式 $M_i = W_i \times R_i$ 对每个二级因素集作综合评价，当 $\sum_{i=1}^{n} M_i \neq 1$ 时，通过 $\frac{M_i}{\sum_{i=1}^{n} M_i}$ 进行归一化处理。然后，对一级因素集作综合评价，评价模型为：

$$M = W \times R = (w_1, w_2, \cdots, w_m) \times \begin{bmatrix} r_{11} & r_{12} & \cdots & r_{1n} \\ r_{21} & r_{22} & \cdots & r_{2n} \\ \vdots & \vdots & \ddots & \vdots \\ r_{m1} & r_{m2} & \cdots & r_{mn} \end{bmatrix} = (\overline{M_1}, \overline{M_2}, \cdots, \overline{M_n})$$

五 综合评分

设移民扶贫绩效总的评价分数为 P，根据模糊综合评价矩阵 M 和评语等级矩阵 V，得到综合评分：

$$P = M \cdot V = (\overline{M_1}, \overline{M_2}, \cdots, \overline{M_n}) \cdot \begin{pmatrix} v_1 \\ v_2 \\ \vdots \\ v_n \end{pmatrix}$$

第三节 实证分析

一 样本选取及数据收集

（一）样本选取

本书以江西省修水县为例，着重对良瑞佳园、紫竹小区两个移民安置点进行调研。修水县位于湘鄂赣三省交界处，贫困发生率高，贫困人口大多生活在深山区、生态区、库区等不适宜人类居住的地区。早在20世纪90年代末，该县就开始探索移民扶贫工作并在2003年和2013年两次向全国推广成功经验，尤其是推进整体移民搬迁、加快城乡发展一体化工作试点，探索移民进城镇或进工业园区，被誉为扶贫搬迁的"江西样本"。截至2017年，全县累计搬迁移民1.72万户8.25万人，建设移民安置点467个。

（二）数据收集

在修水县良瑞佳园、紫竹小区等城镇扶贫移民安置点发放调查问卷330份，回收有效问卷303份。在具体评判中，根据实际情况把定量指标分成不同的区间段，定性指标则分为不同的等级，并给出统一的标准分值。以模糊统计试验为依据的等级比重法，得出二级指标评价值的隶属度，如表5-6所示。

表5-6 "进城入园"移民搬迁绩效评价值隶属度汇总

一级指标及权重	二级指标及权重	优 (v_1)	良 (v_2)	中 (v_3)	低 (v_4)	差 (v_5)
经济基础（0.6250）	人均增收（0.4119）	0.0556	0.2222	0.5278	0.1111	0.0833
	搬迁负债（0.1593）	0.0833	0.2222	0.3889	0.2222	0.0833
	日常开支（0.0807）	0	0.0278	0.3333	0.5556	0.0833
	增收渠道（0.1729）	0.0556	0.2222	0.3611	0.2500	0.1111
	资产收益（0.1753）	0.0833	0.0556	0.2222	0.3889	0.2500
政策保障（0.2385）	医疗卫生（0.2073）	0.1944	0.4444	0.2778	0.0556	0.0278
	义务教育（0.2563）	0.2778	0.4722	0.2222	0.0278	0
	就业扶持（0.3220）	0.0556	0.1389	0.2778	0.3333	0.1944
	交通便捷（0.1263）	0.3056	0.5556	0.0278	0.0883	0.0278
	养老保障（0.0881）	0	0.1111	0.3333	0.3611	0.1944

续表

一级指标及权重	二级指标及权重	优 (v_1)	良 (v_2)	中 (v_3)	低 (v_4)	差 (v_5)
社会融入 (0.1365)	环境适应 (0.3539)	0.2222	0.3899	0.2500	0.0556	0.0833
	社会网络 (0.1726)	0.0278	0.1944	0.3611	0.2500	0.1667
	政策参与 (0.2112)	0	0.1389	0.3889	0.2222	0.2500
	文化心理 (0.1228)	0.0556	0.3333	0.4167	0.1389	0.0556
	社区管理 (0.1396)	0.0278	0.1944	0.4444	0.1944	0.1389

二 评价测算

（一）各级指标权重集 W

$W = (0.6250, 0.2385, 0.1365)$

$W_1 = (0.4119, 0.1593, 0.0807, 0.1729, 0.1753)$

$W_2 = (0.2073, 0.2563, 0.3220, 0.1263, 0.0881)$

$W_3 = (0.3539, 0.1726, 0.2112, 0.1228, 0.1396)$

（二）求单因素模糊关系矩阵 R

利用模糊综合评价模型得出经济基础、政策保障、社会融入各项指标层的单因素模糊关系矩阵 R。

$$R_1 = \begin{bmatrix} 0.0556 & 0.2222 & 0.5278 & 0.1111 & 0.0833 \\ 0.0833 & 0.2222 & 0.3889 & 0.2222 & 0.0833 \\ 0 & 0.0278 & 0.3333 & 0.5556 & 0.0833 \\ 0.0556 & 0.2222 & 0.3611 & 0.2500 & 0.1111 \\ 0.0833 & 0.0556 & 0.2222 & 0.3889 & 0.2500 \end{bmatrix}$$

$$R_2 = \begin{bmatrix} 0.1944 & 0.4444 & 0.2778 & 0.0556 & 0.0278 \\ 0.2778 & 0.4722 & 0.2222 & 0.0278 & 0 \\ 0.0556 & 0.1389 & 0.2778 & 0.3333 & 0.1944 \\ 0.3056 & 0.5556 & 0.0278 & 0.0883 & 0.0278 \\ 0 & 0.1111 & 0.3333 & 0.3611 & 0.1944 \end{bmatrix}$$

$$R_3 = \begin{bmatrix} 0.2222 & 0.3899 & 0.2500 & 0.0556 & 0.0833 \\ 0.0278 & 0.1944 & 0.3611 & 0.2500 & 0.1667 \\ 0 & 0.1389 & 0.3889 & 0.2222 & 0.2500 \\ 0.0556 & 0.3333 & 0.4167 & 0.1389 & 0.0556 \\ 0.0278 & 0.1944 & 0.4444 & 0.1944 & 0.1389 \end{bmatrix}$$

（三）求模糊综合评价矩阵

$M_1 = W_1 \times R_1 = [0.0604, 0.1773, 0.4076, 0.2374, 0.1173]$

$M_2 = W_2 \times R_2 = [0.1680, 0.3378, 0.2369, 0.1689, 0.0890]$

$M_3 = W_3 \times R_3 = [0.0941, 0.2689, 0.3461, 0.1540, 0.1373]$

$M = W \times R = W \times [R_1 \ R_2 \ R_3]^T = (0.6250, 0.2385, 0.1365)$

$\times \begin{bmatrix} 0.0604 & 0.1773 & 0.4076 & 0.2374 & 0.1173 \\ 0.1680 & 0.3378 & 0.2369 & 0.1689 & 0.0890 \\ 0.0941 & 0.2689 & 0.3461 & 0.1540 & 0.1373 \end{bmatrix}$

$= (0.0906, 0.2280, 0.3584, 0.2096, 0.1133)$

（四）综合评价分数

假定评价等级值向量为 $V = (v_1, v_2, \cdots, v_n)^T = (5, 4, 3, 2, 1)^T$，得到经济基础、政策保障、社会融入三项指标的评价分数分别为：

$P_1 = M_1 \times V = (0.0604, 0.1773, 0.4076, 0.2374, 0.1173) \times (5, 4, 3, 2, 1)^T = 2.8261$；

按此可得：$P_2 = 3.3287$，$P_3 = 3.0297$

三 评价结果分析

从上述总的隶属度计算结果看，"优"评价为0.0906，"良"评价为0.2280，"中"评价为0.3584，"中"以上达到0.6771，说明该县城镇扶贫搬迁总体绩效良好。从各一级指标的评价分数看，经济基础、政策保障、社会融入评价分数分别为2.8261、3.3287、3.0297，表明移民对政策保障的评价最高，而对经济基础的评价最低。具体来看，人均增收、医疗卫生、义务教育、交通便捷、环境适应和文化心理六个指标的"中等"以上评价比例均达到80%以上，搬迁负债、增收渠道、社会网络、政策参与、社区管理五个指标的"中等"以上评价比例则都超过50%，这意味着半数移民搬迁后在上述方面反馈较好。然而，在日常开支、资产收益、就业扶持、养老保障四个指标中，"中等"及以上评价比例均低于0.5，意味着超过半数被调查移民户对这些方面不太满意。参照各指标评价值的高低，结合调研，进一步对经济基础、政策保障、社会融入三个指标评价结果进行分析。

(一) 经济基础

该指标评价分数仅为 2.8261，拉低了扶贫搬迁的整体绩效。从移民搬迁前后的生产生活开支比较来看，移民搬迁进城居住后，生产生活开支项目增多、开支总量增加，主要是教育支出明显上涨、吃穿行住及通信开支较快增加及一些新增费用。教育支出主要来自各种资料费及参加兴趣爱好班学费等；吃穿行住及通信支出增加主要是购买食物、交通出行、电话通信等方面；其他新增费用主要是搬迁前没有的物业费、网络费、电视费、燃气费、水费等。

分析移民搬迁前后收入来源发现，搬迁前青壮年主要"务工+兼农"、老年人则"务农+副业"，搬迁后青壮年则仅能务工，工资收入有所增加，老年人则只能留守照看小孩上学，基本没有收入来源。年纪稍大的移民原本可以通过务农和副业保障家庭基本生活，但在进城后原有的技能失去发挥作用的平台和空间，就业难度大，对其解决家庭贫困问题的贡献率明显消减。搬迁前的山林、土地主要是满足生产生活及增加副业收入，搬迁后部分地区移民可以得到封山育林、退耕还林补助（户均不到 3000 元/年），其他实行山林土地流转地区目前还没有收益。

(二) 政策保障

该指标评价值偏低的主要是"就业扶持和养老保障"，"一般及差"评价分别为 0.5277 和 0.5555。据了解，为帮助移民适应城镇就业，该县实施了"一扶三免一确保"[①] 政策，但执行效果欠佳。调查得知，政府安排的就业培训主要是家政、缝纫、餐饮等低技低薪内容。许多移民认为这些培训对就业帮助不大，针对性不强、时间短、层次较低、种类少等。政府介绍的工作在薪资待遇方面与移民期望值差距较大，青壮年为了获得更高收入，多自找渠道外出务工。

为解决移民养老问题，政府出台了山林、土地置换养老保险政策，但是移民对政府主导的流转机制及政策缺乏信任和流转分红实现难度大，制约了山林、土地流转。封山育林和退耕还林补贴较少，迁出地留下的山

[①] "一扶三免一确保"是该县的扶贫搬迁就业扶持政策，即优先扶持三万至五万的小额贴息贷款；免费参加就业培训，免费职业介绍，子女免费就读职业中专；确保有就业需求的家庭至少有一人实现就业。

林、土地直接利用经济价值不高，开发利用难度较大，这使得山林、土地置换养老保险政策的执行效果欠佳。

（三）社会融入

"社会融入"中二级指标评价值偏低主要是"社会网络和政策参与"，"一般及差"评价分别为 0.4167 和 0.4722。搬迁前，大多数移民长期居住深山偏远区，社会关系网络主要是亲缘、地缘为主的互助性网络，网络规模小、同质性高，社会资本存量少。搬迁后这种社会关系网络受到不同程度冲击，重构和拓展移民的社会网络需较长一段时间，这就潜在地增加了移民陷入贫困的风险。调查发现，移民居住的左邻右舍来往少，以前老家的熟人由于居住分散来往也变少，可求助对象或渠道比较少，很多事情只能靠自己解决。

加之社区自治没有形成多方协同参与的机制，一些决策机制不够公开透明，导致移民对事关切身利益的政策参与较少，满意度不高。

第四节　研究结论与政策建议

一　研究结论

经济基础、政策保障和社会融入是衡量易地扶贫搬迁绩效的重要因素，其中经济基础因素最重要，政策保障次之。其又以人均增收、增收渠道、资产收益最为重要，搬迁负债、就业扶持、义务教育次之。实施易地扶贫搬迁和出台相关移民搬迁扶持政策时应高度重视以上因素，切实保障扶贫移民"搬得出、稳得住、能致富"。

从移民扶贫绩效评价来看，修水县良瑞佳园、紫竹小区两个移民安置点的移民对政策保障和社会融入两项绩效评价整体良好，但经济基础评价较低，表明这两个地方移民主要还是政策性安置，在发展经济，拓宽增收渠道，增加移民收入、改善资产收益等方面仍须加强。

二　政策建议

（一）因地因户搬迁安置，防止过度举债搬迁

遵循整体搬迁的原则，尊重群众意愿，因地因户制宜决定搬迁安置方式，长期在外务工且稳定在城镇就业的人可搬迁到县城和集镇，而长期从

事农业且进城愿望不强烈的人则以搬迁到基础条件较好的行政村为宜。加强易地扶贫搬迁政策的宣传，引导搬迁户算好成本账，使移民在明确搬迁成本、地理条件、居住环境、公共服务及可承受经济能力等情况的前提下，理性选择搬迁安置方式，并合理控制购房面积和成本。

（二）强化职业技能培训，拓展移民就业渠道

搬迁进城后，移民的生产生活方式发生根本性改变，提升移民的内生发展动力是稳定脱贫的重要基础。进一步加大对移民职业技能培训投入力度，推动移民就业由体力型向技能型转变。准确定位就业市场需求和精准识别移民实际需求，根据不同年龄、文化素质、性别等开设更多契合移民需要的培训项目，提升职业技能培训的针对性和上岗率。对接省内外工业园区优质企业，实施"劳务输出＋扶贫"，切实保障外出务工移民的各项福利待遇。统筹省级税收和信贷政策，对吸纳扶贫移民较多的企业给予一定的优惠奖励。整合安置小区周边闲置场所就近设立"扶贫车间"，优先给就业困难人员安排工作。出台优惠政策扶持，鼓励有一定经济基础的移民创业，带动移民就业。

（三）创新生态产品价值实现机制，构筑城镇移民养老保险体系

探索林地经营权流转证制度，加快破解林权直接抵押贷款、林农小额循环贷款、林地流转经营权抵押贷款和公益林补偿收益权直接贷款、收益权信托等模式的实施难点，盘活森林资源。强化资源等村级集体山林、土地的整合，成立"股份经济合作社"，将集体资产以股权形式量化到村股份经济合作社的成员，挂牌交易，按股分红，形成风险共担、利益共享的运营模式，实现农民变股民的转变。以推进山林、土地集约化、适度规模化经营为突破口，突出生态和文化主题，在智慧农业、创意农业、森林体验、森林养生等领域创新经营模式，延长农业、林业等领域价值链，有效提高移民资产收益。同时，要注重高水平专业团队和高级技术人才的引进和培育，充分发挥人才在生态产品价值实现中的智力支持。统筹国家生态补偿资金和城乡居民养老保险财政专项资金，设立专项养老基金，探索股权收益置换养老保险新模式，吸引社会资本，构建以地方政府、土地流转、移民个人三方面共同出资为主，社会资助为辅的养老保障体系，全面覆盖移民养老保障。

（四）多方协同参与社区自治，促进移民深度融入城镇

构建"居委会+移民+理事会+物业"社区共建共享模式，实行网格化管理，努力形成多方协同参与社区自治格局。居委会要做好社区居民的引导、管理和服务工作，切实协调解决移民医疗、就业、户籍、教育、养老等问题；理事会要发挥好居委会、物业与移民之间的桥梁作用，广泛收集社区居民意见，对居委会和物业的管理和服务效能进行监督，对社区的重大事务决策和落实进行监督。设立文化活动中心，通过开展健康文体活动，增加居民相互交流的机会，推动新的社会关系网络形成，有效促进移民的深度融入。

（五）加大公共服务投入，降低移民生产生活成本

加大投入，完善安置区周边功能设施，合理布局和安排商业购物、餐饮休闲、教育培训、便民公交、便民医疗等服务和设施，让居民在家门口就能解决基本生产生活需要。统筹移民扶贫专项资金、后续配套资金、财政补贴、社会捐助等，对因病因残、失业及家庭重大变故的移民户在物业费、网络通信、有线电视、燃气安装费等新增费用方面适当予以补贴。设立困难移民扶持基金，保障特困家庭基本的吃穿住行及教育问题。整合安置区周边闲置地块，以低廉价格或者免费租赁给移民、贫困户和低保户等。

第三篇

数字技术治理篇

进一步解放和发展数字化生产力，注重构建以知识更新、技术创新、数据驱动为一体的乡村经济发展政策体系，注重建立层级更高、结构更优、可持续性更好的乡村现代化经济体系，注重建立灵敏高效的现代乡村社会治理体系，开启城乡融合发展和现代化建设新局面。

——2019年《数字乡村发展战略纲要》

充分发挥信息化对乡村振兴的驱动引领作用，整体带动和提升农业农村现代化发展，促进农业全面升级、农村全面进步、农民全面发展。

——《数字乡村发展行动计划（2022—2025年）》

第六章

乡村振兴的数字技术治理现实逻辑

第一节 数字技术治理是适应新形势的客观需求

当今世界正面临百年未有之大变局，我国发展正处于中华民族伟大复兴的重要战略机遇期。世界新一轮科技革命和产业变革的深入发展正深刻影响中国，经济新常态催生高质量新要求。数字技术治理为准确研判新的发展机遇与挑战，科学决策，高效执行，巩固拓展脱贫攻坚成果，促进乡村振兴增添新动能。

一 社会主要矛盾发生变化

社会主要矛盾是党和国家制定方针政策的重要依据，亦是巩固拓展脱贫攻坚成果，促进乡村振兴政策出台的重要依据。关于我国社会主要矛盾的表述肇始于1956年中国共产党八大政治报告的决议。党的八大报告第一次提出："我们国内的主要矛盾，已经是人民对于建立先进的工业国的要求同落后的农业国的现实之间的矛盾，已经是人民对于经济文化迅速发展的需要同当前经济文化不能满足人民需要的状况之间的矛盾。"但是后来，对于主要矛盾的判断，发生偏移，被阶级斗争取代。随着后来的拨乱反正和1978年的党的十一届三中全会的召开，党的工作重心重新转移到经济建设上来。历史转折的情况反映在对社会主要矛盾的认识上，就是重新采用了党的八大的相关表述。1981年党的十一届六中全会通过了《关于建国以来党的若干历史问题的决议》，决议对党的八大以来社会主要矛盾表述进行了完善："社会主义改造基本完成以后，我国所要解决的主要矛盾，是人民日益增长的物质文化需要同落后的社会生产之间的矛盾。"这一提法对比党的八大表述，主要有两个方面变化：一是不再从国家发展的层面讲"建立先进的工业国的要求同落后的农业国的现实之间的矛盾"；二是把"人民对于经济文化迅速发展的需要同当前经济文化不能满足人民需要之间的矛盾"，改成"人民日益增长的物质文化需要同落后的社会生产之间的矛盾"。这两点改动，既继承了党的八大提法的本质内核，又结合时代发展反映了国情的变化，从而使社会主要矛盾的提法更为精练和集中。自此之后，历次党的代表大会都沿用这一提法。从党的十六大开始，在重申这一主要矛盾的同时，其语境有了稍许变化。一般都是要指出中国特色社会主义建设事业在发展过程中有了一些新的阶段性特征，但社会主要矛盾"仍然是"，或"没有变"。从党的十六大之后，我国总体上实现了由温饱到小康的历史性跨越，进入了全面建设小康社会的发展时期，新时期中国特色社会主义的阶段性特征越加明显，为提出社会主要矛盾出现转化埋下伏笔。

党的十九大第一次提出社会主要矛盾变为"人民日益增长的美好生活需要和不平衡不充分的发展之间的矛盾"，体现了"需要"和"生产"的矛盾向"需要"和"发展"的矛盾的改变，这是对新时代中国特色社会主义事业现实的及时反映。随着新时代社会主要矛盾发生变化，巩固拓展脱贫攻坚成果，促进乡村振兴的内容与形式将随之变化而变化。一方面，人民需要包括相对贫困人口的需要的内涵大为拓展。从对物质文化生活的需求提升到人的全面发展和社会全面进步，人们对民主、法治、公平、正义、安全、环境等方面的需求与日俱增。人民的需要，已经从物质文化方面，延展到物质文明、精神文明、社会文明、制度文明和生态文明各个方面。另一方面，人民的需求层次也大为提升。经过40多年的改革开放，全体人民开始富起来了，在此基础上，人民开始追求生活的质量，期盼更好的教育、更高水平的医疗卫生服务、更舒适的居住条件、更稳定的工作、更满意的收入、更可靠的社会保障、更优美的生活环境、更丰富的精神文化生活。人们的需求开始呈现多样化、个性化、多变性、多层次等特点。随着2020年全面小康社会的建成，中国特色社会主义事业进入新发展阶段，能力性贫困、精神贫困成为制约相对贫困人口发展的重要因素，实现共同富裕的重点和难点在农村，特别是脱贫地区，资源配置的不均衡仍是制约城乡协调发展关键因素，互联网技术可以助力破解资源配置的时空约束，如构建医联体、网络教育、政务数字化服务平台等优化资源配置，不断满足人民的物质、文化等需求，而且可以提高内生发展能力和保障身体健康，实现物质和精神双富裕。

二 经济社会发展风险迭加

当前我国面临许多新的全球性挑战，尤其是逆经济全球化、贸易保护主义和技术民族主义抬头，美国等发达资本主义国家在半导体、5G通信等高科技领域频频抵制和制裁中国，发展面临的风险上升，如外部环境的不确定性、全球流动性泛滥产生的溢出效应等，迭加新冠肺炎疫情影响，贸易出口影响明显，部分外贸企业生存艰难，实体经济面临发展困境，地方政府债务居高不下、金融领域风险增加，就业压力增大等。经济发展进入新常态，要求转变发展方式，创新发展思路，优化经济结构，提高发展效能，实现经济高质量发展。必须在由人才大国向人才强国转变、中国制造向中国创造转变、劳动密集向技术密集转变、资源GDP向技术GDP转变、投资拉动向人才拉动转变、科技创新向全面创新转变等方面转变发展方式。巩固拓展脱贫攻坚成果，促进乡村振兴必须坚持创新、协调、绿色、开放、共享的五大发展理念，促进经济高质量发展，坚持质量第一、效益优先，推动经济发展质量变革、效率变革、动力变革，实现要素驱动向创新驱动转变。

数字科技是基于物理世界和数字世界映射互动逻辑而提炼的一个新术语，它是当代世界最具创新速度、最具通用性、最具渗透性和引领性的技术领域之一，代表着第四次科技浪潮的来临。以5G、人工智能、云计算、区块链为代表的新一代信息技术掀起了全世界数字化转型的浪潮，快速渗透到了人们生活中的各个环节，并深刻改变了社会消费、生产与制造活动的具体方式，为经济高质量发展提供了强有力的技术支持。

三 巩固拓展脱贫攻坚成果与乡村振兴有效衔接机制

2020年后我国现行标准下农村贫困人口实现全部脱贫，贫困县全部摘帽，区域性整体贫困问题得到解决，但"脱贫摘帽不是终点，而是新生活、新奋斗的起点"，党的十九届五中全会明确提出"十四五"时期实现巩固拓展脱贫攻坚成果同乡村振兴有效衔接的目标任务。巩固拓展脱贫攻坚成果，还存在诸多困难，如部分帮扶产业发展不可持续、产业发展趋同化、"等、靠、要"思想不同程度存在，精神、能力贫困问题仍然存在，乡村卫生健康事业发展仍然滞后，缺乏优质医疗资源，服务能力和水平有待提高，一些农村饮用水存在安全问题等。因此要充分认识新时期贫困的性质从绝对贫困转为相对贫困，生存性贫困转为发展性贫困，单一收入贫困转为多维贫困的三个变化，正视存在的问题，在巩固拓展脱贫攻坚成果的目标、帮扶标准的制定和举措等方面进行相应的转变。要建立返贫易致贫动态监测机制，构建低收入人口和欠发达地区帮扶机制，防止规模性返贫和新生致贫，推进巩固拓展脱贫攻坚工作体系平稳转型，帮扶工作由集中式攻坚向常态化治理转变，建立长短结合、标本兼治的体制机制。巩固拓展脱贫攻坚与乡村振兴有效衔接，要求将巩固拓展脱贫攻坚成果纳入整个乡村振兴战略之中予以推进，两者的领导体制、工作体系、发展规划、政策举措、考核机制等要有效衔接，坚持以人民为中心，朝着共同富裕方向，形成乡村振兴合力，接续推进脱贫地区发展和乡村全面振兴。以产业兴旺推进帮扶产业发展，以生态宜居抓好乡村环境整治和生态减贫，以乡风文明助力扶智扶志，以治理有效强化脱贫地区和欠发达地区基层治理，缩小城乡差距，公共服务均等化，以生活富裕提升帮扶目标。

随着互联网、大数据、云计算、5G 技术的完善和成熟，电子信息将成为人们生产、生活不可或缺的要素。以此为基础的数字和信息赋能问题也将成为经济社会发展的热点问题。欧盟在 2011 年的"欧洲数字化议程"中认为，数字时代影响着贫富差距，对相对贫困有着重要影响，这一影响涉及数字经济产业、数字就业、数字消费、互联网政务服务、在线医疗、互联网教育（Giannone & Santaniello，2019；Gu et al，2021）。不仅如此，数字技术赋能巩固拓展脱贫攻坚成果与乡村振兴科学决策、及时采取精准举、返贫监测动态机制和帮扶机制构建，并且以其连接和共生功能，促进两个体系有效衔接。

第二节 数字技术治理是动态识别与治理相对贫困的内在诉求

消除贫困、改善民生、实现共同富裕，是社会主义的本质要求。绝对贫困消灭了，但相对贫困将长期存在，党的十九届五中全会提出了低收入人口和欠发达地区的新表述，这正是相对贫困治理的重点。相对贫困治理与乡村振兴高度关联，通过乡村振兴，可以不断提高低收入人口工作和生活质量，促进欠发达地区发展；识别并帮扶相对贫困人群与欠发达地区是乡村振兴的重要内容。

一 相对贫困内涵

关于相对贫困的定义，目前有多种解释。相对贫困是收入水平差距带来的教育、社会地位和生活质量等方面的困境（冯素杰、陈朔，2006），是指一个人或家庭的收入低于社会平均水平一定程度的生活状况。相对贫困是针对绝对贫困而言的，相对贫困并不意味着缺乏维持生命最基本的需要，而是指在一个不存在绝对物质匮乏的社会中，仍有部分社会成员不能获得维持基本需要的社会平均收入水平，该部分成员处于社会中的"相对剥夺"地位。相对贫困往往与收入分配的不平等相关联（秦建军、戎爱萍，2012）。近几年来，有学者认为，相对贫困是指在当地特定的生产、生活条件下，在特定的经济社会发展约束下，个人或家庭获得的合法收入虽然可以维持家庭成员的基本生存性需求，但是无法满足当地条件下所认为的其他基本生活需求的状态（邢成举、李小云，2019）。

可见，相对贫困（Relative Poverty）是基于特定参照群体而提出的，即同一时期，不同成员之间由于主观认定的可维持生存水准的差别而产生的贫困（林闽钢，2020）。相对贫困不仅是以收入、消费或福利来衡量经济福利的方式（乌德亚·瓦格尔和刘亚秋，2003），还是社会贫困的一种表现形式。相对贫困更多地强调一种脆弱性、无发言权、社会排斥等社会层面的"相对剥夺感（郭熙保，2005）"。相对贫困具有连续性、主观性、发展性等特点，也具有动态性、不平等性、相对性等特征。无论是从物质生活匮乏还是从社会参与不足等角度看，相对贫困都更多地表现为一个从低到高的连续分布，涉及主体感受和客体（高强、孔祥智，2020）。

吉登斯指出，"即便是绝对贫困，也是在相对的概念上提出的（Sutton.，2010）"。相对性是贫困的本质属性，贫困具有绝对性的一面，但相对贫困更强调贫困现象的动态性及不稳定性。相对贫困的相对性体现在主客观相对性、时空相对性、流动性与不稳定性等多个层面（向德平和向凯，2020）。主客观相对性是指相对贫困的判断标准既有一定的客观依据，又具有贫困对象主体体验上的影响，主观认识上的贫困是相对贫困的应有之义。即尽管在收入等客观标准上，社会判断其达到非贫困标准，但主体主观上认为其与其他人员仍有一定差距，仍然属于贫困人群。时空相对性是指相对贫困的判断受到时间和空间的影响，一定时期内的贫困人口，随着社会的发展和时间的推移，演变成相对贫困人口。如 2020 年我国贫困人口全面脱贫后，部分绝对贫困人口将成为相对贫困人口。空间相对性，是指各国、各地区、各省市对于贫困的判断存在差异化，这是由于发展水平和生活水平的差异客观造成的。比如发展中国家已脱贫人口，如果根据发达国家的标准，仍然属于贫困人口。流动性与不稳定性，指的是由于贫困标准的不确定性、人口的流动性、贫困类型的多元化等因素的影响，使得贫困不是一个绝对概念，相对贫困人口可能会经常性存在。

总而言之，相对贫困是一种贫困的动态状态，指的是在基本解决温饱的前提之下，与其他富裕阶层或新的不断提高的贫困标准相比，在物质、能力、权利等方面的相对不足状态。相对贫困的标准会随着经济社会发展而不断提高，相对贫困人口多为低收入群体。相对贫困则是收入相当于社会平均收入水平一个较低比例 γ（$0<\gamma<1$）的社会生活状况。例如，经济合作与发展组织（OECD）在 1976 年组织了对其成员国的一次大规模调查后提出了一个相对贫困标准，该指标以一个国家或地区社会中位收入或平均收入的 50% 作为这个国家或地区的贫困线，这就是后来被广泛运用的国际贫困标准。也有国家（地区）或国际组织将平均收入的 1/3 或 60% 作为相对贫困标准。

二 相对贫困成因

从绝对贫困到相对贫困，贫困问题研究逐渐突破单一的经济学范式，转向经济、政治、社会及文化多元取向等方面的综合分析，使得相对贫困的原因更为丰富和复杂。相对贫困成因受地域、经济基础、社会结构、文化及地方性知识等多种因素的影响。相对贫困不仅表现为经济贫困，更表现为制度与结构贫困、能力及权利贫困、文化贫困等多维贫困交织的态势。

一直以来，贫困人口致贫的主要影响因素有人口、收入、能力、权利剥夺、人力资本、文化、消费、社会排斥、家庭生计脆弱性、代际传递、社会情境、功能、主观感受、信息、空间、家庭行为等。马尔萨斯早在18世纪末谈到人口问题时，就论及了人口、土地、贫困之间的关系，提出土地报酬递减论，提出人口过剩会导致饥饿、贫困和失业（Malthus，1996）。阿玛蒂亚·森提出能力贫困概念，认为致贫的因素包括能力被剥夺、机会丧失、人力资本缺乏、疾病、社会保障不足、社会歧视、公共设施不足等（Sen, 1981）。也有人认为是资源匮乏、市场培育不完善、政制社会制度不合理、政策不当干预。而贫困文化是影响贫困的深层因素（Ali & Thorbecke, 2003; Narayan & Petesch, 2001）。处于贫困亚文化环境中的人往往难以适应新的社会环境和利用新的机遇（Lewis, 1959）。还有人认为是社会排斥（Byrne, 2001）。也有学者关注家庭生计脆弱性与贫困的问题（Aet al, 2009; Elliset al, 2003）。此外，社会资本的不平等也影响收入不平等（Carter, 2003）（Lin, N, 2001; Carter, 2003）。有些被视为不贫困的家庭也感到贫困（Praag & Ferrer-I-Carbonell, 2005）。有学者对信息贫困问题进行了研究（Yu Li., 2010）。一些学者对空间贫困陷阱的定义、特征等问题进行了探讨。（Birdet al, 2010; Daimon, 2001; Jalan & Ravallion, 2016）。Rupasineha & Goets（2008）则认为，相邻县贫困率变化会影响贫困的改变。美国学者贝克尔（1998）则认为，家庭行为是决定收入分配不平等的重要因素（加里·斯坦利·贝克尔，1998）。

（一）低收入致贫

收入水平高低直接决定了人们对于生活资料和生产资料的占有程度，直接决定着其生活水平和生活质量的高度。收入低水平低导致购买力低下，衣、食、住、行的支出没有充足的保障，从而使人们处于相对贫困生活状态之中。这些低收入家庭的成员收入虽然高于绝对贫困线，但却低于社会平均收入或中位数收入，因而表现为相对贫困状态。收入不足且来源不稳是低收入人群的特征。无稳定收入是导致人们返贫或陷入相对贫困的直接原因。2020年后，受经济新常态、国际经济衰退、全球新冠肺炎疫情等因素的影响，人们的就业、收入呈现不稳定状态，一定人群中存在生计脆弱性特征，由此会导致部分人口致贫或返贫。此外，收入结构的不合理也是造成低收入的一个重要原因。以农村人口为例，在农村居民的收入结构中，以农业和家庭经营收入为主，工资性收入次之。而非农收入和财产性收入所占比例最低。所从事主业利润低和收入结构不科学是造成农村居民收入低的主要原因。此类家庭往往主要依靠少数劳动力来维持家庭生计，其收入大多来自小规模的种植养殖与偶尔务工，因而缺乏稳定的资产和资本积累，抵御风险能力弱。

（二）骤然性支出致贫

全面建成小康社会后，在社会保障体系日益完善的情况下，人们正常状态下一般不容易返贫或致贫。但一些突发性偶然重大事件的发生，可能会导致家庭短期支出额的骤然增加，从而使其暂时性陷入相对贫困。相较于低收入贫困，支出性贫困的家庭收入可能相对较高，但其刚性支出超过家庭总收入，从而影响至家庭资源分配，致使其部分基本需求受到挤压而陷入相对贫困。一是购买住房的刚性支出。青年群体因婚姻需要买房的刚性支出，会导致家庭的负担骤然过重。二是突发重大疾病或长期慢性痼疾引起的大额支出。虽然目前全国居民的医疗保障体系相对比较完善，大部分群众不会因病致贫。但由于医保目录管理仍然有待完善，部分进口药、特效药不在医保范围之内，因用药问题可能会导致部分人群短期负担增加。此外，部分慢性病也未纳入医保范围，导致患者医疗负担加重，陷入相对贫困。三是教育的额外支出。在这方面，主要随着社会的发展，子女的培育成本越来越高。首先是学龄前儿童的培养支出越来越高。不少家庭为了让子女不输在起跑线上，让子女进入高学费私立幼儿园，或给子女定制各种兴趣班，导致培养成本大增。其次是义务教育尤其是高中教育的额外支出。由于优质教育资源的稀缺性，不少家庭为了能让子女接受更优质的教育，不惜支出高额借读费，以及负担陪读的相关支出。最后是大学阶段的学杂费支出。虽然目前公立院校的学费相对规范，数额也不高，但由于后勤的社会化，导致学生的生活成果上升，从而给家庭带来压力。而私立院校的学杂费成本较高，独立院校与民办高校高额收费现象尤为突出。

（三）可行能力不足致贫

在脱贫攻坚过程中，由于教育培训不足导致的人力资本缺失、社会排斥引起的社会资本和金融资本不足等原因，导致贫困人口脱贫能力不足而陷入贫困是贫困的关键原因之一。这些能力包括劳动能力、从事技术工作能力、信息获取能力、学习能力、创造能力、创业能力等。按照阿玛蒂亚·森的观点，能力贫困才是致贫的关键因素。这也成为国家实施扶贫开发战略，提高贫困地区和贫困人口依靠自身力量实现自我脱贫的重要理论依据。虽然在脱贫攻坚中，党和政府开始关注能力贫困的问题，也采取了一些诸如技能培训等措施，提高贫困户人力资本，但整体而言，仍是偏重于收入性贫困的治理。而且，脱贫攻坚从本质上而言，是政府的一种短期干预，不少贫困户脱贫依靠的不是自身能力的增强，而是诸如就业促进、兜底保障等政府外在帮扶，并不能完全解决人们致贫的长期性诱因。在脱贫攻坚完成之后，不少短期刺激和优惠政策可能会停止，家计的脆弱性或可行能力的不足，使得脱贫户面临返贫的风险。不仅是脱贫户和边缘户，包括一般收入家庭在内，要在激烈的市场竞争环境下，保持收入的长期稳定增长，必须具备可持续的、相对稳定的生存能力或人力资本。在这些能力因素中，教育投入的不足是贫困人口可行能力不足的最关键原因。虽然国家几十年来不断加大对于贫困地区的教育设施投入，逐步提高乡村教育工资待遇，出台免费师范生等政策向贫困地区输送青年师资力量，但由于贫困地区恶劣的生存环境，优质的师资力量难以引得来、留得住。如何有效开展教育扶贫，杜绝贫困人口代际传递现象，增强其内生脱贫能力成为精准扶贫的难点和重点，也是后扶贫时期仍需努力的方向。

（四）文化致贫

文化致贫是导致贫困人口长期贫困的深层原因。这一问题在少数民族聚集地区尤其突出。依据刘易斯的理论，贫困人口由于长期的贫困生活而逐渐形成了一定范式的贫困文化，这种文化体现在思想观念、生活习惯上面。在民族地区，由于传统的民族文化，居民们习惯了日出而作，日落而息的天然生活方式，传统的农耕文明深刻影响着这些地区。以致大多数人不愿意改变现有生活状态和生活方式，不愿外出务工挣取非农收入和经商。由于普遍的贫穷，贫困人口并不视改变贫困状况为当务之急，即缺乏脱贫致富的内在动力和积极性。面对政府释放的善意和提供的物资及创业援助，一些贫困地区甚至出现宰杀种牛、种羊、种鸡招待扶贫干部的奇葩行为，将政府援助的生产性扶贫资本当作消费资料进行消费，完全缺乏投资观念和致富想法。也有一些地区和贫困人口，把贫困户当成一种权利和资源，以争当贫困户为荣。还有一些地区，贫困人口"等靠要"思想严重。文化是长期形成的，要改变贫困亚文化，非一朝一夕之功。因而文化贫困也成为深度贫困地区扶贫成效难显的重要原因之一。后扶贫时期，精神贫困、文化贫困带来的内生动力不足问题，仍然是相对贫困治理中面临的一个重要问题。

（五）环境致贫

环境致贫也称空间性贫困，即由于所处的生产生活环境条件恶劣而客观上造成的贫困。在我国，连片贫困地区和深度贫困地区是脱贫攻坚的重点区域。因为这些地区是典型的老少边穷地区，地理位置偏远，交通不便，自然环境恶劣，生态脆弱，地质灾害频发。要解决这些地区的贫困问题，只能通过易地扶贫搬迁，通过完全改变生产生活环境，来彻底解决其地理性贫困问题。当前，易地扶贫搬迁已取得重大成就，大部分群众已通过搬迁改善了生产生活环境，最大限度地降低了空间性致贫的可能性。但是在后扶贫时期，空间性因素导致相对贫困的概率仍然存在。易地搬迁扶贫仍存在历史遗留问题，少部分群众不愿搬迁，且搬迁后续工作开展情况也影响搬迁人群的持续脱贫。除此之外，地理区位、资源禀赋与社会经济水平的差异，会造成人们之间发展性的差异，由此造成相对贫困。一是区域发展不平衡造成人们收入与发展差距。脱贫地区、欠发达地区由于地理位置偏僻，存在经济中心对其辐射带动作用弱、社会发育程度不足、经济增长乏力等先天不足。这些地区发展基础薄弱，基础公共服务不完善，发展动能不足，财政自主营收能力薄弱，由此在客观上造成与发达地区人们在收入和发展状况上的差距。二是城乡发展不平衡造成的收入与发展差距。尽管中国近几年来一直在研究和解决城乡差距问题，并提出了乡村振兴战略，要求消除城乡差距，促进城乡共同发展。但是，城乡差别问题至今仍然是摆在中央和各级地方政府的现实难题。而由城乡差距带来的产业发展、就业、教育、医疗等方面的差距，在短时期内无法消除其负面影响，从而造成城乡人口生存状况和收入水平的差异。

三 相对贫困测度

由于相对贫困人口基数的日益变大，成分复杂且存在交叉，如何建构相对贫困测度体系、基本单元及其相应指标成为新的实践难点（王国敏、侯守杰，2021）。相对于绝对贫困人口的识别，相对贫困人口的识别在技术上要求更高。

目前相对贫困测量方法主要有：一是低于社会人均收入或中位数一定比例的贫困线。1976年，经济合作与发展组织（OECD）提出了用收入比例法确定国际贫困标准，将一国或地区社会收入中位数或平均收入的50%作为贫困线，世界银行标准是收入低于平均收入1/3的社会成员，欧盟贫困线标准是全体居民收入中位数的60%，智利贫困线标准是收入中位数的40%。二是以绝对收入为基础，并结合不同家庭进行调整，如美国。三是家庭收入十等分组中中等收入家庭收入的60%，并通过测算"标准家庭"（四口之家）的消费水平，按照年龄、家庭规模、家庭结构（如孕妇、产妇、重度残障、儿童养育等）和地区物价指数调整，如日本。第四类是将收入和多维贫困相结合，综合考虑收入、就业、教育、卫生、生活水平等维度的水平值，如墨西哥、巴西、哥伦比亚等部分拉美国家的。巴西贫困线的标准则是根据最低工资的一定比例将贫困分成普通贫困和极端贫困线两个标准。普通贫困线是当前最低工资的1/2，极端贫困线是最低工资的1/4。

我国许多专家建议按第一种方法确定相对贫困标准，如王小林（2017）建议采用人均年纯收入中位数的25%为贫困线，叶兴庆、殷浩栋（2019）提出按中位收入的一定比例制定相对贫困线。冯丹萌、陈洁（2019）提出城市贫困划分标准，孙久文、夏添（2019）建议2020年后中国扶贫实践分沿海与非沿海两区域、2020年至2035年和2035年后两阶段实行相对贫困标准。

本书认为，相对贫困标准应分区域确定，全国可以分东部、中部、西部划分，各省为了更精准地推进本地相对贫困治理，可以根据本省情况划定。其标准既可以根据国务院扶贫开发领导小组《关于建立防止返贫监测和帮扶机制的指导意见》中提出的返贫人群监测标准，即按人均可支配收入低于国家扶贫标准1.5倍左右的家庭计算，也可以根据人均收入的一定比例，同时结合实地考察情况确定。

四 数字平台赋能返贫动态监测和精准帮扶

相对贫困致贫原因多样化，识别复杂，而准确识别相对贫困人口则是开展相对贫困治理的前提条件，新一代信息技术对相对贫困识别与监测具有重要作用。

2020年后，国家乡村振兴局和脱贫县所在省乡村振兴局根据新时代乡村振兴要求，优化原大数据管理平台，开发防返贫监测功能。如"全国巩固脱贫攻坚成果和防返贫监测系统""江西省巩固脱贫攻坚成果大数据管理平台"等。其中，江西省巩固脱贫攻坚成果大数据平台有"监测预警"和"防返贫监测"两个界面，对脱贫不稳定户、边缘易致贫户，以及因病因灾因意外事故等刚性支出较大或收入大幅缩减导致基本生活出现严重困难户三大重点人群进行动态监测。同时开发监测对象申报二维码，群众可以通过手机扫描，直接进入防返贫监测平台进行自我申报，村干部和工作队在15日内将上门核实。此外，通过乡村干部和驻村工作队实地走访，及时发现困难群众，按程序纳入监测；通过共享比对医保、民政、残联、住房、教育、就业等行业部门数据，对因病、因学、因意外等造成生活困难的群众进行筛查。通过大数据平台，助力对三类重点人群快速发现、及时预警和及时帮扶。截至2021年6月底，江西累计识别监测对象2.7万户9.1万人。其中，2021年新识别1288户4813人。通过分层分类帮扶，监测对象中已有83.5%即2.22万户7.6万人消除返贫风险。

第三节 数字乡村战略为乡村数字技术治理提供技术支撑

一 数字乡村战略提出

在数字化的冲击下，乡村的传统社会关系网络开始重塑，作为数字乡村的关键驱动力量，数字技术催生了全新的乡村形态，乡村社会发展迎来了前所未有的变革与挑战，我国顶层设计已将数字乡村战略的推进作为网络强国及数字中国建设的内在要求。数字乡村战略最早见于2018年中央一号文件："实施数字乡村战略，做好整体规划设计，加快农村地区宽带网络和第四代移动通信网络覆盖步伐，开发适应'三农'特点的信息技术、产品、应用和服务，推动远程医疗、远程教育等应用普及，弥合城乡数字鸿沟。"随后，一系列相关政策文件出台，重要的政策文件如图6-1所示：

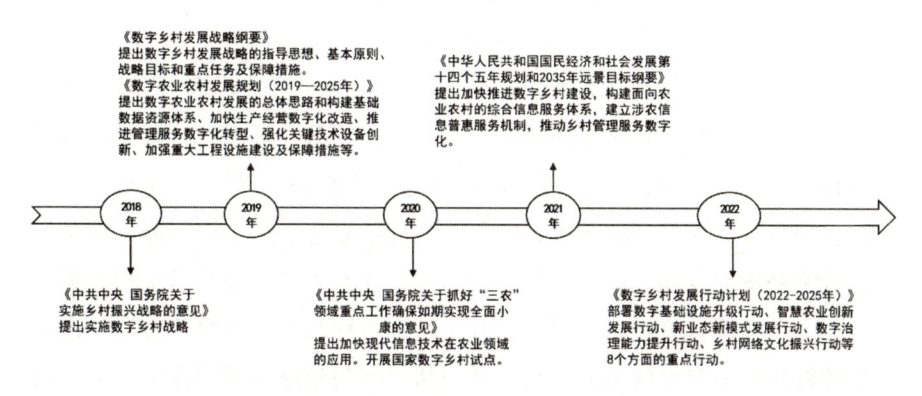

图6-1　数字乡村战略主要政策

这些政策文件为数字乡村建设提供指导思想和行动指南，为乡村振兴提供新动能。特别是《数字乡村发展战略纲要》《数字农业农村发展规划（2019—2025年）》出台，强调以数字化驱动农业农村现代化，积极发挥数字信息技术辐射带动作用，使数字化成为推进城乡统筹、加速城乡融合的助推器。2022年1月，中央网信办、农业农村部、国家发展改革委、工业和信息化部、科技部、住房和城乡建设部、商务部、市场监管总局、广电总局、国家乡村振兴局十个部门联合印发的《数字乡村发展行动计划（2022—2025年）》将数字乡村建设与促进乡村五大振兴紧密结合。

自2018年实施数字乡村战略以来，数字乡村建设已取得初步成效。据北京大学新农村发展研究院数字乡村项目组发布《县域数字乡村指数（2020）研究报告》，2020年全国县域数字乡村指数为55，比2019年增长6%，其中县域乡村数字基础设施发展水平相对较高。

二　数字乡村与数字乡村治理内涵

国内外学者围绕数字乡村的内涵做了一些初步探索，但尚未形成统一标准，称谓和术语也存在一定差异。其中所使用的概念主要有数字乡村和智慧乡村。Somwanshi等（2016）指出智慧乡村的基本理念是从各方面整合社区的资源和力量，并与信息技术相结合，以高效快捷的方式为农村社区提供安全、交通、卫生、社会治理等方面的服务。Sutriadi（2018）定义智慧乡村为在国家发展规划体系下，通过加强农村人力资源开发，运用信息技术促进各经济部门的高效率发展，实现城乡可持续联系的创新发展形态。李先军（2017）借鉴智慧城市的理念，定义智慧乡村为物联网、云计算、大数据和移动互联等新兴信息技术在农村产业经营、乡村治理、居民生活、资源环境等多领域的智慧化应用，充分发挥人的智慧全面服务于乡村振兴和可持续发展的创新发展形态。王胜等（2021）认为数字乡村不仅是数字技术的简单叠加，而且是农业信息化的进一步延伸，更是指依托数字经济的发展，以现代信息网络为重要载体，以现代信息技术为重要推动力，重构乡村经济发展的一种手段、过程和状态。数字乡村是将数字化的普适性与普惠效力最大化，让农村、农民都能享受到数字红利，郝爱民、谭家银（2022）指出数字乡村建设是以现代数字信息技术重构农业农村发展的一种过程。《数字乡村发展战略纲要》将数字乡村定义为伴随网络化、信息化和数字化在农业农村经济社会发展中的应用，以及农民现代信息技能的提高而内生的农业农村现代化发展和转型进程，这一定义成为目前关于数字乡村内涵较权威的界定。从马克思主义政治经济学的角度看，数字信息技术变革引起的农村经济发展变迁，归根结底是新一轮信息技术革命解放和发展农村生产力的结果，根源是因为数据在新的技术条件下独立出来成为一种现代生产要素。数字乡村治理是以数字技术创新为乡村振兴的内源驱动力，来实现乡村生产数据化、治理透明化、生活智能化和消费便捷化为目标的治理共同体的构建，是通过数字化乡村治理的政务组织行为体系，构建数字化、信息化、网络化和智能化的新科技设施与技术规则，以推进乡村数字经济社会建设和实现村民数字化美好生活的新型智能治理活动。检验和衡量数字乡村建设成效的重要因素是农民数字化素养，即农民对数字媒介的使用能力和对媒介信息的基本看法，主要包括媒介认知和媒介行为。具备了数字化素养的新农人可以通过数字新媒体连接社会，通过媒介感知来定序新的社会关系，通过媒介领略社会景观和配置新的社会场景。

三 数字乡村助力乡村振兴路径

数字乡村是新时代国家农业农村信息化发展的总体布局，是数字中国战略的重要组成部分，是新时代经济社会发展的重要战略目标。实施数字乡村战略，对巩固脱贫攻坚成果，促进乡村振兴具有重要意义。

（一）推动乡村基础设施与服务体系转型升级

农村网络设施建设与服务供给的不断提升，为乡村振兴提供发展基础。与其他基础设施相比，数字基础设施在农村的渗透发展速度更快、应用成本更低。截至2021年11月，我国现有行政村已全面实现"村村通宽带"。5G网络建设与商用步伐加速推进，并逐渐向西部欠发达地区和农村地区延伸，全国开通5G基站已超20万个，将实现全国所有地级市5G网络覆盖。持续改善的数字基础设施，为农业农村数字化转型奠定了基础，推动了农业农村跨越式发展。

（二）促进农业农村现代化发展

数字乡村建设助力乡村产业发展服务改善和智慧农业创新发展。"互联网+"在缓解农产品滞销、带动乡村创新创业、促进乡村产业转型等方面发挥了重要作用。"直播带货""内容电商"等新业务、新模式在农村地区广泛推广实践，进一步发掘了农业农村的多元价值，不仅塑造了一批农产品品牌，而且有力带动了农村非实物产品的销售。精准农业和智慧农业集成了先进感知与遥感、数据采集与传输、人工智能决策与预警等数字技术，在生产环节的应用程度愈发成熟，有助于加速农业生产方式变革，促进农业生产提质增效。

依托国家重点研发计划项目，加快数字乡村基础前沿、重大共性关键技术研发和应用示范，"十三五"以来，已形成1个综合性实验室、10个专业性实验室、3个企业实验室、2个科学观测实验站的总体布局，促进农业农村建设和数字化发展深度融合，吸引、凝聚、培养了一大批优秀农业科技人才，有效构筑支撑产业和学科发展的人才梯队和创新团队，提高了我国农业科技创新能力。[1]

---

[1] 数据来源于2022年2月中国互联网络信息中心发布的第49次中国互联网络发展状况统计报告。

（三）优化城乡要素均衡配置

数字技术为农村地区提供了低成本的优质资源共享渠道，成为城乡公共服务均等化、公共资源高效化配置的重要依托。"互联网+医疗""互联网+教育"行动计划稳步推进，加速推动公共服务城乡一体化发展进程。在医疗领域，我国所有的三甲医院均开展了远程医疗服务，并覆盖所有贫困县县医院。依托健康扶贫动态信息系统，为贫困人口提供优质便捷的健康管理服务。教育部联合多部门和企业，研发推广"语言扶贫"App，帮助少数民族青壮年农牧民学好普通话。"互联网+语言扶贫"项目，成为实现稳边富民、带动民族地区贫困人口脱贫增收的有力抓手。

"十三五"末，我国乡村小规模学校和乡镇寄宿制学校宽带网络基本实现全覆盖，百度、腾讯、掌门1对1等企业帮助贫困地区中小学建设智慧课堂，突破时空限制，将优质教育资源传递给偏远地区学生；甘肃省远程会诊网络已覆盖全省所有（市）县级医院及80%的乡镇卫生院，网络医院达1495家，会诊量累计达4.6万余例，直接或间接为患者节约费用近5亿元。[①] 数字经济与实体产业正加速融合，智能制造水平稳步提升，农村数字化转型不断推进，催生农旅融合等新型业态和电子商务新的商业模式，现代农业信息化水平和生产能力得到提高；产业数字化与数字产业化相互促进，消费互联网应用全面移动化，促进城乡市场有效对接，互联互通。

（四）推进乡村治理创新

以大数据等为代表的数字技术成为乡村治理效能提升的新途径。数字技术推动了农村政务服务电子化，越来越多的行政事务、信息发布采用了线上办理方式，提高了乡村基层工作效率。数字技术倒逼乡村治理模式改善，村民有更多的参与权，为乡村发展增添活力。为强化乡村治理数字化，全国已建成村级益农信息社29万个，以帮助农民享受便捷高效的信息服务。以腾讯"为村"为代表的智慧乡村平台通过整合数据，打造

---

① 中华人民共和国工业信息化部：《我国互联网行业实现跨越式发展》，2020年10月26日，https://www.miit.gov.cn/ztzl/rdzt/sswgyhxxhfzhm/xyzl/art/2020/art_4b86e07414bc4e3e980144f29b4581ac.html，2022年7月12日。

"党务村务"功能板块,建立信息发布通道,开展移动互联网能力培训。构建数字技术平台,完善智慧绿色信息化体系,赋能人居环境、水土流失、山江湖治理和生态环境保护,促进农村人居环境不断改善。

第七章

基于扎根理论的互联网赋能相对贫困治理机制探索

第一节 研究设计

一 扎根理论研究法

扎根理论研究法（Grounded Theory，GT）是一种定性研究的方法，1987年由格拉泽和施特劳斯提出，其核心在于从广泛的经验资料中运用系统化的程序提炼概念，发展并归纳式地引导出扎根的理论，常用于缺乏理论假设的研究。

目前国内外学术界对于相对贫困治理的研究已颇具规模，但从互联网赋能视角切入的研究尚不多见，更未有人系统化地建构出互联网赋能相对贫困治理的机理模型。结合现有学术文献资料、新闻报道资料及实践资料较为齐全的情况，考虑采用扎根理论研究方法开发建构互联网赋能相对贫困治理的机理模型符合研究条件，具备良好的可行性与科学性。

扎根理论研究法遵循严格的程序化操作，需经过文本资料搜集、编码及范畴化、饱和度检验三大过程，最终形成系统科学的理论模型（见图7-1）。

研究初期强调自下而上地收集原始文本资料以保证数据的全面性。其次，进行编码与范畴化操作，要求依次规范进行开放式编码、主轴式编码和选择式编码三项步骤，具体步骤如下：（1）开放式编码：将有效文本资料全部打散，对每句有效信息分析后单独贴上标签，赋予其初始概念，然后进行条目化分组处理，归纳形成范畴；（2）主轴式编码：深入探索各范畴之间的内在联系，并对其间的关系再次进行逻辑梳理使其自洽，对未能实现概念清晰化的范畴进行补充，不断比对，聚类分析，汇总关系，进一步发展主范畴；（3）选择式编码：辨析各主范畴内在逻辑理路，提炼核心范畴，形成初步理论模型。最后对该模型进行理论饱和度检验，检验通过后方能确定最终的理论模型。

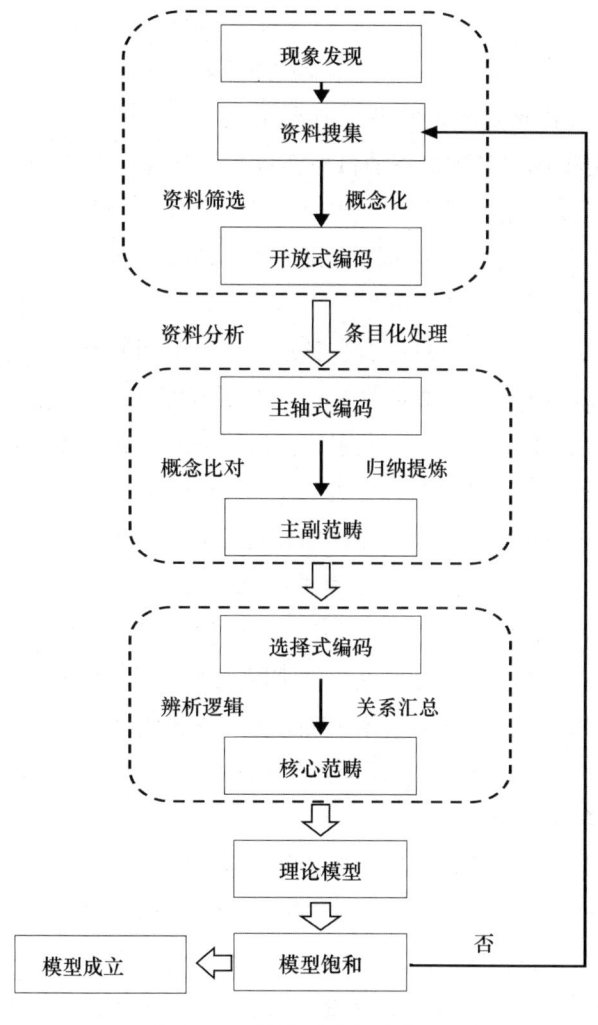

图 7-1　扎根理论研究步骤

二 资料来源与收集

质性研究结果的信度直接取决于资料来源的广度和深度，研究表明，资料来源广泛，而且资料之间相互可验证能有效确保研究信度（Ross，2002）。为确保研究数据来源的可靠性与真实性，本研究资料来源于三方面：学术期刊论文、新闻媒体资料和深度访谈资料，在资料收集、资料分析环节严格构筑"资料三角形"，以支撑整体研究。自脱贫攻坚取得全面胜利以来，我国贫困治理工作的重点和难点转变为治理更具隐匿性的相对贫困，巩固拓展脱贫攻坚成果，加强农村低收入人口常态化帮扶成为"十四五"时期相对贫困治理的目标任务。尽管我国在 2019 年 10 月党的十九届四中全会公报中首次正式提及"相对贫困"，但学术界对"相对贫困"的研究早已司空见惯，探究互联网助力相对贫困治理的成果也屡见不鲜。同时近年来，随着互联网、大数据、云计算、人工智能等新一代信息技术体系与贫困治理深度融合，各地区相对贫困的治理成效显著，相关评论报道层出不穷，加之新时期的相对贫困治理与脱贫攻坚时期的贫困治理间存在重大衔接。故本研究资料来源以 CNKI 收录的重点期刊论文和深度访谈资料为主，权威报刊及主流媒体的新闻报道、评论为辅，开展研究工作。为保证分析所用文献的权威性和代表性，本书选取 CNKI 的中国社会科学引文数据库（CSSCI）所收录的期刊作为主要文献来源，新闻报道、权威媒体评论则以 CNKI 的"中国重要报纸全文数据库"所收录的权威报道作为资料来源，深度访谈资料则源于田野调查和实践走访调研。鉴于互联网对贫困治理和相对贫困治理两者存在重大共通性，资料检索主题以"相对贫困"和"贫困"两者会同的方式进行。

（一）学术期刊论文

学术期刊论文选取的原则主要包括全面性原则和科学性原则。一是全面性原则。搜寻资料时确保覆盖范围的广阔，资料来源于对我国内地 31 个省、直辖市、自治区运用互联网参与贫困治理的学术文献。相关研究表明，关于运用互联网参与贫困治理的资料的研究范围大多较为微观，研究对象多数聚焦于我国各县（区）及乡镇。二是科学性原则。本研究在尊重事实的基础上，科学选取样本，所选样本紧紧围绕"互联网赋能相对贫困治理"的研究主题，避免材料内容重复交叉的同时，确保资料严格

第七章 基于扎根理论的互联网赋能相对贫困治理机制探索 / 143

遵守客观规律特点，能真实地反映互联网赋能相对贫困治理过程的细致特征，有利于本研究所建构的互联网赋能相对贫困治理的机理模型的准确性和科学性。因此，在 CNKI 中进行高级检索，分别以互联网相关内涵"互联网""大数据""云计算""物联网""区块链""人工智能"为主题，搭配"相对贫困"或"贫困"为主题进行搜索，期刊来源类别选择 CSSCI，最终得到 312 份期刊论文资料，搜索结果见表 7 – 1。经过反复审阅、分析、比对，剔除无关项、重复项，最终筛选出 193 篇有效文本，其中部分样本及其概况见表 7 – 2。

表 7 – 1   期刊论文（CSSCI）搜索情况

主题	互联网	大数据	云计算	物联网	区块链	人工智能
相对贫困	6	5	0	0	1	3
贫困	141	127	2	2	11	14
合计	147	132	2	2	12	17

资料来源：CNKI。

表 7 – 2   期刊论文（CSSCI）部分样本概况

序号	篇名	资料来源	有效信息数量	发表时间	用途
1	数字技术在健康贫困治理中的创新应用研究——以甘肃省临夏州数字健康扶贫实践为例	电子政务	15	2021/9/10	建模
2	数字金融、市场参与和农户相对贫困	当代财经	9	2021/8/15	建模
3	技术治理何以影响乡镇干部行动？——基于 X 市精准扶贫政策执行过程的分析	公共行政评论	13	2021/8/15	建模
4	从脆弱到韧性：互联网公益协作参与教育反贫困的治理优化	南京社会科学	14	2021/8/9	建模

续表

序号	篇名	资料来源	有效信息数量	发表时间	用途
5	互联网普及对中国居民收入分配的影响研究——基于CFPS数据的实证分析	宏观经济研究	8	2021/7/18	建模
6	数字普惠金融发展缓解了相对贫困吗？	经济管理	6	2021/7/15	建模
7	数字技术、信贷可获得性与农户多维贫困	华南农业大学学报（社会科学版）	27	2021/7/8	建模
8	数字普惠金融缓解农村相对贫困的长尾效应测度	统计与决策	16	2021/3/5	建模
9	网络扶贫及其与乡村网络振兴的衔接——对黑龙江省网络扶贫的考察	学术交流	18	2021/3/5	建模
10	精准扶贫中个人信息的利用及其边界	北京理工大学学报（社会科学版）	20	2021/3/4	建模
11	"区块链+"小农户生产扶贫：模式与机制	中国农业大学学报（社会科学版）	17	2021/2/15	建模
12	互联网使用对贫困地区农户收入的影响——基于甘肃省15个贫困村1735个农户的调查数据	管理评论	15	2021/2/10	建模
13	公益保险在女性精准扶贫中的应用——以"加油木兰"·关注贫困女性保障项目为例	北京航空航天大学学报（社会科学版）	41	2021/1/15	检验
14	信息化助力深度贫困地区"教育精准扶贫"路径与对策研究	电化教育研究	18	2021/1/1	检验
15	互联网环境下京津冀地区普惠金融减贫效应研究	中国软科学	11	2020/12/28	检验

续表

序号	篇名	资料来源	有效信息数量	发表时间	用途
16	"互联网+文化扶贫"的现实挑战与创新路径	行政管理改革	17	2020/12/20	检验
17	大数据背景下东北地区信息扶贫绩效评价与对策研究	情报科学	25	2020/12/1	检验
18	互联网促进普惠发展的基本经验：成本分担与多层面赋能	贵州社会科学	22	2020/11/20	检验

资料来源：本书整理。

(二) 新闻媒体资料

新闻媒体资料选取的原则同样遵循全面性原则和科学性原则。资料具体来源于对我国内地31个省、直辖市、自治区运用互联网参与贫困治理的官方报刊和权威媒体评论。在资料收集时依旧紧紧围绕"互联网赋能相对贫困治理"的研究主题，避免材料内容重复交叉的同时，严格遵守客观规律特点。在CNKI的"中国重要报纸全文数据库"中进行高级检索，分别以互联网相关内涵"互联网""大数据""云计算""物联网""区块链""人工智能"为主题，搭配"相对贫困"或"贫困"为主题，并勾选"包含非学术文献"后进行搜索，最终得到808份新闻媒体报刊资料，搜索结果见表7-3。经过反复审阅、分析、比对，剔除无关项、重复项，最终筛选出200篇有效文本，其中部分样本及其概况见表7-4。

表7-3　　　　　　　　重要报纸搜索情况

主题	互联网	大数据	云计算	物联网	区块链	人工智能
相对贫困	1	9	0	0	0	1
贫困	408	346	10	6	12	15
合计	409	355	10	6	12	16

资料来源：CNKI。

表7-4　　　　重要报纸和媒体报道部分样本及概况

序号	篇名	资料来源	有效信息数量	发表时间	用途
1	互联网医疗缓解"看病难"	人民日报海外版	9	2021/10/11	建模
2	数字经济发展活力强劲助力数字中国建设	人民邮电	6	2021/7/8	建模
3	字节跳动打造互联网公益新样本	中华工商时报	14	2021/6/15	建模
4	奋斗健康扶贫路　为民服务暖人心	南宁日报	9	2021/5/20	建模
5	互联网企业激发乡村振兴乘数效应	经济参考报	17	2021/5/18	建模
6	宁夏脱贫攻坚大数据	宁夏日报	11	2021/4/28	建模
7	重庆脱贫攻坚大数据	重庆日报	13	2021/4/15	建模
8	互联网扶贫在脱贫攻坚中功不可没	人民邮电	27	2021/3/5	建模
9	上淘宝，贫困村转型湖北电商"第一村"	湖北日报	13	2021/3/1	建模
10	将深化农村及偏远地区网络覆盖	南方日报	23	2021/3/1	建模
11	从税收大数据透视脱贫攻坚战	中国青年报	17	2021/3/1	建模
12	"智慧作战"助力精准脱贫	张家口日报	11	2021/1/19	建模
13	织密基层医疗卫生服务"网底"惠民生	南宁日报	13	2020/12/31	检验
14	"互联网+"特色种植走出精准扶贫新路子	珠海特区报	14	2020/12/30	检验
15	临沧为贫困地区提供便捷高效互联网络	云南日报	17	2020/12/22	检验
16	5G+激发脱贫攻坚新动能	人民邮电	19	2020/12/18	检验
17	大数据"守门"全方位帮扶	海南日报	14	2020/12/5	检验
18	数字时代，探寻减贫全新动能	甘肃日报	17	2020/11/25	检验

资料来源：本书整理。

(三) 深度访谈资料

1. 样本选取

考虑到互联网赋能相对贫困治理这一现象在我国大部分地区普遍存在，故可选取此类现象较为突出的代表性省份作为研究对象，而江西在脱贫攻坚战中表现突出，且其运用互联网参与贫困治理的相关政策和实践经验较为丰富且具备一定代表性和可推广性。因此，本研究特选取江西省作为此次访谈的主要地点，访谈对象具体包括：（1）政府部门人员；（2）企业、合作社、扶贫车间等社会组织人员；（3）农村家庭（脱贫户、贫困边缘户等），旨在全面明晰互联网赋能相对贫困治理的机理及路径。

2. 访谈提纲设计

首先紧紧围绕"互联网赋能相对贫困治理"的研究主题，针对"赋能方式—赋能路径—赋能绩效"的研究框架设计初步访谈提纲，其次通过预访谈收集整理2名本领域专家的修改意见，修改完善后形成最终访谈提纲（详见附录）。访谈提纲主要包括"您认为互联网赋能对相对贫困治理重要吗？互联网赋能对相对贫困治理的主要方式您认为有哪些？相对贫困通过互联网赋能的治理路径的影响因素有哪些？"等问题，针对不同受访对象，访谈问题将适时做出调整，例如访谈贫困边缘户时，以"您觉得现在手机能不能让您学到一些技能，在学习的过程中您觉得方便吗？"替代"互联网赋能对相对贫困治理的主要方式您认为有哪些？"以便找到互联网在受访者生活中"是否能起到赋能作用""具体赋能路径又是怎么样的"等关键线索。

3. 访谈实施

经受访者同意后，研究者在访谈过程中全程录音，方便后期整理资料并提取关键信息。在对原始访谈资料的收集过程中，研究者同步进行资料收集与分析工作，一旦发现新问题就据此修正访谈提纲，并再次收集此类相关资料。发现清晰度不足的初始概念或范畴的时候，针对性地进行溯源查找，找到出处后进一步补充和完善资料。倘若数据之间出现自相矛盾或存在较大出入的情形时，坚决摒弃当前现有数据，并有针对性地对访谈提纲进行再次核查，在确定访谈问题不存在任何误导性描述后，重新进行访谈并翔实记录、收集、整理，深度访谈信息如表7-5所示。

表7-5　　　　　　　　　　深度访谈对象描述性统计

访谈对象		录音时长（分钟）	录音字数（万）	有效信息数量（份）	访谈人数（人）	受访者职位（人）
政府部门	江西省乡村振兴局	379	3.7	98	13	局党组成员（1）、政策法规处处长及科长（2）、计划财务处调研员及科员（2）、稽查处处长（1）、搬迁移民处处长（1）、村庄建设处处长（1）、产业指导处副处长（1）、社会扶贫与对外联络处科长（1）、科技培训处处长及科员（2）、考核评估处副处长（1）
	上犹县乡村振兴局	113	1.2	21	4	主任（1）、副主任（1）、综合股股长（1）、产业指导组组长（1）
	安远县乡村振兴局	130	1.6	46	5	主任（1）、综合股股长（1）、项目资金管理中心主任（1）、产业指导组组长（1）、宣传报道组组长（1）
	安远县镇岗乡政府	97	0.9	38	4	驻村书记（2）、办事员（1）、科员（1）
电商企业、合作社、车间	安远县祥橙现代农业发展有限公司	54	0.5	27	3	总经理（1）、总经理助理（1）、员工（1）
	紫恋紫山药电商扶贫产业合作社	75	0.7	19	2	合作社法人（1）、合作社成员（1）
	镇岗乡扶贫车间	62	0.5	17	2	车间负责人（1）、车间员工（1）

续表

访谈对象		录音时长（分钟）	录音字数（万）	有效信息数量（份）	访谈人数（人）	受访者职位（人）
农村家庭	安远县脱贫户	254	2.7	63	5	种养殖户（3）、进城务工人员（2）
	安远县贫困边缘户	182	1.5	32	4	空巢老人（1）、疾病残疾人员（2）、下岗员工（1）
	合计	1346	13.3	361	42	

资料来源：本书整理。

总之，本书资料收集与整理围绕"互联网赋能相对贫困治理"这一主线展开，选取的质性资料由期刊论文（193份）、新闻媒体报刊资料（200份）及深度访谈资料（361份）等构成，共计754份有效数据资料。运用NVivo 11质性分析软件，随机选择2/3的样本（503份，包括129份期刊论文、133份新闻报道和241份访谈资料）进行质性分析及模型建构，剩余1/3的样本（64份期刊论文、67份新闻报道和120份访谈资料）用于理论饱和度检验。

（四）信度检验

相关文本数据收集完毕后，本研究在开始正式编码前，采用内容分析法分析数据，并运用质性分析软件NVivo 11对资料进行编码，编码过程由2位研究者合作检验编码信度。首先，2位研究者就编码要求进行商榷，对构念间的逻辑关系达成共识，并构建初步研究框架，确保相互判断的统一度。其次，每位研究者在得到的全部有效材料中随机抽取20份样本数据作为前测样本，进行首轮独立编码，结束后每人再次选择20份资料进行二轮编码，同一人两次所选资料不得重复。最后，借助NVivo 11软件对首轮及二轮编码一致性进行计算。经计算，两轮编码的一致性系数Cohen's Kappa均高于一般的标准要求（一致性系数≥0.8），表明编码人员的一致性较高，且本次编码具有良好信度。

第二节 互联网赋能相对贫困治理的机理模型构建

本节严格遵循扎根理论的研究方法,为避免数据失真,尽可能地保留原始语句,对原始质性资料进行编码和范畴化,并参考专家意见,对存在争议的概念和范畴进行适当修改与删减,从而形成互联网赋能相对贫困治理的机理模型。

一 开放式编码

运用扎根理论方法,遵循开放式原则,将搜集到的有效文本资料全部打散、逐句分解,结合资料反映的现象,对每句有效信息分析后单独贴上标签,赋予其初始概念,经过不断比较、辨析(陈向明,2000),最终保留761条原始语句和189条初始概念(表现形式为"H+阿拉伯数字")。然后经过识别初始概念之间的内在联系,从中发现概念类属,进行条目化分组处理,按照逻辑理路对相同或类似的概念进行合并、重组,进一步提炼互联网赋能相对贫困治理路径的构念,归纳形成范畴,最终提取出14个范畴。从来源于不同文本资料但初始概念相同的原始语句中随机列举一条以作举证,开放式编码范畴化过程见表7-6。

表7-6　　　　　　开放式编码范畴化

编号	范畴	资料中代表性语句(初始概念)
1	体系重构	H1 "'互联网+'条件下,政府系统呈现整体平台化的特点"(政府系统平台化) H2 "数据治理有利于实现政府治理的扁平化和高效化"(治理扁平化高效化)
2	行为监督	H3 "综合运用新一代信息技术监督精准扶贫过程中各环节、各主体"(技术监督) H4 "为把控资金流向提供数据化支撑"(资金监控)

续表

编号	范畴	资料中代表性语句（初始概念）
3	资源优化	H5 "现代信息技术有利于实现快速整合各公共部门的数据资源，搭建起系统关联的信息体系"（数据资源整合） H6 "将精细化标准融入各项工作中，有效防止资源错配、浪费"（资源精细化配置）
4	信息互通	H7 "技术作用下形成的数据共享是眼下构建数字化政府的客观现实需要"（数据共享） H8 "进一步打破政府之间的信息壁垒"（突破信息壁垒） H9 "依托政府内部互联网信息平台，数据、信息等得以横向流动"（信息拉通）
5	知识共享	H10 "各地政府通过互联网学习扶贫新经验"（经验共享） H11 "通过各种智能聊天软件与成员在线上互动交流"（线上交流）
6	跨界寻找	H12 "'互联网+公益'是近几年各大银行推出的有效解决贫困户资金筹措问题的创新扶贫工作模式"（银行线上金融参与） H13 "社会组织利用互联网的强大技术优势能便利有效地凝聚社会资本"（社会资本找寻）
7	渠道优化	H14 "互联网为乡村拓宽人才、资金、技术、信息等各类要素渠道"（要素渠道拓宽） H15 "利用微博、微信等多元网络沟通渠道，实现政府、社会组织与脱贫对象之间的信息传递"（渠道多元）
8	行为协同	H16 "不乏有高校和互联网电商平台、培训机构共同合作探索电商扶贫专业人才培育的全新模式"（机构合作） H17 "政府和其他社会组织等扶贫主体协同参与，通过大数据公共服务平台同向发力"（协同发力）
9	资源链接	H18 "互联网等信息技术将前端生产、中端运输、后端销售各个环节畅通，形成紧密连接的有序链条"（产业线链接） H19 "互联网的正确应用能够将渠道资源进行整合，实现资源有效配置"（资源有效配置）
10	资源共享	H20 "乡村旅游企业借助多元的互联网信息网络平台，发布当地乡村特色景点的宣传动态、视频、图片等"（企业与乡村资源对接） H21 "发展当地农村电商扶贫产业，直接就地就近解决了贫困户和电商企业就业供需问题"（就业供需匹配）

续表

编号	范畴	资料中代表性语句（初始概念）
11	利益共创	H22"推动扶贫企业与电商平台商务对接，实现贫困户农副产品包销，双向提升扶贫产业效益和贫困户收入"（商业利益联结） H23"政府出台电商产业扶贫专项政策，惠及企业，吸引电商助力精准扶贫"（政企互惠合作）
12	责任共担	H24"中国扶贫基金会与携程网合作推出的'美丽乡村'旅游扶贫项目有效链接双方责任关系，共同履行社会扶贫的责任"（责任关系连接） H25"让全社会重视扶贫、参与扶贫正是实施网络公益工程目的所在"（网络公益扶贫）
13	动态监测	H26"通过大数据后台的识别、比对、预警，能够第一时间发现可能需要救助的低收入人口"（大数据监测） H27"利用互联网创新贫困识别方法，优化识别机制"（贫困识别） H28"根据大数据，分档记录，即时调整"（动态管理）
14	精准服务	H29"以短视频、微信公众号软文、新闻报道等线上传播方式宣扬扶贫工作中的典型人物或代表性事件"（精神赋能） H30"充分利用信息技术，为贫困地区精准推送优质教育资源，可以有效补齐贫困偏远地区的教育资源短板"（远程供给优质教育资源） H31"构筑互联网信息学习平台，为贫困及失业人口提供远程技能和教育培训，能进一步发挥互联网对贫困人口的赋能效应"（远程技能培训） H32"将社会组织引入乡村智慧养老体系，为老年人提供个性化养老服务"（个性化养老） H33"优质医疗资源通过数字健康的信息化平台得以下沉并精准对接患者需求，有效破除地域和距离的限制"（线上对接医疗资源） H34"从促进经济增长和改善收入分配的角度，数字金融也能缓解相对贫困"（数字金融减贫） H35"通过对相关交通运输数据的整合，利用云计算技术进行人车联网，为村民提供精准出行服务"（数字交通便利出行） H36"平台显示需求出现变化后，第一时间调整供货类型和数量"（精准供给）

资料来源：笔者整理。

二 主轴式编码

主轴式编码是对开放式编码所导出的范畴进一步分类、合并、提炼，通过深入探索各范畴之间的内在联系，对其间的关系再次进行逻辑梳理使其自洽，对未能实现概念清晰化的范畴进行补充，并不断比对，最终聚类分析，汇总关系，进而发展完备各主范畴的内涵和意义。经过研究得知，表7-6中形成的范畴之间存在一定的内在逻辑，经过归纳最终形成4大主范畴，各主范畴及其相对应的开放式编码范畴如表7-7所示。在表7-7中，各主范畴含义如下。

表7-7　　　　　　　　　　主轴式编码

编号	主范畴	对应范畴	关系内涵
1	内部协同	体系重构 行为监督 资源优化 信息互通 知识共享	内部协同是互联网赋能政府内部治理相对贫困的重要机理，通过在新一代信息技术的推动下，实现政府内部的体系重构、行为监督、资源优化、信息互通以及知识共享。政府内部协同程度逐渐加深，政府治理模式亦随之发生变革，促使各级政府体系重构，治理层级减少，治理重心逐步向基层下移，有利于破除传统科层制下"信息不对称"陷阱，增强对各主体的行为监督。此外，依托于互联网的数据治理，政府有望突破传统体制机制对贫困治理的刚性束缚，内部各部门要素资源得以有效优化，数据融通、信息互通的同时，先进的贫困治理经验、技术等知识快速实现共享
2	跨界融合	跨界寻找 渠道优化 行为协同 资源链接	跨界融合是政府和社会组织等多元扶贫主体在互联网赋能作用下跨界寻找，实现多元主体行为协同，持续拓宽要素流动渠道，快速高效整合资源，共同参与相对贫困的治理过程。互联网赋能政府跨界寻找，联结党政商等组织多元主体参与相对贫困治理，治理主体从单一转向多元，并保持行为协同，有效发挥多元共治的协同效应，共建共治。同时，借助互联网搭建数字化平台促进多元治理主体在相对贫困治理的各个环节和要素流动渠道的优化，治理资源从分散转向整合，迅速实现配对、连接，提高资源利用效率，协同满足相对贫困群体需求

续表

编号	主范畴	对应范畴	关系内涵
3	价值共创	资源共享 利益共创 责任共担	价值共创是政府、企业和相对贫困群体之间借助互联网、大数据等信息技术手段，通过资源共享、利益共创、责任共担的方式实现合作共赢。互联网能通过自身连接、跨界的功能，打破多元贫困治理主体之间的壁垒，破除信息传播的空间局限，有效连接各主体，将分散化的资源要素进行充分整合，协同搭建信息化共享平台，实现资源共享。参与贫困治理的多元主体基于数字技术和互联网平台，通过整合信息，减少恶性竞争，促成交易协作，形成多元共生、利益共创的合作者联盟，最终达成合作共赢的目标。此外，社会各方依托互联网平台参与贫困治理，不仅开拓了扶贫新渠道，组织自身也能更加高效地承担自身社会责任
4	服务创新	识别检测 精准服务	服务创新是政府能充分运用新一代信息技术体系赋能相对贫困人群的识别监测，实现基本公共服务和社会保障的精准匹配。一方面，通过互联网对数据进行积累、搜集与分析，可以在有效降低人力资源成本的前提下，实现对贫困户的精准识别、动态跟踪和脱贫监测，进而提高相对贫困治理绩效。另一方面，得益于互联网能够精准识别相对贫困群体需求，据此精准对接供给主体，使供给端与需求端实现快速精准匹配，治理环节从粗放化转向精准化

资料来源：笔者整理。

主范畴阐述如下。

（一）内部协同

在互联网技术赋能作用下，政府内部协同程度陡然加深，对相对贫困的数字化治理程度不断加深。在新一代信息技术的推动下，各级政府体系得以重构，社会治理重心愈发向基层下移，科层制政府逐渐向平台型政府演进（李锋、周舟，2021）。在相对贫困治理问题上，互联网能够有效赋能政府内部管理。鉴于数字技术具有快速处理的特点，通过对数据的实时收集、高效分析，确保数据流动有序、数据治理有效、数据安全共享，进而构建"用数据说话、用数据管理、用数据决策"的运行机制（黄璜，2020）。同时，数据治理不仅有利于优化政府组织结构，减少治理层级，提升组织架构的去中心化与扁平化，还有利于破除传统科层制下"信息不对称"陷阱，增强对各主体的行为监督，进而提高政府相对贫困治理能力（陈潭、陈芸，2020）。此外，依托互联网的数据治理，政府有望突破传统体制机制对贫困治理的刚性束缚，内部各部门要素资源得以有效优化，实现数据融通、信息互通的同时，先进的贫困治理经验、技术等知识快速实现共享。

（二）跨界融合

互联网打破了原有的社会结构、关系结构、地缘结构，重塑了相对贫困治理格局，从技术上为社会的多元参与、组织的跨界融合拓展了新的途径与方式（沈费伟，2020）。互联网赋能政府跨界寻找，联结党政商等组织多元主体参与相对贫困治理，治理主体从单一转向多元，消除各治理主体孤立分散、条块分割、缺乏协作的"孤岛效应"，有效发挥多元主体共同治理相对贫困的协同效应。具体而言，将党委、政府、企业、社区、社会组织、居民群众等多元治理主体联结到网络平台上，前端后台融合，线上线下融合，消除多元主体的孤岛状态，形成纵横交错的协同共治网络，使多元主体之间点对点地沟通和协调，成为沟通顺畅、紧密协作的治理联合体，不仅实现行为协同，共建共治，更能彻底颠覆以政府为传统主体单一的贫困治理模式，治理结构呈现交互化、扁平化、去等级化、去中心化的特点。多元治理主体间平等交流、协商对话，进行无缝隙沟通，利于开展无边界合作，共同参与相对贫困的治理工作。同时，借助互联网搭建数字化平台促进多元治理主体在相对贫困治理的各个环节和要素流动渠道的优化，治理资源从分散转向整合，迅速实现配对、连接，从而降低机会成本，提高资源利用效率，协同满足相对贫困群体需求。例如，由国务院扶贫开发领导小组办公室指导建设的"互联网+"社会扶贫信息服务网络平台——中国社会扶贫网，通过PC端和手机移动端有效聚合多方资源要素，将其与贫困户的多元化需求匹配对接，打通了供需双方的信息阻碍。

（三）价值共创

互联网可赋能多元主体价值共创，共同参与贫困治理，最终实现资源共享、利益共创和责任共担。首先，互联网能通过自身连接、跨界的功能，打破多元贫困治理主体之间的壁垒，破除信息传播的空间局限，协同各主体搭建共享平台，将分散的人力资源、信息资源、设施资源等充分整合，促进资源共享，有效解决资源闲置、资源浪费、资源重复建设等问题。其次，互联网可赋能每一个网民传播信息，致使农村或贫困户信息可以直接或经由第三方平台所提供的社交网络被外界获知。而参与贫困治理的多元主体基于数字技术和互联网平台，通过整合信息，减少恶性竞争，促成交易协作，形成一个多元共生、利益共创的合作者联盟，最终达成合作共赢的目标。例如，电商平台拼多多利用其直播带货形式，在需求端提升农货订单量，并收集、分析客户的需求，运用大数据预测市场变化，将之反馈给后端农户；在供给端，将聚集的海量订单拆分至各贫困户，而农民根据数据调整生产情况，避免产品滞销。最后，在国家倡导人民共同富裕的今天，参与贫困治理的合作者联盟俨然成为责任共担的贫困治理共同体。社会各方依托互联网平台参与贫困治理，不仅拓宽了扶贫新渠道，组织自身也能更加高效地承担自身社会责任。例如，腾讯公益借助互联网平台，从线上筹集到来自全国各地爱心网友的34亿元慈善捐款，直接助力贵州黎平建立侗族大歌生态博物馆。

（四）服务创新

互联网彻底颠覆了传统粗放式的贫困治理模式，通过大数据、云计算、物联网和区块链等技术，进行数据监测与需求识别，进而精准对接服务供给，实现供需精准匹配化。一方面，在信息化、数字化时代，通过互联网对数据进行积累、搜集与分析，可以有效降低人力资源成本，对相对贫困户实施精准识别、动态跟踪和脱贫监测，进而加强脱贫户后续常态化管理，提高相对贫困治理绩效。具体而言，政府部门可以与相关数据企业开展合作，帮助建立精准扶贫大数据平台，精准识别相对贫困户并将其纳入数据平台进行监测，具体通过农户申报和村组干部、村第一书记主动关心，乡镇干部定期摸排等方式收集相关信息，全面监测农村相对贫困家庭的经济收入和生活状况变化，确保及时掌握农户发生重大意外灾害或意外人身伤害等情况，及时做好识别返贫、帮扶政策落实等工作。同时，扶贫信息员及时在"全国扶贫开发信息系统"上传相对贫困户的信息，并会同城建、卫计、民政、人社、残联等部门定期对相对贫困户进行大数据比对，实时监测脱贫返贫状况、自动预警、实时推送异常信息，动态反映相关责任单位、驻村工作队工作进度，分析各类致贫、返贫因素，精准匹配扶贫措施、监督预警扶贫措施落实情况。另一方面，精准满足相对贫困群体需求是相对贫困治理的应有之义，也是提升相对贫困群体获得感和幸福感的客观要求。得益于互联网的数据分析处理能力，能够精准分析相对贫困群体生活状况，快速识别具体需求，有利于精准对接供给主体，精准匹配供给与需求两端，实现相对贫困治理效能从粗放化转向精准化。针对因病因残致贫人群、留守人群（包括留守儿童以及空巢老人）、贫困边缘人群（特别是进城务工群体以及下岗工人）等相对贫困人群的特殊需求，政府和社区可以通过移动互联网终端软件的大数据监测、识别、分析功能，精准锁定普通用户群体的实际需求，快速对接超市、餐馆、药店、家政公司、养老服务机构、物流公司等市场化供给主体，并针对性地提供便捷高效的选择，根据具体反馈还能对供给内容、供给数量和供给方式进行灵活的动态调整。

三　选择式编码

选择式编码是对主范畴之间的关系以描述"证据链"的形式进一步系统分析与归纳，系统化建立范畴间联系、完善范畴，并最终以高度提炼的核心范畴表示的过程。核心范畴在所有范畴起到提纲挈领的作用（陈向明，1999）。本研究围绕互联网赋能相对贫困治理的绩效展开提炼和论证，得到互联网对相对贫困治理的赋能绩效提升的核心范畴，探索互联网赋能相对贫困治理的证据链。赋能绩效是互联网作用相对贫困治理的最终结果，但受到内部协同、跨界融合、价值共创与服务创新的影响。内部协同是政府在互联网赋能相对贫困治理过程中，依托互联网数据治理，突破传统体制机制对相对贫困治理的刚性束缚，实现数据流动有序、数据治理有效、数据安全共享。跨界融合和价值共创是从信息技术上为民众的多元参与、社会组织的跨界融合拓展了新的途径与方式。服务创新是通过数据监测与需求识别，精准对接服务供给，彻底颠覆传统粗放式的贫困治理模式。主轴式编码中的"内部协同、跨界融合、价值共创、服务创新"从政府内部管理关系、政府与外部帮扶主体间关系、政府与扶贫对象间关系等多维度阐释互联网赋能相对贫困治理的机理。从政府内部管理关系看，互联网赋能政府体系重构、资源优化配置、信息互通、知识共享、行为监督等内部协同治理，实现组织内部的管理服务智能化；从政府与其他帮扶主体间的关系看，互联网赋能政府跨界寻找、整合扶贫资源，通过跨界融合以及合作者联盟、多主体共同参与的价值共创，实现协同供给多元化；从政府与扶贫对象间关系看，互联网赋能政府精准识别帮扶对象及其需求，并及时反馈、动态监控帮扶成效，不断创新服务，实现基本公共服务供需匹配精准化。互联网通过上述三条路径赋能相对贫困治理，产生赋能绩效，故本研究的核心范畴可抽象为互联网作用相对贫困治理的"赋能绩效"。

由于农村地区相对贫困发生率呈现明显的区域差异和个体特征差异（姚兴安等，2021；聂荣、苏剑峰，2020），将互联网赋能相对贫困治理的赋能绩效分解为区域效益和个体效能两个层面。

区域效益是指在运用互联网信息技术赋能相对贫困地区的过程中，地区产生的经济效益、社会效益及生态效益的效益累积。该层面追求相对贫困地区的高质量发展，且一般而言，区域高质量发展是在经济效益持续增长中，生态效益和社会效益基本同步增长，并因地域功能不同而分离出各种发展模式（樊杰等，2019）。从经济效益看，互联网赋能相对贫困治理旨在利用互联网技术打破信息不对称，突破地域约束，降低交易成本，优化资源配置方式，创新企业生产模式，促进产业链融合再造，推动产业和就业扶持，做好产销衔接和劳务对接，促进区域经济可持续发展，为相对贫困群体提供更多就业创业的经济机会，实现长久增收致富。此外，互联网技术的更新迭代引发数字经济浪潮，为企业提供普惠金融服务创造有利条件。从社会效益看，互联网赋能相对贫困治理旨在借助数据、算法、算力，弥合"数字鸿沟"，达到知识共享，推进与相对贫困群众生活息息相关的教育、医疗、住房、就业、饮水安全等全面升级，推动公共服务数量和质量不断改善，持续提升群众生活品质，满足群众在多样化场景中的需求，切实增强相对贫困群体的获得感、幸福感。从生态效益看，互联网赋能相对贫困治理旨在发挥互联网技术的优势，降低资源耗损，提高资源利用率，形成生态与经济之间可持续良性互动，践行生态文明建设和绿色发展理念，有序衔接乡村振兴战略，接续推动相对贫困地区人口的生活改造。

个体效能是指在互联网赋能相对贫困群体过程中产生的分享经济增长成果的机会和能力。该层面的内容可分为生产能力、市场参与、脆弱性三个方面。在生产能力方面，互联网普及带来信息流动和共享，提高生产要素资源的配置效率。农村地区居民可以通过互联网，尤其是移动互联网提高人际交流频率和效率。而低收入群体使用互联网，可以提高信息时效性，促进分工深化和提升劳动生产率，进而提高收入水平。在市场参与方面，随着互联网基础设施的建设与发展，互联网已成为提升农村低收入群体非农就业率的重要工具。使用互联网进行社交、消费有助于农村青年非农就业。在个体脆弱性方面，以教育、能力、健康为代表的人力资本缺失是导致贫困个体脆弱性的主要原因，而提高农村居民受教育水平是阻断贫困代际传递的根本途径。互联网的使用推动贫困地区教育信息化、数字化，通过信息网络远程教育，实行点对点教育帮扶，可以提高贫困个体认知水平和自身能力，在一定程度上缓解教育不平等问题。此外，"互联网＋医疗健康"模式的推广，可以有效缓解贫困个体的孤独感、抑郁感，促进贫困个体身心健康发展，从而降低低收入群体的脆弱性。

基于以上分析，绘出互联网赋能相对贫困治理的机理模型，如图 7 - 2 所示。

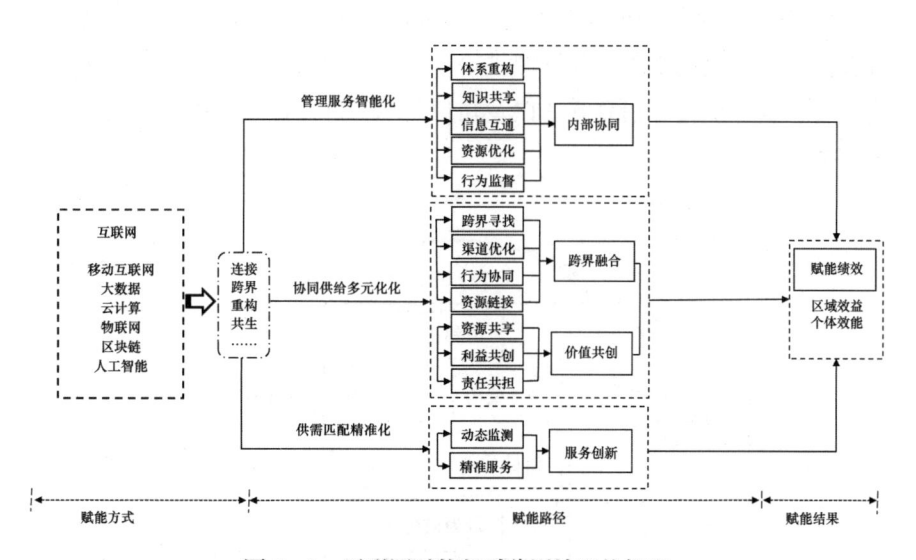

图 7 - 2　互联网赋能相对贫困治理的机理

第三节 互联网赋能相对贫困治理的机理模型阐述

互联网即移动互联网、大数据、云计算、物联网、区块链和人工智能等新一代信息技术，通过综合运用连接、跨界、重构、共生等功能，作用于相对贫困治理系统的各方面、各环节，进而提升相对贫困治理效能。其中，互联网赋能相对贫困治理实践，以政府为主导，主要存在三方面的关系：政府内部管理关系、政府与外部帮扶主体间关系、政府与扶贫对象间关系，分别对应管理服务智能化路径、协同供给多元化路径和供需匹配精准化路径。因此，本节具体从这三条赋能路径对互联网赋能相对贫困治理的机理模型展开阐述。

一 管理服务智能化路径

互联网赋能政府管理服务体系，赋能的载体为管理服务智能化路径（见图7-3）。互联网赋能政府组织内部高效协同运转，整合优化组织内部存量资源，提高组织内部资源供给效率，实现政府内部的体系重构、行为监督、资源优化、信息互通以及知识共享，进而提升互联网对相对贫困治理的赋能绩效。

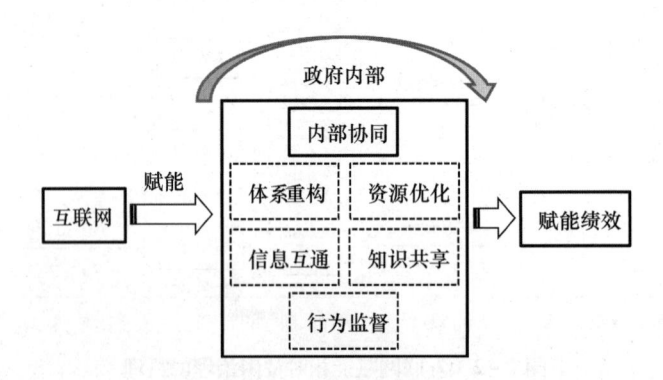

图7-3 互联网赋能相对贫困治理的管理服务智能化路径

随着数字化智能化时代的到来，我国互联网信息服务体系也在适应时势及治理资源变革的过程中不断演化与发展,以求实现"治理需求"与"治理供给"之间的动态平衡(魏娜、黄甄铭,2020)。政府内部协同程度逐渐加深,政府治理模式亦随之发生变革,促使各级政府体系重构,治理层级减少,治理重心逐步向基层下移,有利于突破传统体制机制对贫困治理的刚性束缚,破除传统科层制下"信息不对称"陷阱,增强对各主体的行为监督。内部各部门要素资源得以有效优化,数据融通、信息互通的同时,先进的贫困治理经验、技术等知识快速实现共享。互联网凭借自身所具备的连接和互通功能,不断加速信息搜集、内部协调和时间传递的进程,从整体层面提升政府治理相对贫困的运行效率、服务效率和创新效率。具体而言,政府能够借助信息手段,将治理资源、社会信息和个体需求等信息流数字化,并将其统一纳入集成网络平台或信息管理系统;然后运用既定的计算逻辑和算法规则对这些数据信息加以处理;在汇总数字化信息形成的数据流、时间流和信息流等处理结果后,形成最优解决路径,帮助决策制定者统筹全局,加速生成治理决策;之后将决策应用于相对贫困治理实践,提升治理绩效。换言之,互联网信息技术通过不断强化空间内多元相对贫困治理主体间的算法勾连,推进应用普及,加速技术升级,不断完善电子政务系统和治贫对象电子信息管理系统,动态更新治理资源、社会信息和个体需求等数字化信息,推动帮扶事业特别是扶贫产业的发展,保证后续管理服务智能化水平,从而实现相对贫困治理的智能化。

二 协同供给多元化路径

互联网以其跨界、连接、重构、共生功能,赋能政府主导、社会参与的大扶贫格局,形成协同供给多元化路径(见图7-4)。在现代治理中,越来越强调多元化参与、社会组织跨界合作、多主体沟通协商以及自下而上的基层参与(张立荣、朱天义,2018),遵循从一元治理到多元治理、从集权到分权、从人治到法治、从管制到服务、从封闭到开放的趋势(俞可平,2019)。这种打破组织边界、跨组织利用资源和开展合作充分体现互联网信息技术的重构与共生功能。发挥政府与社会两方面作用是解决相对贫困问题的重要路径,通过互联网,政府、社会组织和私营企业可以快速了解合作者的现状及意愿,有利于兼顾各合作方的意愿偏好和价值诉求，实现跨界融合合作、协同供给扶贫产品和服务，形成多元主体共同参与的合作者联盟，有利于不断优化渠道供应和促进资源链接。同时，互联网可赋能多元主体价值共创，共同参与相对贫困治理，最终实现资源共享、利益共创和责任共担。

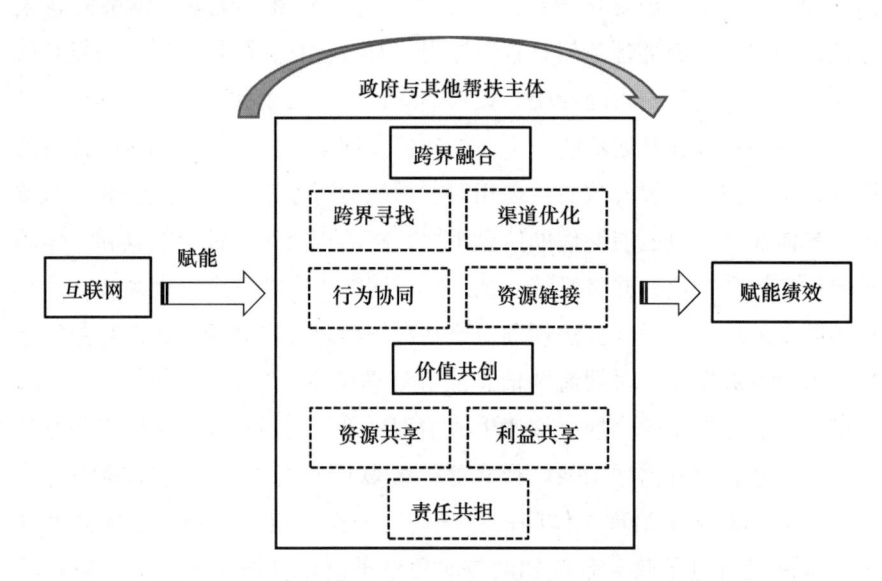

图 7-4　互联网赋能相对贫困治理的协同供给多元化路径

在跨界融合与价值共创并行的治理框架下，政府通过互联网开展政府招标采购，实现在扶贫项目上的政社合作或政企合作。一方面，政府、社会组织和私营企业可以通过拓宽互联网供给渠道，向扶贫产业提供专项资金、人力资本、教育培训、金融服务等，为扶贫产业保驾护航，同时也向相对贫困个体输送专项资金、教育培训、金融服务、非农就业岗位等，激发个体内生动力和综合发展能力，从而降低个体脆弱性，为后续稳定增收打下坚实基础。如政府可以通过互联网发布招标公告，寻求基础设施、乡村旅游、现代农业等治贫项目的合作方，吸引社会资本参与治贫，多方筹措生产要素资源，有效弥补政府人、财、物的不足。另一方面，社会组织、市场经营主体可以通过互联网明晰政府治贫的合作需求和可能带来的经济效益和企业社会价值的提升机会，主动与政府开展治贫合作。如双方可以依托大数据、云计算、物联网、区块链等新一代信息技术，合作开发扶贫性质的电商平台及直播带货平台，拓宽线上销售渠道，完善互联网农产品销售体系，大力发展"互联网+消费扶贫"，最终实现区域效益和个体效能的共同提升。

三 供需匹配精准化路径

互联网赋能公共服务供给与个体需要精准对接，构成供需匹配精准化路径（见图7-5）。政府充分运用新一代信息技术体系赋能相对贫困人群的识别监测，得以实现基本公共服务和社会保障的精准匹配。加强互联网信息技术应用，实现公共服务的供需匹配精准化，有利于解决以往开发式扶贫中出现的"农村基层精英俘获""扶贫资源供需不匹配"等问题。互联网的沟通连接特点，使得供需双方可实现无障碍对接，持续为减贫创新赋能。通过互联网动态监测社会贫困个体行为，可使帮扶主体及时预判突发性风险事件的发生、及时介入，防止突发性风险事件导致返贫致贫；通过互联网与个体沟通，及时监测生活、生产等情况，提高帮扶主体对帮扶对象需求与偏好识别的精准性，优化资源配置，提升供需匹配的效率与精准性。

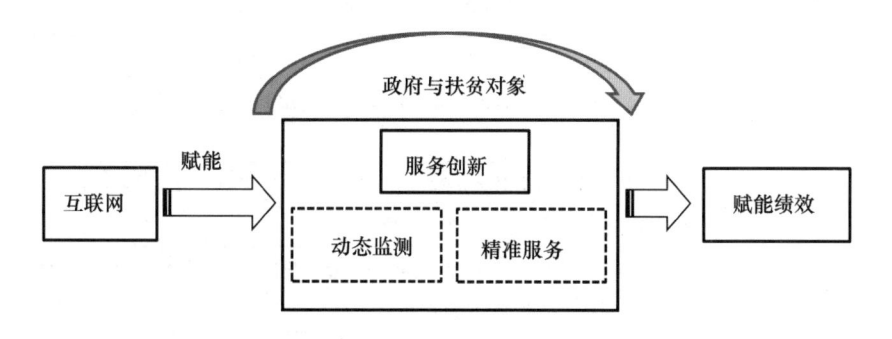

图7-5 互联网赋能相对贫困治理的供需匹配精准化路径

互联网通过大数据的实时动态监测，能够第一时间获取个体信息，包括受教育程度、个体健康状况、主要收入来源以及生活支出等，同时算法分析出个体需求，在风险预判的基础上作出回应，结合资源供给信息进行供需精准匹配。具体而言，一方面，可以通过"互联网+就业创业平台"，及时发布劳务、产品、产业等方面的供需信息，再经线上面试、线上订单、线上招商签约等方式，推进贫困户就业创业、供需匹配。此外，还可依托自媒体平台，实现扶贫产品营销、结算的便利化和低成本化。另一方面，通过互联网大数据平台的动态持续监测脱贫人口及易致贫边缘户等重点人群，能够为因突发性风险事件引发的返贫致贫人群提供便捷和及时的救助，还可以运用互联网动态监测和反应机制中的即时反馈与监督功能，及时发现与纠正帮扶举措的问题，向帮扶对象精准供给教育、医疗及社会保障等公共服务资源，实现供需匹配精准化。

第四节　理论饱和度检验

为避免研究结果失真，确保类属饱和度，需不断比较分析样本、修正范畴，直至不再对模型建构有新的补充，即后续样本扩充和重复访谈中不再出现新的范畴（赵曙明、杨慧芳，2007）。本研究对模型构建后剩余的1/3样本再次进行开放式编码，对模型的理论饱和度进行检验，列举部分检验结果作为举证（见表7-8）。

表7-8　　　　　　　　理论饱和度检验示例

编号	范畴	资料中代表性语句（初始概念）
1	体系重构	Q1"数字政府的建设使地方政府逐渐从科层制政府演进到平台型政府"（平台型政府演进）
2	资源优化	Q2"数字化手段有效地化解精准扶贫过程中的资源分散化难题，进而帮助实现主体协调、资源链接"（资源链接）
3	信息互通	Q3"信息化手段善于识别、分析和匹配海量数据，对特定节点的相关信息能做到精确捕获"（信息捕获）
4	知识共享	Q4"政府数据、信息等资源要素依托于互联网技术实现开放与共享"（数据共享）
5	行为监督	Q5"通过政务微博、政务邮箱等互联网第三方平台，加强政务监督，有效减少了贫困治理工作中基层干部不作为的问题"（网络监督）
6	跨界寻找	Q6"将政府、企业、合作社等多元贫困治理主体通过微信、钉钉等方式联结到网络平台上"（多元参与）
7	渠道优化	Q7"加大各渠道流通要素供给"（渠道供给）

续表

编号	范畴	资料中代表性语句（初始概念）
8	行为协同	Q8"互联网与多领域深度融合，汇聚多行业协同治理贫困的合力，共同赋能贫困治理"（行业协作）
9	资源链接	Q9"运用大数据信息网络平台将分散的人力资源、信息资源、设施资源等充分整合"（资源整合）
10	资源共享	Q10"政府与企业开展专项扶贫合作，梳理全国各地的数字政府治理贫困的典型案例，构建共享资源平台"（政企资源共享）
11	利益共创	Q11"通过电商与外部市场链接，可以快速响应市场"（市场链接）
12	责任共担	Q12"网络扶贫工程汇聚了来自社会各界的爱心、捐赠与帮助"（公益扶贫）
13	动态监测	Q13"通过大数据、云计算等新型互联网技术，精准识别需求"（大数据识别）
14	精准服务	Q14"大数据计算分析后，对贫困群体的需求进行'点对点'精准供给"（精准供给）

资料来源：笔者整理。

理论饱和度检验结果表明，开放式编码未发展出新的构念与范畴，亦未产生新的类属关系，检验所得范畴涵盖"互联网赋能相对贫困治理的赋能绩效"的必备构念，表明经过编码构建而成的互联网赋能相对贫困治理的机理模型达到理论饱和条件。此外，本研究在编码过程中还另外采取了以下两种效度检验方式：（1）与研究团队成员产生分歧并通过反复讨论仍未达成一致时，邀请未参与本研究的专家学者识别编码结果，并给出判断，以此避免个人主观偏见的影响，提高研究结论的效度。（2）编码结束后，邀请了2位研究本领域的专家学者和2位博士生对最终的编码结果进行检验。在上述两种检验中，被邀请的所有检验人员均对本研究的研究结论表示认可。结合理论饱和度的检验结果，本研究所构建的理论模型效度得到进一步确保。

第八章

互联网赋能政府相对贫困治理机制实证检验[①]

实施数字乡村战略和抗击新冠肺炎疫情，使得以互联网为基础的新一代信息技术在相对贫困治理中日益发挥着重要作用。但作为一个新兴的研究热点，互联网如何赋能相对贫困治理研究尚有待进一步深化。本章采用多元回归分析方法，结合上章内容，构建互联网赋能、开放式创新治贫（内部协同治贫、社会协同治贫及帮扶服务创新）、政府治贫绩效概念模型，并运用281份问卷调查数据验证模型，以探寻互联网赋能对相对贫困治理的作用机理。

第一节 理论分析与研究假设

一 互联网赋能与政府治贫绩效

"赋能"目前虽是热点词汇，但尚未有明确的定义。一般认为赋能源于心理学的授权赋能，即授予企业员工额外的权利，以提高其能力和潜力的行为（Eylon，1998）。授权赋能可划分为基于组织视角的组织赋能和基于个体视角的心理赋能（Spreitzer，2007）。随着信息技术的发展，赋能内涵已不局限于授权赋能，"互联网赋能""数字化赋能""大数据赋能"等词汇应运而生，越来越多的研究把新一代信息技术作为赋能实现的工具和方式，考量赋能对象的能力在赋能前后的变化。本书所指的互联网是指

[①] 此部分内容根据笔者发表于《公共行政评论》2022年第3期论文《互联网赋能如何影响政府相对贫困治理绩效？——开放式创新的中介作用》修改而成。第二作者和第三作者分别为赣南师范大学马克思主义学院博士生钟伟、江西师范大学商学院副教授滕玉华。

由移动互联网、大数据、云计算、物联网、区块链、人工智能等共同构成的新一代信息技术体系，它不仅是技术、平台，也是一种思维、理念，具有连接、跨界、重构、共生四大技术经济特征；其中连接是基础，跨界是方式，重构是核心，关键在于融合共生（胡税根等，2017）。因此本书界定互联网赋能是指新一代信息技术以其连接、跨界、重构和共生的技术经济优势，使赋能对象（组织和个体）获得新能量或能力的提升，以创新地解决过去难以解决的问题。

在政府治理中，互联网正从施政工具走向治理赋能。数字信息技术的应用有能力打破部门边界和提升绩效（Ford，2006），"互联网+政务提速工程"是破解政府公共服务"效率困境"的根本出路（李军鹏，2018）。基于大数据的智慧政府治理能实现政府与社会间信息供需平衡，推动政府运行模式由封闭转向开放，强化了社会对政府的普遍化监督，促进了政府运行过程的优化，从深层次提升了政府效能（沈费伟，2020；刘远亮，2020）。智能化的互联网+政务服务，使得服务需求匹配性大大增强，极大地增加了行政效能（王谦等，2020）。

相对贫困治理是政府治理的重要内容。政府治理是指政府行政系统作为治理主体，对社会公共事务的治理（王浦劬，2014），借鉴学者王浦劬的政府治理研究，本书界定政府相对贫困治理是指政府行政系统作为治理主体，组织相对贫困治理。其通常有三方面的内涵：一是政府优化内部管理、组织结构，改进政府运行方式和流程，提升相对贫困治理能力；二是政府作为市场经济中的"有形之手"，转变政府职能，宏观调控相对贫困治理中的经济和市场活动；三是政府作为治贫主体，在党委领导、政府负责、社会协同、公众参与和法治保障的基本格局下，开展相对贫困治理。

在相对贫困治理中，政府的履职行为及其取得的成绩和效果即为政府治贫绩效（本书简称政府治贫绩效）。基于交易成本理论，互联网等技术的应用可以减少政府治贫中信息搜寻、合作洽谈、结果反馈等交易成本，提高政府的决策可行性、举措精准性和运作效率。已有研究也表明，信息技术的应用明显提升了减贫效果（汪向东等，2014），促进了帮扶的精准性（李晓园、钟伟，2019），可以有效打破部门数据壁垒，精准识别贫困人口，提高政府公信力，提升扶贫济困政策效果（李琴、岳经纶，2021），推动了政府、市场、社会协同扶贫（许竹青，2019）。数据云系统、行政调配系统、资源整合系统及组织分化系统有效运行的实现可以化解由数据失真等造成的贫困治理难题（陈冠宇、张劲松，2018；章昌平、林涛，2017）。基于上述分析，本书认为，互联网赋能作用力越大，政府治贫绩效越好。故提出假设1：

H1：互联网赋能对政府治贫绩效有正向的促进作用。

二 互联网赋能与开放式创新治贫

传统自上而下的贫困治理模式，会因数据失真、信息黑箱、信息不对称、被动救助等因素，造成贫困治理成效不佳（季飞、杨康，2017）。以政府为主导，自上而下动员各种力量参与的扶贫治理机制，体现了中国特色社会主义的制度优势，是绝对贫困治理取得显著成效的制度保证。但突出问题是协调成本高且协调难度较大（邢成举、李小云，2019），系统内部由于存在着从中央到省、地、市、县和乡镇五级政府漫长的行政链条，导致我国各级政府间存在大量纵向政府间信息传递模糊和低效的行为（刘丽莉、刘志鹏，2021）。未来贫困治理需要确定合适的相对贫困标准，实施针对低收入群体差异化的扶持政策，同时《中共中央 国务院关于实现巩固拓展脱贫攻坚成果同乡村振兴有效衔接的意见》强调，要"坚持和完善东西部协作和对口支援、社会力量参与帮扶机制""更加注重发挥市场作用，强化以企业合作为载体的帮扶协作"。这些问题和对策都对政府相对贫困治理提出了促进政府组织内部协同、吸引更多组织和个人参与帮扶以及服务创新的要求。

Chesbrough首次提出开放式创新概念，开放式创新强调组织或机构边界的打破或淡化，实现无边界渗透，寻找和整合内外部创新资源，并通过多种渠道开发市场机会，价值共创共享（Chesbrough，2003；West & Gallagher，2006）；是系统地从消费者和使用者那里收集和整合信息来产生创新、修正或规范服务的过程（易锐、夏清华，2015）；通过创新联盟、合作或购买等途径，实现创新，包含创新搜寻、创新集成、创新商业化以及企业与合作者互动四阶段的线性过程（West & Bogers，2014）。概括起来，开放式创新主要包括内部协同、跨界融合、价值共创以及服务创新四个方面。已有研究表明，信息技术的应用对开放式创新活动具有积极影响（Dong & Netten，2017；张龙鹏、汤志伟，2018）。

随着开放式创新理论的发展，人们不再仅将它视为一种基于技术的创新，更将其视为一种哲学或认知模式（West & Gallagher, 2006），它整合了创新网络、合作创新等创新管理理论（高良谋、马文甲，2014）。相对贫困治理不同于企业治理，但其复杂性也要求政府实行开放式创新，加强政府内部协同、实现政府与参与治理的合作者跨界融合与价值共创，促进政府对帮扶对象的服务创新。首先，从政府内部来看，互联网技术促进政府组织管理智能化，提升政府内部治贫能力。如有助于政府部门形成开放式的创新理念，克服地理距离上的鸿沟，推动部门间的远程合作、治贫数据共享和协同办公（Morton, 1991），健全防止返贫的动态监测和帮扶机制，精准识别帮扶对象，优化配置帮扶资源，实现"帕累托最优"效应；全面监督资源输送程序和多元评价治理绩效（谢治菊、范飞，2021）。其次，从政府与其他社会组织合作来看，一方面，互联网赋能政府降低了在市场上对企业等协同治贫合作者的搜寻、协商、签约等市场交易成本（曹宝明等，2021），推动放管服改革，减少了受制于政府制度性安排的制度性交易成本，促进多元主体协同治贫；另一方面，互联网赋能双方可以充分进行双方现状、合作条件、可实现的价值诉求和合作意愿的即时对话（李哲等，2021），有利于减少资源错配（黄群慧等，2019），不仅能提升相对贫困治理效果，企业也在帮扶工作中不断发展，以价值共创保障协同治理的可持续性。最后，从政府与帮扶对象来看，互联网技术赋能政府不断服务创新，提高帮扶对象的满意度，提升帮扶对象的内在素质。互联网技术使政府更精准地了解帮扶对象的现状与需求。大数据技术精准量化的特点，可以为不同群体提供针对性及个性化的服务。现代信息技术打破了时空界限，突破了话语瓶颈，消除了监督盲区，保障了帮扶对象的知情权、参与权和监督权，提高了个人交互能力（沈费伟，2020）。基于此，本书提出假设2：

H2：互联网赋能对开放式创新治贫有显著的正向影响。

H2a：互联网赋能对内部协同治贫有显著的正向影响。

H2b：互联网赋能对社会协同治贫有显著的正向影响。

H2c：互联网赋能对帮扶服务创新有显著的正向影响。

三 开放式创新治贫与政府治贫绩效

开放式创新有利于促进治理主体之间的互动与合作，打破部门边界，通过协同效能促进政府治贫绩效的提升。第一，在我国，绩效治理至少需要党政系统协同、社会主体协同和政府"条块"关系协同（包国宪、张弘，2020）。政府内部包括党政系统和条块政府的协同，将有助于信息资源共享，科学决策，帮扶人员、帮扶资金等资源的优化配置，降低内部管理成本，从而提高相对贫困治理绩效。第二，互联网赋能打破组织边界，实行开放式运作，创新协同机制和模式，使得更多社会组织、私营企业和个人成为相对贫困治理的参与主体，获得更多的治贫资源，强化政府治贫能力。此外，价值共创增进了参与主体之间的信任感（Holweg & Pil, 2008），政府和企业等组织通过资源互补共同开展扶贫活动，能够提升解决贫困问题的能力及效率。第三，服务创新能够改善服务传递系统（Stahlecker，2004），政府通过新的管理技术改进服务流程，基于帮扶主体现状与需求，不断创新服务方式，提供更精准、更优质的帮扶产品与服务，持续提高帮扶主体的素质与能力，增强其满意度和幸福感。因此，本书提出假设3：

H3：开放式创新治贫对政府治贫绩效有显著的正向影响。

H3a：内部协同治贫对政府治贫绩效有显著的正向影响。

H3b：社会协同治贫对政府治贫绩效有显著的正向影响。

H3c：帮扶服务创新对政府治贫绩效有显著的正向影响。

四　开放式创新治贫的中介作用

在新的发展阶段，促进政府组织内部治贫能力成长、与社会组织合作汲取更多的资源、为帮扶对象提供精准服务的开放式创新是提升相对贫困治理绩效的关键所在。但促进开放式创新治贫，需要互联网赋能为其提升技术与理念的支持。基于技术赋能论（彭向刚，2021），政府推进开放式创新需要运用先进的互联网技术，实行智能化管理与服务，从技术上改进治理方式、治理手段和治理机制，提升政府的信息汲取、数据治理、数字规制、回应服务和濡化能力等（孟天广、张小劲，2018）。如果缺乏互联网赋能，开放式创新在理念与信息资源获取方面都将面临较大的困难，因此政府可以通过互联网赋能来获取开放式创新的技术条件，提升政府治贫能力，从而提升治贫绩效。已有研究验证了互联网通过开放式创新影响企业创新绩效的作用机理（王金杰等，2018），开放式创新能力是IT管理能力影响组织绩效的中介变量（赵付春、冯臻，2015）。这一结论也正好印证了实践中"扶贫云"助力贵州省精准脱贫现象。2015年，贵州"扶贫云"系统建成使用，促进了政府内部协同治贫、社会协同治贫与分类施策、精准帮扶。针对部门数据不通不共享、精准识别难等"痛点"，扶贫云以精准扶贫大数据支撑平台，打通公安、卫计等17个部门和单位的相关数据，为精准扶贫提供了大数据参考；推动市场以贵州省贫困人口建档立卡数据为基础，关联其他扶贫相关行业部门数据，分类帮扶尤其是产业帮扶。而2021年10月成立的贵州省创新赋能大数据投资基金，聚焦战略性、引领性企业和项目，变无偿补助为股权投资，变传统行政手段为创新经济工具，则体现了多元主体价值共创共享。因此，基于上述理论和实践推演，本书认为，政府开放式创新治贫过程中，呈现：1. 互联网赋能→政府内部部门协调、资源优化配置等（内部协同治贫）→政府治贫绩效提升；2. 互联网赋能→政府跨界寻找和整合资源、与其他主体价值共创（社会协同治贫）→政府治贫绩效提升；3. 互联网赋能→以帮扶对象为中心的服务创新（帮扶服务创新）→政府治贫绩效提升的三条价值传递和路径演化机制。综上所述，本书提出研究假设4：

H4：开放式创新治贫在互联网赋能和政府治贫绩效间起中介作用。

H4a：内部协同治贫在互联网赋能和政府治贫绩效间起中介作用。

H4b：社会协同治贫在互联网赋能和政府治贫绩效间起中介作用。

H4c：帮扶服务创新在互联网赋能和政府治贫绩效间起中介作用。

基于以上假设和论述，构建互联网赋能影响政府治贫绩效的路径模型，如图8-1所示。

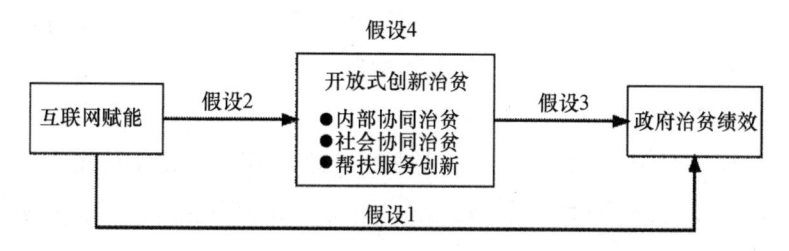

图8-1 互联网赋能、开放式创新治贫与政府治贫绩效关系的概念模型

第二节　机理模型检验的研究设计

一　量表设计

本书所使用的量表均来源于国内外学者的测量量表，并根据相关理论以及已有研究编制本研究的测量题项，通过专家评估后进行改良，以确保其内容效度，再经过试测和修订。本研究量表主要是对概念模型的6个潜变量进行测量，采用Likert 5级量表进行度量，其中，"1"表示完全不同意，"5"表示完全同意。具体测量题项如表8-1所示。

1. 互联网赋能

本书借鉴谢卫红等和Ritter等采用的量表来测量互联网赋能（Ritter et al., 2002；谢卫红等，2014），共设计6个题项，示例题项如"当地的信息技术基础设施能较好地满足工作需求"等。

2. 开放式创新治贫

根据前述将开放式创新治贫划分为三个维度：（1）内部协同治贫。参考王晓玉等提出的量表测量内部协同治贫，共设计6个题项，代表题项如"地方政府能清楚了解各部门扶贫的相关情况"等。（2）社会协同治贫。社会协同治贫从跨界融合和价值共创两方面进行测量。跨界融合借鉴Ancona等的团队跨界行为量表作为测量量表，共设计3个题项，举例题项是"地方政府经常关注社会上关于扶贫的新技术、新创意，并尽可能加以实施"等；价值共创结合Grissemann等提出的价值共创量表来测量，共设计3个题项，条目如"企业等社会组织在政府主导下参与扶贫，双方合作很愉快"等。（3）帮扶服务创新。参照Avlonitis等、李纲等的量表来测量服务创新，共设计5个题项，代表题项有"本部门鼓励职工为改善扶贫工作绩效提出新点子、新方法"等。

3. 政府治贫绩效

本书参考马佳铮等提出的量表来测量政府治贫绩效（马佳铮、包国宪，2010），共设计5个题项，如"干部对扶贫工作具有高度的责任感"等。

控制变量方面，本书在前人研究的基础上，拟选取性别、年龄和最终学历3个控制变量。

表 8-1   测量题项

潜变量	测量题项	参考文献
互联网赋能 (FN)	当地的信息技术基础设施能较好地满足工作需求（$FN-1$）；地方政府内部管理信息化程度高（$FN-2$）；地方政府经常通过互联网为贫困户提供培训服务（$FN-3$）；地方政府通过互联网（如信息发布平台）与社会组织、私人企业、贫困户直接进行信息共享（$FN-4$）；扶贫信息系统平台在扶贫工作中发挥了很大的作用（$FN-5$）	谢卫红等（2014）；Ritter（2002）等
内部协同治贫（NXT）	地方政府及其相关部门通过各种形式宣讲扶贫的重要性与政策（$NXT-1$）；地方政府及其相关部门经常关注干部群众对扶贫工作的态度和行为（$NXT-2$）；地方政府内部扶贫工作能协商一致（$NXT-3$）；地方政府内部具有扶贫协调制度（$NXT-4$）；地方政府内部经常通过沟通纠正工作偏差（$NXT-5$）；地方政府内部具有顺畅的工作流程（$NXT-6$）	王晓玉等（2018）
社会协同治贫（SXT）	地方政府经常关注社会上关于扶贫的新技术、新创意，并尽可能加以实施（$SXT-1$）；地方政府引进了较多的扶贫项目（$SXT-2$）；地方政府经常应邀参加国内外扶贫交流活动（$SXT-3$）；企业等社会组织在政府主导下参与扶贫，双方合作很愉快（$SXT-4$）；地方政府与社会组织、企业开展的扶贫合作活动，符合双方预期（$SXT-5$）；贫困户在政府指导下进行脱贫活动，成效符合双方预期（$SXT-6$）	Ancona & Caldwell（1992）Grissemann & Stokburger-Saue（2012）
帮扶服务创新（CX）	本部门鼓励职工为改善扶贫工作绩效提出新点子、新方法（$CX-1$）；本部门经常深入调研贫困户和贫困村的需求情况，并有针对性地提出有创意的解决办法（$CX-2$）；本部门经常向社会征求扶贫工作的新点子（$CX-3$）；本部门及时主动反馈贫困户和贫困村提出的问题和需求（$CX-4$）；地方政府会将扶贫信访问题处理情况及时向上访人进行反馈（$CX-5$）	Avlonitis（2001）；李纲等（2017）

续表

潜变量	测量题项	参考文献
政府治贫绩效（JX）	干部对扶贫工作具有高度的责任感（JX-1）；扶贫资金使用效率高（JX-2）；扶贫经费成本支出控制合理（JX-3）；地方政府在规定的时间内完成了扶贫任务目标（JX-4）；本地脱贫人口返贫的可能性很小（JX-5）	马佳铮、包国宪（2010）

资料来源：笔者自制。

二 样本与数据收集

本书使用的样本数据来源于2020年9月至2021年10月在江西省赣州市与吉安市、河南省信阳市、贵州省铜仁市与安顺市、四川省阿坝州等地所做的问卷调查。选择以上地区作为调查区域的主要原因有以下两点：一是上述地区均为国家级、省级脱贫县数量较多的地区，契合本研究需要；二是课题组积累的社会关系资源集中在这些地区，有利于收集样本数据。受访者主要是县及乡镇公务人员和脱贫村的农村居民，同时还向帮扶企业发放了部分问卷。本书采用分层随机抽样技术选取样本，共发出490份问卷，回收376份问卷，最终获得有效问卷共计281份，有效率为74.73%。样本构成情况如表8-2所示。其中，在调查的样本公务员中，男性占比为66.5%，女性占比为33.5%；在学历层次上，本科及以上学历占比为63%，这与我国公务员的人事制度特征基本相符。

表8-2　　　　　　　　　　样本基本信息

类别	特征	样本数	比例（%）
性别	男	187	66.5
	女	94	33.5
最终学历	大专及以下	104	37.0
	本科	86	30.6
	硕士研究生	70	24.9
	博士研究生	21	7.5

续表

类别	特征	样本数	比例（%）
职级	办事员	106	37.7
	科员	135	48.0
	副科	28	10.0
	正科	12	4.3
	副县	187	66.5
	正县	94	33.5
	其他	104	37.0
任职年限	1 年以下	86	30.6
	1—5 年	70	24.9
	5 年以上	21	7.5

资料来源：笔者自制。

第三节 机理模型实证分析

一 信效度检验与共同方法偏差检验

首先对量表的信度和效度进行检验，量表信度主要采用克伦巴赫系数衡量。从各潜变量来看，克伦巴赫系数最低 0.898，最高 0.935，均大于 0.8，表明量表的内部一致性良好，具有较好的信度。就效度而言，本书分别考察了量表的聚合效度与区分效度。（1）聚合效度：本书模型所有测量题项的标准化因子载荷都在 0.5 以上，平均抽取方差（AVE）均大于 0.666，表明各潜变量的聚合效度较好。（2）区分效度：本书通过比较各变量的 AVE 值平方根与相关系数绝对值来检验区分效度，结果得出变量之间的相关系数除社会协同治贫与帮扶服务创新的相关系数为 0.871 之外，其他变量之间的相关系数绝对值均小于对应变量的 AVE 值平方根，各潜变量的区分效度总体达到分析的需要。

借鉴 Pod-sakoff 等的做法（Podsakoff et al.，2003），采用单因子验证性因子分析法检验是否存在共同方法偏差问题，结果显示：CMIN/DF（卡方自由度比）= 12.281，RMSEA = 0.201，大于判断标准值 0.1，GFI = 0.405，IFI = 0.618，TLI = 0.585，CFI = 0.617，各项拟合指标均不

理想，说明本书所使用的数据不存在严重的共同方法偏差问题。

二 相关性分析

运用 Stata15.1 对本书中涉及的各潜变量相关系数进行统计分析，相关性分析的结果显示：互联网赋能与政府治贫绩效、内部协同治贫、社会协同治贫、帮扶服务创新显著正相关。政府治贫绩效与内部协同治贫、社会协同治贫、帮扶服务创新也呈现较强的正相关关系。上述结果与预期相符，本书的研究假设得到初步验证。但以上结果只考虑了单变量的影响，并未控制其他变量。因此，接下来进行多元回归分析以得到稳健的实证结果。

三 假设检验

运用 Stata15.1 软件，采用依次回归分析和中介效应检验方法来检验研究假设。其中，方差膨胀因子检验结果显示，各变量的最大方差膨胀因子 VIF 值均在 1.04—4.84，远低于 10，表明变量间不存在严重的多重共线性问题。

内部协同治贫对互联网赋能与政府治贫绩效的中介效应检验结果如表 8-3 所示。表 8-3 模型 2 的回归结果显示，互联网赋能（$\beta = 0.733$，$p < 0.01$）对政府治贫绩效有显著的正向影响，假设 1 得到验证，表明互联网赋能政府相对贫困治理可以显著提升政府治贫绩效。这主要是因为互联网技术的运用推动政务改革，促进了信息和资源的自由流动，使得政府治贫绩效得到提升。进一步分析内部协同的中介作用，即互联网赋能是否通过内部协同间接影响政府治贫绩效。表 8-3 模型 1 的回归结果显示，互联网赋能（$\beta = 0.607$，$p < 0.01$）对内部协同具有正向影响，并且互联网赋能（$\beta = 0.648$，$p < 0.05$）在表 8-3 模型 3 中加入内部协同治贫后，对政府治贫绩效的回归系数有所下降，这意味着内部协同在互联网赋能与政府治贫绩效间起到部分中介作用，假设 4a 成立。这可能是由于政府内部协作能力越强，各部门越容易参与协作，互联网赋能通过在政府部门之间组建治理网络，实现各部门间在扶贫工作上的资源信息共享及优势互补，在增强政府各职能部门间协作能力的同时也为各部门参与协作带来了便利，从而使政府扶贫工作效率提升。

表 8-3　互联网赋能、内部协同治贫与政府治贫绩效回归分析结果

变量	内部协同治贫	政府治贫绩效	
	模型 1	模型 2	模型 3
性别	0.185（1.64）	-0.096（-0.89）	-0.122（-1.13）
年龄	0.107（1.93）	0.009（0.16）	-0.006（-0.12）
最终学历	0.065（0.99）	-0.018（-0.28）	-0.027（-0.43）
互联网赋能	0.607（14.74）***	0.733（18.55）***	0.648（12.38）***
内部协同治贫			0.140（2.45）**
F	58.87	91.15	75.43
R2	0.465	0.569	0.578

注：*、**、*** 分别表示在 0.1、0.05、0.01 的水平下显著，N=281。

社会协同治贫对互联网赋能与政府治贫绩效的中介效应检验结果如表 8-4 所示。根据表 8-4 中模型 1 和模型 2 的实证结果，互联网赋能（β=0.793，p<0.01）对社会协同治贫具有显著的正向影响，社会协同治贫（β=0.028，p<0.05）对政府治贫绩效具有积极影响。但据表中模型 3 所示，当社会协同治贫放入模型，互联网赋能（β=0.597，p<0.01）对政府治贫绩效的回归系数有所降低。因此，社会协同治贫在互联网赋能与政府治贫绩效间发挥部分中介作用，假设 4b 得到支持。这表明政府在与社会组织、企业等共同创造价值的过程中能够提升治贫绩效。可能的解释是，政府与社会组织等主体可以通过互联网明晰对方的合作需求及可能带来的经济利益、社会价值，形成治贫合作者联盟，最终实现治贫绩效的增进。

表 8-4　互联网赋能、社会协同治贫与政府治贫绩效回归分析结果

变量	社会协同治贫	政府治贫绩效	
	模型 1	模型 2	模型 3
性别	0.079（0.93）	-0.096（-0.89）	-0.110（-1.02）
年龄	0.016（0.39）	0.009（0.16）	0.006（0.11）
最终学历	-0.059（-1.18）	-0.018（-0.28）	-0.008（-0.12）
互联网赋能	0.793（25.20）***	0.733（18.55）***	0.597（8.33）***

续表

变量	社会协同治贫	政府治贫绩效	
	模型1	模型2	模型3
社会协同治贫			0.028（0.46）**
F	166.03	91.15	75.05
R^2	0.706	0.569	0.577

注：*、**、*** 分别表示在 0.1、0.05、0.01 的水平下显著，N=281。

帮扶服务创新对互联网赋能与政府治贫绩效的中介效应检验结果如表 8-5 所示。根据表中模型 1 和模型 2 的实证结果，互联网赋能（β=0.902，p<0.01）对帮扶服务创新具有显著的正向影响，帮扶服务创新（β=0.597，p<0.01）对政府治贫绩效具有积极影响。但据表 8-5 模型 3 所示，当价值共创进入模型，互联网赋能（β=0.212，p<0.01）对政府治贫绩效的影响有所下降。这表明价值共创在互联网赋能与政府治贫绩效间发挥部分中介作用，假设 4c 得到支持，说明政府在与社会组织、企业等共同创造价值的过程中能够提升治贫绩效。可能的解释是，政府与社会组织等主体可以通过互联网明晰对方的合作需求及可能带来的经济利益、社会价值，形成治贫合作者联盟，最终实现扶贫绩效的增进。

表 8-5　互联网赋能、帮扶服务创新与政府治贫绩效回归分析结果

变量	帮扶服务创新	政府治贫绩效	
	模型1	模型2	模型3
性别	0.106（1.37）	-0.096（-0.89）	-0.158（-1.60）
年龄	-0.031（-0.82）	0.009（0.16）	0.027（0.55）
最终学历	0.030（0.67）	-0.018（-0.28）	-0.036（-0.62）
互联网赋能	0.902（31.65）***	0.733（18.55）***	0.212（2.72）***
帮扶服务创新			0.579（7.62）***
F	259.21	91.15	99.59
R^2	0.790	0.569	0.644

注：*、**、*** 分别表示在 0.1、0.05、0.01 的水平下显著，N=281。

为了更为准确地判断上述中介作用，本书采用 Sobel 检验方法进一步

分析，分析结果显示，内部协同治贫（p<0.01）、社会协同治贫（p<0.01）和帮扶服务创新（p<0.01）均通过了一定水平的 Sobel 检验。因此，Sobel 检验的结果进一步证实了假设 4a、假设 4b 和假设 4c。这说明互联网赋能影响政府治贫绩效的过程中，内部协同治贫、社会协同治贫和帮扶服务创新发挥着重要作用。

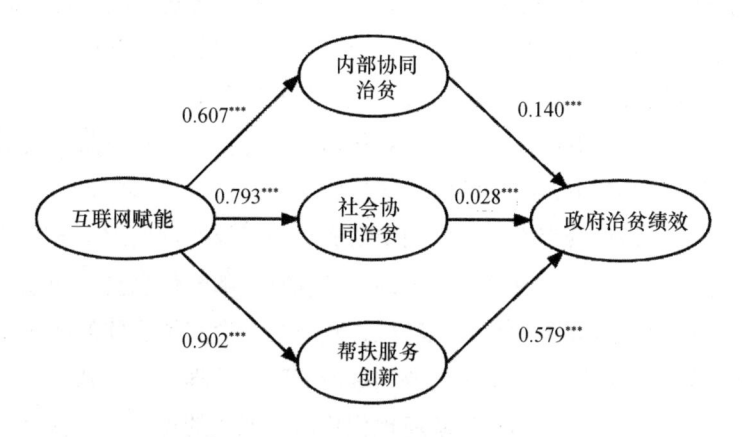

图 8-2 模型检验结果及路径系数

注：*、**、*** 分别表示在 0.1、0.05、0.01 的水平下显著。

鉴于以上检验结果，笔者绘制了互联网赋能对政府治贫绩效的作用路径图（见图 8-2），以进一步探讨互联网赋能与政府治贫绩效间的直接效应、间接效应和总效应。研究显示，对政府治贫绩效影响最大的是互联网赋能（0.733），其次是帮扶服务创新（0.579），然后是内部协同治贫（0.140），社会协同治贫（0.028）影响最小；互联网赋能对政府治贫绩效的直接效应（0.733）大于互联网赋能通过内部协同治贫、社会协同治贫和帮扶服务创新来影响政府治贫绩效的间接效应（0.629）（0.607×0.140+0.793×0.028+0.902×0.579）。

第四节 研究结果讨论

上述实证分析发现，互联网赋能不仅对政府治贫绩效有显著的直接影响，而且以内部协同治贫、社会协同治贫和帮扶服务创新为中介间接影响政府治贫绩效；互联网赋能对内部协同治贫、社会协同治贫和帮扶服务创新有显著的直接影响，其中以帮扶服务创新影响最大，载荷系数为0.902，社会协同治贫次之；内部协同治贫、社会协同治贫和帮扶服务创新，对于互联网赋能和政府治贫绩效的关系具有部分中介效应。

本书理论贡献主要体现在三个方面：一是从技术主导逻辑视角揭示了互联网技术在贫困治理中的作用机制，是对制度主导逻辑治贫理论的延展和补充。本书从技术主导角度出发，构建了互联网赋能、开放式创新治贫与政府治贫绩效关系理论模型，且验证了互联网赋能对政府治贫绩效的直接影响效应和间接效应，表明在相对贫困治理与乡村振兴战略、数字乡村战略相融合的背景下，技术赋能治贫将成为巩固脱贫攻坚成果的关键治理路径之一。二是将管理学领域中的交易成本与开放式创新理论繁殖到治贫领域，拓展了中国特色反贫困理论的研究视野。随着信息技术的发展，以及政府部门放管服改革和数字化转型，政府与社会其他主体的联系变得日益频繁、紧密，此时，将基于商业领域研究产生的理论繁殖到公共管理领域当中，可以进一步开阔提升政府现代化治理能力的思路。本书提出由内部协同治贫、社会协同治贫和帮扶服务创新构成的开放式创新治贫，能够显著影响互联网赋能与政府治贫绩效间的关系，且验证了这一作用机制，表明将管理学领域理论繁殖到贫困治理领域，对丰富和拓展治贫理论具有十分重要的意义。三是阐释并验证了互联网促进相对贫困治理的"三化"路径，即政府内部管理服务智能化、政府与其他组织之间协同供给多元化、政府与帮扶对象供需匹配精准化三条路径，为相对贫困治理实践提供理论指导和学理性解释。

本书研究结论对实践也有重要启示：一是大力推进互联网赋能政府组织内部动态能力成长，促进相对贫困治理管理服务智能化。充分发挥互联网连接、重构、共生等技术功能，进一步推动治贫方式改革，打破制度壁垒，推进各部门信息数据的开放与共享，避免数据孤岛现象，实现相对贫困人口各项信息的无缝对接。加强放管服改革，促进政府组织机构变革与流程再造，使分工更明确、合作更顺畅、工作效率更高、群众满意度更高。二是着力推进互联网赋能帮扶主体价值共创共享，促进帮扶服务和产品协同供给主体多元化。发挥互联网技术连接、跨界、重构、共生功能，通过互联网进行政府、企业、社会组织及个体资源的跨界融合，进一步优化治贫资源配置,建立完善社会组织与公民参与帮扶的激励机制,构建新的利益联结机制,创新社会参与治贫模式。在促进政府治贫资源、治贫能力的动态更新和成长的同时,实现各方帮扶利益主体价值共创共享,使帮扶持续化,长效化。三是大力推进互联网赋能政府相对贫困治理服务创新,促进帮扶主体与帮扶对象间供需匹配精准化。强化以人民为中心的帮扶价值取向,充分发挥互联网信息技术在相对贫困人口需求满足、诉求沟通与反馈、监督权利保障等方面的作用,实现治贫资源的精准匹配,提升帮扶的及时性、精准性和有效性。

第九章

数字普惠金融促进农村创业的作用机制[①]

创业是推动经济社会发展、改善民生的重要途径。农村创业有利于盘活当地资源，调动和激发农民的积极性和创造力，促进产业兴旺，为乡村振兴提供内源性动力支撑；有利于拓宽农民增收渠道，缩小城乡收入差距，巩固拓展脱贫攻坚成果。

农村创业离不开资金的支持。农户因自身财富不足、缺乏抵押、征信数据不全等原因，往往不受金融机构的"青睐"，面临严厉的信贷约束（何广文和刘甜，2019），进而抑制其创业热情。2015年我国提出发展普惠金融并出台《推进普惠金融发展规划（2016—2020年）》，把小微企业、农民和贫困人群等特殊群体作为当前我国普惠金融重点服务对象。但传统普惠金融仍存在商业目标与减贫不可兼得的内生性困境导致可持续性差并造成目标偏差（星焱，2015）。信息技术为普惠金融提供了数字化发展的新思路，依托数字技术拓展了金融服务的覆盖广度和深度，降低了服务成本（郭峰等，2020），有助于打通"金融最后一公里"。数字普惠金融是否有效缓解了农户创业过程中面临的"融资难""融资贵"等问题，又以何种方式促进农村创业？不同地区的数字普惠金融对农村创业的影响是否存在差异？何种类型的创业活动更受益于数字普惠金融的发展？这些问题对于我国发展数字普惠金融、激发农村创业及实现乡村振兴意义重大，但现有关于数字普惠金融与农村创业的研究多以个别案例为主，且缺乏相应的机制研究。鉴于此，本书基于2011—2018年的省级面板数据，

[①] 本章根据笔者发表在《经济管理》2021年第12期论文《数字普惠金融如何促进农村创业？》修改而成，第二作者为笔者所指导的博士研究生刘雨濛。

实证分析数字普惠金融发展与农村创业活跃度的关系，并挖掘数字普惠金融影响农村创业活跃度的传导机制，据此提出相关建议。

本书的贡献在于：第一，相比现有文献多以微观调查数据为研究对象探讨农户创业行为，本书选取农村创业活跃度这一指标刻画各省农村创业情况，从宏观层面更准确地剖析数字普惠金融与农村创业之间的关系；第二，通过实证检验，探寻了数字普惠金融对农村创业活跃度的传导机制，有助于丰富数字普惠金融创业效应的研究内容；第三，本书的分析及结论为未来我国金融政策的制定、农村创业的推动以及乡村振兴战略的实现提供有益参考。

第一节 文献回顾

一 数字普惠金融相关研究

长期以来，普惠金融被认为是解决金融排斥，服务弱势群体，构建包容性金融体系最重要的一环（李明贤、叶慧敏，2012；何德旭、苗文龙，2015）。但不少学者发现，普惠金融存在"资金来源"和"资金运用"的双重悖论导致难以兼顾可持续性和普惠性（陆磊，2014；星焱，2015）。2016年，杭州G20峰会通过《数字普惠金融高级原则》，倡导运用科技推动普惠金融发展，表明数字化成为未来金融的发展趋势。数字普惠金融作为科技与金融深度融合的新业态，具备三个明显特征：一是以数字技术为支撑。运用大数据、云计算、移动互联网等技术，打破时间空间限制，扩大服务范围、降低交易成本和促进信息共享（任晓怡，2020；贺刚等，2020）。二是面向所有群体。通过增加线上服务场景、降低服务门槛、缓解信息不对称问题，数字普惠金融将服务范围最大化，特别是包括了未被传统金融覆盖的低收入人群、弱势群体和中小微企业。三是以金融为服务内容。服务的本质仍然是资金融通，为客户提供储蓄、贷款、支付、结算、理财、保险等金融产品（贝多广，2017；贺刚，2020）。

目前学术界对数字普惠金融的研究主要集中在水平测度、影响因素和发展效应三方面。数字普惠金融作为一个多维概念，其测度十分复杂。国内最具代表性的研究是北京大学数字金融研究中心基于蚂蚁集团海量客户数据编制的包括省、市、县三个维度的"北京大学数字普惠金融指数"

(郭峰等，2020）。基于这一指数，葛和平、朱卉雯（2018）建立了突出数字支持金融服务程度的测量体系，并发现我国数字普惠金融发展呈现空间集聚特征，且东部发展水平远高于中西部。对于影响因素方面，除经济发展水平、地理位置等常规因素外，互联网的使用情况与数字普惠金融的数字化程度与覆盖广度密切相关，具有显著的正向关系（葛和平、朱卉雯，2018；吴金旺等，2018）；蒋庆正等（2019）指出收入水平反映了个体的投资和消费情况，间接影响居民的风险承受能力和对金融产品的选择，而城镇化水平反映了地区经济发展程度和基础设施建设情况，二者均对数字普惠金融发展水平产生影响。对于发展效应方面，数字普惠金融和城乡收入差距的关系是该领域的研究热点。宋晓玲（2017）认为，数字技术有效缓解了传统金融的排斥性，提高了金融服务的可获得性，使其更加普惠，进而缩小城乡收入差距；张贺、白钦先（2018）总结了数字普惠金融对城乡收入差距收敛的三条机制，分别是通过降低服务门槛和拓宽服务边界实现服务包容性、通过优化资源配置实现减贫效应及通过衍生功能提升人力资本，进而发挥增长效应。经实证检验发现，数字普惠金融对收敛城乡收入差距存在门槛效应，且对西部地区作用更显著。

二 农村创业相关研究

农村创业是创业的子研究领域之一，长期以来被默认为是发生在农村地区的创业活动。Wortman（1990）将其定义为"在农村环境下建立一个生产新产品、创造新服务或开拓新市场的新组织"；Korsgaard等（2015）认为农村创业的内涵是利用农村当地的资源，嵌入当地环境的创业活动。已有研究表明，农村创业能整合现有资源、增加就业岗位（朱红根、康兰媛，2013）、改善收入和缓解贫困（袁方、史清华，2019），促进经济发展。其中，学者们对于农村创业的收入分配效应持有不同意见。部分学者认为创业能"做大蛋糕"，拓宽增收渠道，缩小收入差距（张龙耀、张海宁，2013；冯海红，2016）。然而一些学者发现创业将拉大农村内部的收入差距，譬如沈栩航等（2020）基于中国家庭收入调查数据发现，创业活动对农户间工资收入与转移性收入差距具有扩大作用。关于农村创业水平的评价，除利用微观问卷数据考察农户创业行为和创业精神外，学者们多选择创业活跃度反映区域创业活动积极程度（Cullen等，2014；叶文平等，2018）。现有文献主要以人口统计和企业统计两类视角测算创业活跃度（彭学兵、张钢，2007），前者常用的指标有每万人拥有的企业数（赵涛等，2018；杜运周等，2018）、私营企业和个体就业人数占总就业人数比重（古家军、谢凤华，2012）和私营企业和个体就业人数占总人数比重（李守伟，2021）等；后者常用的指标有私营企业净增长率（郁培丽等，2012）和新创企业数占比等。考虑到我国农村现实情况和数据的可得性，人口统计视角指标多被用以刻画农村创业情况。

影响农村创业的因素较多，一般从个体、家庭和外部因素三个方面进行探讨。个体因素方面，年龄、性别、教育背景、个人能力、先前经验等（彭艳玲等，2013；尹志超等，2015；匡远凤，2018；梁成艾、陈俭，2018）均对农村创业产生影响。譬如彭艳玲等（2013）通过对陕西省三县区的调查发现，性别和年龄对农户的创业需求有负向抑制作用，而教育水平和认知能力能激发创业需求。家庭因素方面，家庭资源的积累是影响创业决策的重要驱动力。张龙耀、张海宁（2013）指出，财富水平越高的家庭，面临的资金约束越少，选择创业的概率越大，这在农村创业活动中表现得尤为显著；郭东红、丁高洁（2013）及郭云南等（2013）均认为创业者及家庭所处的社会关系网络能变现创业所需要的资源譬如资金、市场和信息，进而对农村创业绩效产生积极影响；杨蝉等（2017）基于"千村调查"的微观数据，发现农村精英家庭比人力残缺家庭能获得更多的资源，趋于选择机会型创业。外部因素方面，农村家庭在创业过程中将面临更严格的资金约束（张龙耀、张海宁，2013），因此金融资源的获取是学者聚焦的重点。彭克强、刘锡良（2016）基于微观调查数据揭示了非农创业意愿增加与正规信贷可获得性感知减弱的矛盾关系；刘新智等（2017）发现金融对农户创业的支持效果存在区域差异，在欠发达地区，正规金融存在机制失灵的情况，并未有效促进农村创业。此外，文化环境、国家政策以及基础设施也被认为是影响农村创业的关键因素。譬如万君宝等（2019）认为，农村亲朋好友的高度信任氛围将对农村政治精英创业产生带动和激励效果；王剑程等（2019）发现宽带建设显著促进了农户零售批发行业的创业。

三　数字普惠金融与农村创业关系研究

数字普惠金融作为数字技术与金融深度融合的产物，能解决普惠金融难以兼顾双重目标的内生痛点，缓解创业所面临的融资约束（张勋等，2019），这一点已经被学术界普遍认同。谢绚丽等（2017）发现数字普惠金融对新增注册企业数量增长具有积极提升作用，并且这一现象在城镇化率低的地区更明显；黄漫宇、曾凡惠（2021）发现数字普惠金融发展水平不仅能直接提升地区创业活跃度，同时能通过空间溢出效应促进相邻地区创业。对于农村创业而言，学者们多考察数字普惠金融对农户个体创业行为的影响。何婧、李庆海（2019）通过调查问卷刻画农户的创业行为，发现数字普惠金融能提升农户的创业热情，并且对非农创业和生存型创业影响较大；张勋等（2019）基于家庭调查追踪数据，发现数字普惠金融有助于提升农村低收入家庭的创业概率，实现城乡创业机会均等化。

梳理现有文献发现，关于数字普惠金融与农村创业主题的文献相对丰富，但关注二者间关系的文献不多，且存在以下不足：一是样本量不全。现有研究普遍以个别年份、个别省份的农户微观调查数据作为研究样本，鉴于数字普惠金融的发展具有时间上的持续性和空间上的差异性，仅运用单年份的时间序列数据揭示我国数字普惠金融发展对农村创业活动的影响尚不够全面和深入。二是关于数字普惠金融影响农村创业的传导机制研究不多。全面掌握数字普惠金融如何影响农村创业对促进农村创业及制定相关政策意义重大，但现有文献涉及这部分内容的不多且尚无统一结论，这也为后续研究提供了空间。

第二节　理论分析和研究假设

创业活动是整合各类资源创造价值的过程，势必离不开资金的支持。农村地区金融机构稀少、农户信用等级低、收入不稳定，致使农村创业活动普遍面临严重的资金约束（张龙耀、张海宁，2013；温涛等，2016），而数字普惠金融发展可以从以下三方面有效破解这一问题：第一，数字普惠金融依托信息技术，打破了时间、空间的限制，下沉经营重心，提高了金融服务的覆盖面和可触达性（贺刚等，2020）。农户不再受限于时间和地理位置，线上即可享受转账、支付、借贷、投资等的金融服务，降低了服务门槛和交易成本，为其创业活动提供了便利性；第二，数字普惠金融优化完善了传统金融收集和处理信息的方式（黄漫宇、曾凡惠，2021），通过物联网、大数据等技术收集税费、工商、补贴等信息，充分掌握农户的资信状况和还款能力，建立农村信用体系，有效缓解信贷过程中的信息不对称问题，提升金融机构的风险防控能力；第三，数字普惠金融催生出了许多创新型金融产品和服务，譬如优商贷、农作物质押、供应链金融等，能在不同场景下更多元地满足农村创业过程中的资金需求。由此提出假设1。

H_1：数字普惠金融发展能显著促进农村创业。

除资金约束外，农村创业活动还受到其他因素的影响。已有研究表明，受教育程度直接决定个体的认知能力，同时也对其学习能力和金融素养产生作用（Agarwal 等，2015）。完善的知识储备和高水平的金融素养能帮助个体更好地理解数字普惠金融并运用其发展过程中催生出的复杂金融工具和金融产品，有效进行资源配置，做出更合理的创业决策，从而促进创业活动（尹志超等，2015；张欢欢、熊学萍，2018）。

产业结构作为影响地区经济增长和波动的重要因素（干春晖等，2011），与创业活动之间也存在着一定联系。一方面，产业结构变化往往伴随着新部门新行业的诞生，催生更多的就业岗位（郑筱婷、李美棠，2017），带来创业机会；另一方面，旧部门和旧行业的退出释放了大量生产要素，为创业活动提供更多资源（郑筱婷、李美棠，2017）。长远来看，产业结构的调整对消费习惯和消费结构亦有导向作用，进而影响个体的创业决策。现有研究表明，数字普惠金融通过资本积累、技术创新、消费升级等传导路径优化产业结构（唐文进等，2019；杜金珉等，2020），进而对创业活动产生影响。

基础设施建设反映了区域内可利用的公共供给品质量和可获得度，是评价地区创业环境和创业吸引力的重要指标（刘新民等，2019）。张青、张瑶（2017）认为，提高公共产品供给水平对地区创业活力有促进作用；贾鹏等（2021）基于中国劳动力微观数据发现，医疗、卫生、交通等生活型基础设施显著提高农民工返乡创业概率。就现实情况而言，通达的通信拓宽了农村居民的信息和知识获取渠道，扩大了其社交关系网络，有助于农村居民捕捉创业机会（马光荣、杨恩艳，2011；王剑程等，2019）。发达的交通打通了农村物流的"最后一公里"，为农村电商发展和货物运输创造了有利条件。数字普惠金融作为普惠金融结合互联网技术发展到高阶段的产物，能够聚焦排斥于传统金融框架之外的"长尾客户"（梁榜、张建华，2019），通过创新金融产品和融资模式引导民间资本流入农村基础设施建设，从而激发地区创业活力。

基于上述分析，提出以下假设：

H₂：数字普惠金融可能通过区域人力资本水平、地区产业结构和基础设施建设水平作用于农村创业活动。

目前我国数字普惠金融仍处于初级发展阶段，发展水平呈现显著的区域差异，主要体现为发展程度由东部沿海向中部、西部和东北部依次降低。① 这是因为数字普惠金融作为金融的高阶业态，它的发展仍与当地的地理区位、经济发展水平和城镇化进程等因素密切相关（Guo 等，2016），故而我国区域间的数字普惠金融发展水平并不均衡，对农村创业的作用也不尽相同。此外，不同创业主体对数字普惠金融的认知程度和使用能力亦存在差异，这在实践层面直接影响其创业动机和融资决策（尹志超等，2015；曹瓅、罗剑朝，2019）。基于此，推出假设 3：

H₃：数字普惠金融发展对农村创业的影响存在区域异质性和创业类型异质性。

第三节　数据与实证模型

一　模型设定

为探究数字普惠金融对农村创业的影响，基于前述构建的假设，设定基础模型如下：

$$ENT_{it} = a_1 + \beta_1 X_{it} + \lambda_1 Control_{it} + D_i + \varepsilon_{it} \tag{1}$$

---

① 根据北京大学数字金融研究中心于 2021 年 4 月 21 日对外发布的《北京大学数字普惠金融指数 2011—2020》报告，上海、北京和浙江的数字普惠金融指数处于第一梯队，江苏、福建、广东等其他东部省份和湖北、安徽等中部省份处于第二梯度，宁夏、内蒙古、新疆等西部省份处于第三梯队。

其中，ENT 为农村创业活跃度，i 代表省份，t 代表年份，X 代表各地区数字普惠金融发展水平，包括数字普惠金融指数 Index 及细分变量：覆盖广度 Coverage、使用深度 Usage 和数字化水平 Digital。Control 表示控制变量集，参考谢绚丽等（2018）、黄漫宇和曾凡惠（2021）等现有文献，选择经济发展水平（人均 GDP）、城镇化率（Urban）、人力资本水平（Educ）、人均涉农贷款余额（Loan）、产业结构（Is）、基础设施建设（Road）作为控制变量。a 代表常数项，ε 代表误差项，D 表示不可观测的个体效应。

为考察数字普惠金融发展对农村创业活跃度的作用传导机制，基于张林和温涛（2020）的做法，选择在式（1）基础上分别引入人力资本水平（Educ）、产业结构（Is）和基础设施建设（Road）这三个变量与解释变量 X 的交乘项，模型设计如下：

$$ENT_{it} = a_2 + \beta_2 X_{it} + ?_3 Z_{it} + \gamma_1 X_{it} * Z_{it} + \lambda_2 Control_{it} + D_i + \varepsilon_{it} \quad (2)$$

为避免多重共线性带来的估计效果有偏（温忠麟等，2005），在进行交乘前对相关变量去中心化处理。

二 变量定义

1. 被解释变量：各省农村创业活跃度 ENT。创业活跃度反映了地区创业活动的积极程度（Cullen 等，2014；叶文平等，2018），普遍被用于评价区域创业水平。本书参考现有文献（古家军、谢凤华，2012；温涛、王佐藤，2021）做法，同时考虑到数据的可获得性，选择农村私营企业就业人数与个体就业人数之和与乡村人口总数的占比衡量区域农村创业活跃度，该比值越大，创业活跃度越高。

2. 解释变量：数字普惠金融指数 Index 和各维度细分指数 Coverage、Usage 和 Digital。本书采用"北京大学数字普惠金融指数"（第二期）衡量各省份的数字普惠金融发展水平（郭峰，2019）。该指数是北京数字金融研究中心基于蚂蚁集团海量的微观客户数据编制而成，包括覆盖广度、使用深度和数字化程度 3 个一级指标，33 个二级指标。该指数是目前最普遍被运用于综合衡量我国各区域数字普惠金融发展水平的指标。

3. 控制变量：为提高研究可靠性，本书选取了一系列变量，用于控制数字普惠金融对农村创业活动的影响。1）经济发展水平 PerGDP：选择人均国民生产总值代表各省份的经济发展情况；2）城镇化率 Urban：选择各地区城镇人口占总人口的比率反映城镇化水平；3）人力资本水平 Educ：参考朱承亮等（2011）选择农村地区人均受教育年限衡量当地的人力资本发展水平，计算方法为人均受教育年限 = 小学文化人口占比 × 6 + 初中文化人口占比 × 9 + 高中文化人口占比 × 12 + 大专及以上学历人口占比 × 16；4）人均涉农贷款余额 Loan：人均涉农贷款余额反映了正规金融对农民的支持程度，采用涉农贷款余额与乡村人口的比值作为代理变量；5）产业结构 Is：选择第二产业和第三产业增加值之和与 GDP 的比值衡量；6）基础设施建设 Road：本书参考张林和温涛（2020）做法，选取各地区公路里程与国土面积的比值代表公路密度，反映基础设施建设情况。

三　数据说明

基于数据的可获得性，本书选择 2011—2018 年除内蒙古、贵州、西藏、香港、澳门和台湾之外的我国 28 个省（直辖市、自治区）作为研究样本。相关数据来源于《中国统计年鉴》、各省统计年鉴及统计公报、《中国农村统计年鉴》、《人口与就业统计年鉴》和 EPS 统计数据平台。

为保证研究的可靠性，本书对数据进行了如下处理：一是为避免指标数值过大导致的较大异方差，参照唐文进等（2019），喻平、豆俊霞（2020）的做法，将数字普惠金融指数及其各细分维度指数除以 100；二是将涉及金额的变量均以 2010 年为基期进行平减；三是对人均国内生产总值和人均涉农贷款余额取对数处理。所有变量的描述性统计结果如表 9-1 所示，可以发现农村创业活跃度与数字普惠金融指数的最大值和最小值差值较大，表明存在较为明显的区域不均衡。

表 9-1　　　　　　　　变量的描述性统计

变量	符号	样本量	均值	标准误	最小值	最大值
农村创业活跃度	Ent	224	0.228	0.361	0.018	2.423
数字普惠金融指数	Index	224	1.895	0.851	0.183	3.777
覆盖广度	Coverage	224	1.692	0.827	0.02	3.539

续表

变量	符号	样本量	均值	标准误	最小值	最大值
使用深度	usage	224	1.861	0.853	0.068	4.004
数字化水平	Digital	224	2.626	1.162	0.076	4.403
人力资本水平	Educ	224	7.751	0.587	5.744	9.801
城镇化率	Urban	224	0.576	0.123	0.368	0.896
涉农贷款余额	Loan	224	0.953	0.537	-0.035	2.421
产业结构	Is	224	0.885	0.06	0.72	0.994
经济发展水平	PerGDP	224	4.074	0.373	3.133	4.718
基础设施建设	Road	224	0.954	0.498	0.089	2.115

资料来源：笔者整理。

第四节 数字普惠金融与农村创业的实证研究

一 基准回归结果

根据豪斯曼检验结果，基准模型选择固定效应模型。模型1的回归结果如表9-2所示，可以发现，数字普惠金融指数及其细分指数系数均显著为正，且通过了至少10%的显著性水平检验，尤其数字普惠金融指数在1%水平的置信区间内显著，表明数字普惠金融发展对农村创业活跃度具有积极影响。数字金融覆盖广度对农村创业活跃度的推动作用最大，每增长1个单位，农村创业活跃度将增长约0.613个单位，意味着当更多的农村居民参与金融市场、享受金融服务，在一定程度上营造了更优质的创业环境。支付、理财、信贷、保险等金融服务拓宽了农村居民的融资渠道，同时分散了创业风险，其使用深度每提升1个单位，农村创业活跃度同步增加0.14个单位。从控制变量来看，城镇化率系数在5%的置信区间内显著为负，说明区域城镇化并未促进农村创业，可能是因为城镇化的持续推进产生了大量缺少必要农业生产资源的失地农民，而非农创业的门槛总体高于涉农创业，在一定程度上抑制了失地农民的创业活跃度（叶秋妤、孔荣，2021）。此外，人均涉农贷款余额系数为负，则体现出正规金融未能有效缓解农村创业面临的金融约束，对农村创业的支持力度不足，这一结果与郝朝艳等（2012年）和彭艳玲等（2013）得到的结论一致。

表 9-2　　数字普惠金融对农村创业活跃度的效应检验

变量	被解释变量：农村创业活跃度			
数字普惠金融指数	0.542 *** (0.163)			
覆盖广度		0.613 ** (0.298)		
使用深度			0.140 * (0.069)	
数字化水平				0.131 ** (0.057)
人力资本水平	-0.041 (0.028)	-0.056 ** (0.027)	-0.043 (0.027)	-0.043 * (0.022)
城镇化率	-2.553 ** (1.173)	-3.638 ** (1.317)	-2.600 ** (1.222)	-2.723 ** (1.243)
涉农贷款余额	-0.289 * (0.015)	-0.308 * (0.151)	-0.290 * (0.162)	-0.261 * (0.152)
产业结构	0.466 (0.816)	1.083 (0.646)	0.473 (0.884)	0.374 (0.975)
经济发展水平	0.106 (0.657)	0.113 (0.596)	0.555 (0.761)	0.493 (0.693)
基础设施建设	0.130 * (0.074)	0.143 (0.091)	0.137 (0.085)	0.155 * (0.083)
常数项	0.841 (2.391)	0.966 (2.226)	-0.795 (2.754)	-0.418 (2.535)
时间控制	是	是	是	是
R-Square	0.625	0.607	0.593	0.611
样本量	224	224	224	224

注：括号内为稳健标准误，***、** 和 * 分别代表在1%、5%和10%的水平上显著。
资料来源：笔者整理。

二　稳健性检验

为保证基准回归结果的可靠性，本书采取以下方式进行稳健性检验：

（1）工具变量法。考虑到数字普惠金融发展和农村创业活跃度之间可能存在反向因果关系，即农村创业活跃度高的地区数字普惠金融发展更好，导致模型估计存在偏误产生内生性问题。为弱化这一情况，本书参考 Bartik（2009）及易行健、周利（2018）的做法，构建数字普惠金融指数的滞后项和一阶差分项的乘积作为工具变量对模型（1）进行估计。检验结果表明，Anderson LM-statistic 为 73.392，Cragg-Donald Wald F 值为 112.54 大于 10，工具变量不存在识别不足及弱工具变量的情况。全国的数字普惠金融指数不会明显影响某一省份的农村创业活动，因此全国普惠金融指数的变化对于具体省份的农村创业活跃度是相对外生的，基本符合工具变量的要求。

（2）剔除特殊样本。考虑到直辖市作为我国重要的省级行政区，在经济实力和影响力方面具有举足轻重的作用，因此剔除上海、北京、天津和重庆四个直辖市的数据，对样本重新进行估计。

（3）样本子区间估计。参考庄旭东、王仁曾（2021）的做法，剔除2011—2012 年的样本，仅对 2013—2018 年的样本进行模型估计，因为2013 年支付宝的兴起普遍被认为是中国数字金融发展的开端（黄益平、黄卓，2018）。

表 9–3　　　　　　　　　稳健性检验结果

变量	被解释变量：农村创业活跃度		
	工具变量法	删除直辖市	2013—2018 年样本
数字普惠金融指数	0.266**	0.287*	0.38**
	(0.129)	(0.153)	(0.171)
覆盖广度	1.612	0.168	0.458
	(1.063)	(0.242)	(0.297)
使用深度	0.177**	0.088	0.051
	(0.083)	(0.057)	(0.094)
数字化水平	0.093**	0.07*	0.124*
	(0.047)	(0.037)	(0.061)
控制变量	是	是	是
时间控制	是	是	是
样本量	196	192	168

注：括号内为稳健标准误，***、**和*分别代表在 1%、5%和 10%的水平上显著。
资料来源：笔者整理。

稳健性检验的结果如表 9-3 所示，发现数字普惠金融指数系数在三类方法中均显著为正，说明数字普惠金融发展对农村创业活跃度具有积极推动作用。从细分指数来看，数字化水平越高，意味着金融交易的成本越低、信用化程度越高和便利性越强（郭峰等，2020），能降低金融服务的获取门槛、提高资金融通效率，进而显著提升农村创业活跃度。因此前述结论可靠，假设 1 得到支持。

三 传导机制分析

为探析数字普惠金融如何影响农村创业活动，本书通过模型 2，分别引入数字普惠金融与人力资本水平、产业结构和基础设施建设的交乘项进行分析。人力资本水平的传导机制检验结果如表 9-4 所示，可发现数字普惠金融及其细分指数系数均显著为正，而数字金融使用深度和数字化水平系数与人力资本的交乘项通过了 5% 水平的显著性检验，表明农村居民受教育程度越高，获取资源和机会的能力越强（Meccheri & Pelloni，2006），越能充分地使用信贷、理财、支付及保险等金融服务缓解创业过程中面临的融资约束。此外，更高教育水平的农村居民对数字普惠金融的认知程度更深，更能享受到低交易成本、高信用化等便利性，从而更易激发其创业热情。而数字金融覆盖面与人力资本水平的交乘项虽为正但不显著可能是因为在现实中，农村居民人力资本水平较高的地区普遍为经济发达地区，金融业务覆盖面本身较广，并且可选择的融资方式也比较多元，因此数字金融覆盖面的持续扩大对农村创业活跃度的边际效果较弱。

表 9-4　　　　　　　人力资本水平的传导效应检验

变量	被解释变量：农村创业活跃度		
数字普惠金融指数	0.522*** (0.172)		
覆盖广度		0.590* (0.311)	
使用深度			0.132* (0.072)

续表

变量	被解释变量：农村创业活跃度			
数字化水平				0.134** (0.057)
人力资本水平	-0.041 (0.027)	-0.056** (0.025)	-0.046* (0.026)	-0.038 (0.023)
交乘项	0.018 (0.012)	0.019 (0.015)	0.024** (0.01)	0.017** (0.007)
常数项	1.538 (2.352)	1.564 (2.176)	-0.748 (2.734)	-0.296 (2.453)
控制变量	是	是	是	是
时间控制	是	是	是	是
R-Square	0.63	0.611	0.601	0.619
样本量	224	224	224	224

注：括号内为稳健标准误，***、**和*分别代表在1%、5%和10%的水平上显著。
资料来源：笔者整理。

数字普惠金融通过产业结构作用于农村创业活跃度的检验结果如表9-5所示。不难发现，除数字金融使用深度外，数字普惠金融指数、数字金融覆盖广度及数字化程度系数均显著为正。数字普惠金融指数及各维度细分指数与产业结构的交乘项大多在至少5%水平的置信区间内显著。这一结果表明在第二、三产业增加值占国民经济的比重越大的地区，数字普惠金融对农村创业活跃度的推动效果越强。现有研究认为，二、三产业增加值占比代表地区产业结构的优化程度（雷清、杨存典，2012；李毓等，2020），优化程度越高，越容易带来新的创业机会，同时引导劳动力由农业向非农产业转移，为创业提供了劳动力基础。在产业结构更合理的地区推广数字普惠金融，让更多的人享受便利实惠的金融服务和金融产品，不断提升金融服务小微企业的水平（冯永琦、蔡嘉慧，2020），更能有效激励农村创业。

表 9-5　　产业结构的传导效应检验

变量	被解释变量：农村创业活跃度			
数字普惠金融指数	0.5*** (0.172)			
覆盖广度		0.656** (0.291)		
使用深度			0.097 (0.073)	
数字化水平				0.129** (0.057)
产业结构	0.384 (0.716)	0.979* (0.496)	0.422 (0.74)	0.281 (0.846)
交乘项	0.265* (0.136)	0.405*** (0.139)	0.299** (0.145)	0.198** (0.087)
常数项	1.624 (2.558)	2.605 (2.361)	-0.716 (2.96)	-0.182 (2.712)
控制变量	是	是	是	是
时间控制	是	是	是	是
R-Square	0.634	0.626	0.603	0.622
样本量	224	224	224	224

注：括号内为稳健标准误，***、**和*分别代表在1%、5%和10%的水平上显著。
资料来源：笔者整理。

基础设施水平的传导效应检验结果如表9-6所示。结果显示数字普惠金融指数及其细分维度与基础设施建设水平的交乘项均在至少10%的置信区间内显著为正，说明在基础设施建设更好的地区，数字普惠金融对农村创业活跃度的促进效果更显著。就变量本身的经济意义而言，一般基础设施更完善的地区，区域间的开放程度更高，生产要素和各类信息资源流动性更强，交易成本和运输成本相对更低，有利于引进外部资源、提高生产效率，提升创业信心（朱红根等，2015）。在这些地区大力发展数字普惠金融，能更精准地服务有创业意愿的农村居民，满足他们的资金需求，为创业活动提供便利性。

表9-6 基础设施建设的传导效应检验

变量	被解释变量：农村创业活跃度			
数字普惠金融指数	0.399** (0.153)			
覆盖广度		0.581* (0.305)		
使用深度			0.044 (0.052)	
数字化水平				0.115** (0.052)
基础设施建设	0.054 (0.062)	0.036 (0.07)	0.047 (0.057)	0.071 (0.064)
交乘项	0.047* (0.025)	0.065** (0.029)	0.063** (0.026)	0.035** (0.013)
常数项	1.731 (2.307)	2.772 (2.187)	-0.158 (2.729)	0.289 (2.458)
控制变量	是	是	是	是
时间控制	是	是	是	是
R-Square	0.643	0.643	0.624	0.634
样本量	224	224	224	224

注：括号内为稳健标准误，***、**和*分别代表在1%、5%和10%的水平上显著。
资料来源：笔者整理。

综上而言，提升地区人力资本水平、优化产业结构和加强基础设施建设有助于激发数字普惠金融支持农村创业活动，因此假设2成立。

四 异质性检验

虽然发展数字普惠金融能显著提升农村创业活跃度的假说已得到验证，但鉴于我国的数字普惠金融发展水平呈现明显区域不均衡态势，故其对创业活动的影响不能一概而论。本书按地理区位大致将样本分为东、中、西①三个地区，探讨了不同地区的数字普惠金融水平对农村创业活跃度的影响，结果如表9-7所示。可发现，就东部而言，数字普惠金融发展对农村创业活跃度具有显著促进作用，每提高1个单位，农村创业活跃度将提升0.967个单位，这一推动效果是比较可观的。就细分维度而言，数字化程度对农村创业活跃度的提升存在正向影响，表明更强的金融服务便利性及更低的金融交易成本有利于农村创业。而数字金融覆盖广度和使用深度对农村创业的影响并不显著可能是因为东部地区金融发展水平更高，农村居民的融资方式也相对多元，数字金融的普惠性没有得到充分体现。在中西部地区数字普惠金融发展水平对农村创业活跃度的提升效果并不明显，但中部样本的数字金融使用深度和西部样本的数字金融覆盖广度通过了10%水平的显著性检验。可能的解释是西部地区金融发展水平较落后，基础设施建设欠完善，金融服务的获取渠道有限，因此扩大数字普惠金融的覆盖广度，将更多的农村居民纳入金融服务范围，有利于激发创业活动；而中部地区的发展介于东部和西部之间，数字普惠金融存在一定的发展基础，改善数字普惠金融的使用深度，提供更多元的金融产品和服务满足农村创业的资金需求，分散创业风险，对创业活跃度的提升具有积极影响。这一结果也充分体现了数字普惠金融对农村创业活跃度的影响存在区域异质性。

表9-7　不同地区的数字普惠金融发展水平对农村创业活跃度影响

变量	被解释变量：农村创业活跃度		
	东部地区	中部地区	西部地区
数字普惠金融指数	0.967** (0.389)	0.274 (0.25)	0.038 (0.069)
覆盖广度	0.757 (0.481)	0.129 (0.29)	0.586* (0.276)

---

① 东部为北京、天津、河北、辽宁、山东、上海、江苏、浙江、福建、广东和海南；中部为吉林、黑龙江、山西、河南、湖北、湖南、江西和安徽；西部为广西、重庆、四川、云南、陕西、甘肃、青海、宁夏和新疆。

续表

变量	被解释变量：农村创业活跃度		
	东部地区	中部地区	西部地区
使用深度	0.112 (0.138)	0.266* (0.124)	-0.07 (0.075)
数字化水平	0.377** (0.128)	0.04 (0.068)	0.015 (0.015)
控制变量	是	是	是
时间控制	是	是	是
样本量	88	64	72

注：括号内为稳健标准误，***、**和*分别代表在1%、5%和10%的水平上显著。

资料来源：笔者整理。

为检验数字普惠金融对农村创业活跃度的影响是否与创业主体类型相关，本书将被解释变量替换为个体就业人数与乡村总人口的比值和农村私营企业就业人数与乡村总人口的比值，分别反映农村个体创业情况和农村私营企业创业情况。数字普惠金融发展对不同创业主体的影响情况如表9-8所示，可发现数字普惠金融发展水平及其细分指数对于农村个体创业活动无明显作用，但对于农村私营企业创业的支持效果十分显著。数字普惠金融指数每提升1个单位，农村私营创业活跃度将提高0.5个单位。数字金融的使用深度对私营企业创业活跃度也有积极的促进作用。这可能是因为相对于个体工商户，农村私营企业对于注册资本和经营门槛的要求更高，面临的资金约束也更严格，因此深度参与数字金融市场，从而享受到更便捷丰富、信用化程度更高的金融服务，对激发农村私营企业创业的边际效果更强。

从上述检验结果来看，数字普惠金融发展水平对于东部农村创业活跃度的提升以及农村私营企业创业活跃度均有显著积极作用，但对于中西部地区创业和农村个体创业的影响并不明显，可见地区和创业主体差异的确会影响数字普惠金融发展水平对农村创业活跃度的作用效应，支持假设3。

表 9-8　数字普惠金融发展水平对不同创业类型活跃度影响

变量	被解释变量：农村个体创业活跃度	被解释变量：农村私营创业活跃度
数字普惠金融指数	0.042 (0.065)	0.5*** (0.16)
覆盖广度	0.082 (0.136)	0.53* (0.26)
使用深度	-0.003 (0.02)	0.171** (0.064)
数字化水平	0.03 (0.018)	0.1* (0.054)
控制变量	是	是
时间控制	是	是
样本量	224	224

注：括号内为稳健标准误，***、** 和 * 分别代表在1%、5%和10%的水平上显著。
资料来源：笔者整理。

第五节　研究结论与讨论

一　研究结论

本书立足于2011—2018年28个省级面板数据，运用固定效应模型，多维度探讨了数字普惠金融对农村创业活跃度的影响及其传导机制，得出以下结论：

第一，数字普惠金融的发展能显著提升农村创业活跃度。就细分指数而言，加大数字化支持力度，让交易更加便捷、成本更低及信用化程度更高，能有效提高农村创业活跃度。

第二，人力资本水平、地区产业结构和基础设施建设水平是数字普惠金融作用于农村创业活跃度的有效传导机制。在农村居民受教育程度更高、二、三产业发展更优和基础设施建设更好的地区，数字普惠金融对农村创业活跃度的促进作用更明显。

第三，通过分样本检验，东部地区农村创业活动相比中西部地区更受益于数字普惠金融的发展，而改善中部地区的数字普惠金融使用深度和扩大西部地区的数字普惠金融覆盖广度对当地的农村创业活跃度有促进作用；从创业主体角度来看，数字普惠金融能更有效地缓解私营企业创业所面临的金融约束，因此对私营企业创业的支持效果比对个体创业更显著。

二 政策建议

基于实证结果，本书提出以下建议：

第一，大力发展数字普惠金融。数字普惠金融能有效提升农村创业活跃度，但也存在区域异质性影响。因此，在优化顶层设计，制定长远规划，为数字普惠金融发展提供良好生态土壤的同时，各地须因地制宜，突出重点。东部地区应侧重提升数字金融服务质量，中部地区应鼓励金融产品创新，持续改善数字金融使用深度指标，西部地区应着力于拓宽数字金融的覆盖范围，让更多的农村居民享受数字金融服务。此外，数字普惠金融的健康发展离不开有效的监管机制。监管机构要完善相关法律法规，尤其是信息披露和隐私保护方面。可通过引入"监管沙盒"机制（胡滨，2016）创新监管工具，厘清监管边界，寻找创新和风险的有效平衡点。

第二，持续优化地区产业结构。首先依托现有基础做好产业规划，关注地区资源禀赋，完善财税政策，探索发展区域特色产业；其次充分发挥科技创新在产业结构升级中的支撑作用，大力发展高新技术产业、先进制造业和生产性服务业，促进新旧动能转换，推动绿色转型；最后坚持对外开放，提高引资质量，吸纳民间资本，加快产业集聚，构建现代化产业发展体系。

第三，完善地区基础设施建设。一方面，加大农村地区信息基础设施投入，持续推进"宽带乡村"建设，做好光纤、无线信号和基站扩容工作，实现农村4G、5G信号和有线电视网络覆盖；普及电脑、智能手机等移动终端，拓宽农村居民的信息获取渠道，为农村及偏远地区普惠金融发展填补"数字鸿沟"。另一方面，加强农村地区医疗、卫生、交通、水电等基础设施建设，整治农村人居环境，推进城乡公共服务均等化，打造创业园区和孵化平台，营造良好的农村创业环境。

第四，全面提升农村地区人力资本水平。一方面，要提高农村居民的教育水平。坚决落实"两不愁 三保障"，重视农村义务教育，改善农村办学条件，加大农村教育投入；大力发展农村职业教育，开展技能培训和创业指导，培养新型农民，为农村创业储备人才。另一方面，要着重培养农村居民的金融素养。建立金融培训长效机制，通过知识讲座、技能培训、主题宣传等方式，向农村居民普及理财、投资、信贷等金融知识，提升其金融风险抵御能力和对数字金融服务的认知能力及使用能力。

三　研究局限性

本书也存在一些不足，一是变量选取的局限。目前的被解释变量仅能体现农村创业行为，无法反映农村创业的绩效。关于数字普惠金融能否提升农村创业绩效，促进农村创业成功等问题尚需要进一步考察。二是传导机制的研究基于现有创业主题文献的梳理与拓展，数字普惠金融是否能通过其他方面影响农村创业亦值得细化讨论。

第十章

互联网赋能安远县相对贫困治理的案例研究

本章以安远县为例，分析互联网技术对其相对贫困治理的影响，以进一步验证互联网赋能相对贫困治理的路径模型，并探究提高互联网技术缓解相对贫困效率的路径。

第一节 案例选取与数据收集

一 案例选取缘由

本章选取江西省赣州市安远县互联网赋能相对贫困治理情况进行案例研究主要是根据代表性、典型性和可行性原则。

一是赣州市安远县因县域电商扶贫新模式"安远模式"在脱贫攻坚战中表现突出，并形成运用互联网参与贫困治理的实践经验。

二是该县为全国数字乡村建设示范县，在数字乡村建设中取得一定成就，手机成了"新农具"，数据成了"新农资"，直播成了"新农活"，但是在发展中也存在一些问题。

三是单案例研究中，为更好地了解案例的背景，保障研究深度，研究者需通过深度访谈、实地调研收集大量案例资料，笔者自2016年以来一直关注研究该县贫困治理情况，每年坚持在该县进行一定时间的调研，熟悉情况，并获得其经济社会发展变化相关资料。

二 数据收集

对案例数据的收集遵循多源原则，采用多种渠道收集资料，以此保障数据的全面性和完整性。案例的数据主要来源于调研座谈和访谈录音、直接观察等与所研究问题相关的原始资料，以及当地政府部门提供的文件、总结等资料，乡村振兴局官网资料，政策文件和图书档案、期刊论文、统计年鉴等二手资料。

为确保资料的真实性、可验证性和完整性，安远县数据收集过程主要包括以下几项举措：

第一，在2016年11月至2021年10月，先后五次前往安远县深度调研获取案例资料。结合研究问题深度访谈受访者，交流期间围绕研究问题不断修正访谈提纲，访谈记录在访谈结束后24小时内整理完毕，确保获取数据的准确、真实。

第二，收集案例资料的方式多元化。资料收集具体形式包括调研座谈会、会议旁听、与政府工作人员开展联合调研、一对一深度访谈、现场观察、网络新闻媒体6种方式。

第三，访谈对象多元化。受访对象包括政府部门人员、农业企业管理人员和员工、就业扶贫车间负责人和员工、种养殖户、进城务工人员、老弱病残人员等。

第二节　互联网赋能安远县相对贫困治理的历程

安远县整体地势高隆，属于典型的丘陵山区县，缺乏区位优势。2015年以前，安远县产业基础薄弱，早期的经济发展主要依托于农业，与赣南地区其他兄弟县相比，其发展劣势较为凸显，在贫困治理的过程中一直迫切想要解决农村农业分散、小规模种养方式单一和农副产品销售困难等重点和难点问题。近年来，安远县遵照实行"互联网＋"的国家战略，以此为根本遵循，积极发挥互联网在贫困治理中的赋能作用，大力推动以电子商务为代表的"互联网＋扶贫"，加速电子商务与精准扶贫深度融合。通过组建电子商务办公室降低贫困治理层级，优化组织架构，增强制度机制保障，不断出台相应的扶持政策和大量工作落实性文件，大力推动县域电商扶贫产业发展，加速提升农业农村现代化，有效实现种养方式规模化，很大程度上缓解了农副产品销售困难的突出问题。同时，安远县因势利导，依托电商产业，打造县域电商扶贫的全新模式，即"安远模式"，建立起较为完善的电商扶贫产品供应链体系,紧密连接贫困户,构建起产业脱贫利益联结机制,有效带动全县贫困户增收脱贫。2019 年,"安远模式"因在精准扶贫过程中贡献突出,被成功列入"江西省优秀网络扶贫创新案例"。通过实地调研和整理案例材料发现,互联网在安远县参与贫困治理的简要发展历程大致可以划分为以下三个阶段(见图 10-1)。

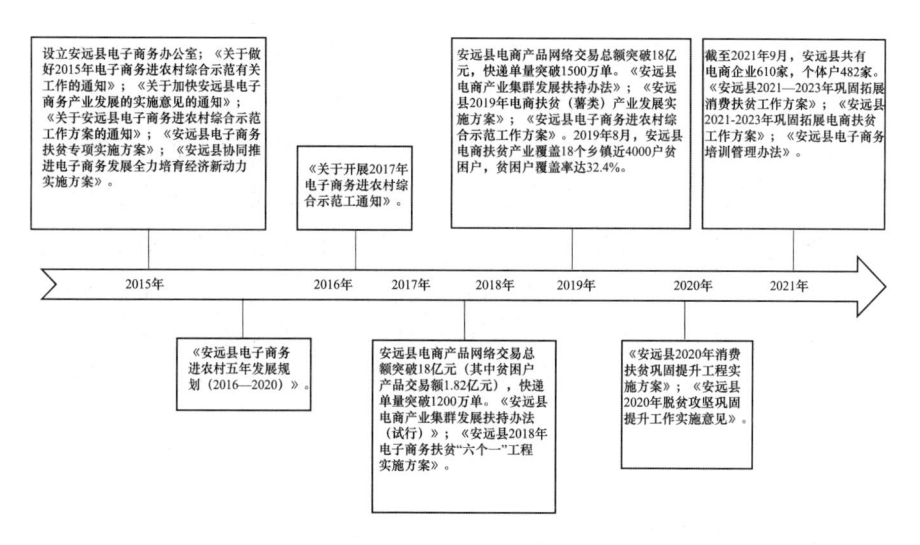

图 10-1 互联网赋能安远县相对贫困治理历程

资料来源:笔者整理。

一 探索阶段(2015—2017 年)

2015 年,安远县为加快推进电子商务与信息化工作发展,着力实施"互联网+"行动计划,促进互联网广泛深度应用于扶贫领域,推动大众创业万众创新。根据有关文件精神,安远县正式设立组建电子商务办公室(2021 年 6 月更名为安远县电子商务服务中心),由此,安远县正式开始了运用互联网参与贫困治理的初步探索阶段。同年,安远县政府多措并举,加速推进脱贫摘帽进程。人才培育方面,不断加快县电商学院建设发展,以此为依托整合各类资金多达 200 万元,开设各类电子商务培训班,培训人数达 4500 余人次。创业孵化方面,投资 300 万元设立了电子商务产业园,建成两个县、乡孵化基地,直接带动了近 1000 人创业、就业。电商扶持政策方面,大力招商引资,并出台一系列惠企政策,如税收奖补政策、快递价格洼地政策、金融扶持政策、人才引进扶持政策、办公仓储补贴政策、促进企业创新创造政策、支持电商企业入规政策、支持品牌创建政策等。迄今为止，原有各项优惠政策依旧不变，继续培育壮大电商产业。在大量人、财、物的投入下，安远县在2015年的前11个月内就实现了网销额3.2亿元，同比增长260%的斐然业绩，并于年底被评为"全国电子商务进农村综合示范县"。①

为积极响应中央"发挥互联网在脱贫攻坚中的作用"的讲话要求，2015年至2017年，安远县遵照国家相关政策文件精神先后出台诸多工作落实性文件，如《安远县电子商务进农村五年发展规划（2016—2020）》《关于开展2017年电子商务进农村综合示范工作的通知》等。由于电商产业的迅猛发展，2016年安远县电商企业突破80家，成功打造出"东江源""三百山"等当地特色品牌，电商扶贫能力进一步跃升，据此被评为"江西县域电商十大领军县"。② 截至2017年底，安远县电子商务产业园也已成为具有一定规模的集训化、产业化基地，电商产业开始迈入快速发展阶段。

二 发展阶段（2018—2019年）

2018年，安远县进入电商产业扶贫的快车道。依托电商产业集群，安远县积极推行订单农业模式，顺利实现全年包销贫困户农产品5779万斤，贫困户农产品销售货值达1.82亿元，全县快递单量突破1200万单，直接帮助3691家贫困户户均年增收超3000元。③④ 互联网下的订单农业不仅有效解决了农业种植单一、销售困难的问题，同时加速了电商、扶贫

---

① 江西日报社中国江西网：《江西县域电商十大领军县（市、区）推选活动》，2016年1月7日，https://jiangxi.jxnews.com.cn/system/2016/01/07/014600540.shtml，2022年6月18日。
② 江西日报社中国江西网：《江西县域电商十大领军县（市、区）推选活动》，2016年1月7日，https://jiangxi.jxnews.com.cn/system/2016/01/07/014600540.shtml，2022年6月18日。
③ 王健：《安远县积极构建五位一体电商扶贫模式引导电商企业帮助贫困户脱贫致富》，2019年8月27日，https://baijiahao.baidu.com/s?id=1643013392306742319&wfr=spider&for=pc，2022年6月18日。
④ 安远县发展和改革委员会：《安远县以"电商"带动消费扶贫实现脱贫摘帽》，2019年11月12日，https://www.ndrc.gov.cn/fggz/jyysr/dfjx/201911/t20191112_1202535_ext.html，2022年6月18日。

和农业产业三者间的有机融合，为全县脱贫攻坚提供了坚实的支撑保障。

截至2019年，安远县组建电商扶贫合作社55家，种植脐橙、红蜜薯、紫山药、百香果等"网红"农产品约1.6万亩，农产品快递单量突破1500万单。① 在互联网赋能贫困治理的快速发展状态下，安远县于2019年4月28日正式退出贫困县序列。其间，安远县的电子商务行业乘上快车道，互联网对贫困治理的赋能效应持续放大，在具体政策层面，安远县陆续出台《安远县2019年电商扶贫（薯类）产业发展实施方案》、《安远县电子商务进农村综合示范工作方案》等执行性政策文件，不断加大招商引资力度，各种奖补惠企政策层出不穷，致力于打造"中国农村版的开曼群岛"。在成功引进大量电商企业、电商服务平台入驻电商产业园区的基础上，安远县牢牢把握产业转型升级机遇，进一步扩大电商产业集群的虹吸效应和规模效应，以互联网为产业核心，以电商为重要抓手，打造出集国家级检测中心、电子商务中心、果品交易中心、农特产品集散中心、快递分拨中心、物流配送中心及其他配套设施于一体的现代大型服务业集聚区，成功形成电商产业链供应链闭环。2019年8月，安远县电商扶贫产业已覆盖18个乡镇近4000户贫困户，贫困户覆盖率达32.4%，在带动贫困户脱贫增收的过程中做出了巨大贡献。②

三 提升阶段（2020—2021年）

2020年，即脱贫摘帽之后，安远县积极响应国家号召，进一步巩固拓展脱贫攻坚成果，防止发生规模性返贫和新的致贫，根据现有脱贫基础陆续出台地方性政策，如《安远县2020年消费扶贫巩固提升工程实施方案》《安远县2020年脱贫攻坚巩固提升工作实施意见》《安远县2021—2023年巩固拓展消费扶贫工作方案》《安远县2021—2023年巩固拓展电商扶贫工作方案》《安远县电子商务培训管理办法》等。安远县积极落实政策，继续保障提升互联网的增收效应，并相继成立安远县东江电商产业

---

① 王剑：《江西安远县把种植点连成线 把贫困户"合"起来》，2019年9月4日，http://www.dxscg.com.cn/tuopin/201909/t20190904_6322009.shtml，2022年6月18日。

② 王健：《安远县积极构建五位一体电商扶贫模式引导电商企业帮助贫困户脱贫致富》，2019年8月27日，https://baijiahao.baidu.com/s?id=1643013392306742319&wfr=spider&for=pc，2022年6月18日。

集团、乡村两级的18家乡（镇）电商扶贫合作联社和55家村级电商扶贫示范合作社。① 因电商产业化建设取得良好成效，安远县于2020年10月被列入首批国家数字乡村试点县名单。

截至2021年9月，安远县的电商产业基础、仓储物流、电商服务体系等方面不断得到加强完善。产业基础方面，脐橙产业规模已达13.68万亩，直接造就了全国最大的脐橙交易集散中心，烟叶、薯类、猕猴桃等特色产业规模总计达8万余亩。② 仓储物流和电商服务体系方面，安远县现有610家电商企业和482家电商个体户，当年电商交易额突破25亿元，是2016年电商交易额的6倍之多。③ 之后，安远县将不再满足于内部生长，而是积极向外突破，继续搭乘"互联网+"的时代快车，谋求更多元的发展机会和更广阔的合作空间，同时努力做好"筑巢引凤"和完善人才培养方案，广纳贤才与培育人才两手抓，为继续壮大电商产业集群提供不竭的发展新动能。

第三节　安远县互联网赋能贫困治理与乡村振兴的实践路径

安远县位于江西省赣州市东南部，是"十三五"期间国家扶贫开发工作重点县、罗霄山脉扶贫攻坚特困片区县。截至2019年末，安远县总面积2350平方千米，下辖8个镇和10个乡，151个行政村；截至2020年11月1日零时，其常住人口为346435人。④ 安远县发挥新一代信息技术作用，将相对贫困治理与乡村振兴有效衔接，成功打造出县域电商扶贫新

---

① 江西省人民政府农业农村厅：《发展多元产业拓宽致富门路》，2020年8月11日，http://www.jiangxi.gov.cn/art/2020/8/11/art_21782_3827553.html，2022年6月18日。

② 安远县人民政府：《2021年政府工作报告》。

③ 安远县人民政府：《安远：不断优化电商营商环境　助力电商产业集群发展》，2021年8月25日，http://www.ay.gov.cn/ayzf/jryd/202108/8ad345405cf64e79a830ca39952503b2.shtml，2022年6月18日。

④ 赣州市人民政府网：《赣州市第七次全国人口普查公报（第一号）》，2021年6月9日，https://baike.baidu.com/reference/3138187/813d3kF7utFe4vdfzfSA4It4umj8deOC5sNHZ8_Oaa81Jc_Tq2ceqmZGCnsgS_5cS209Oq8W-z-fC1ayAmvf8hnKwEOeO5I39h1C2ik2tsZPbjSxZMd8KNbQiHaOdiBnoC-dEoAfH4HUEdS8MqakTZdpbEuBl，2022年6月18日。

模式——"安远模式"。实践证明,"安远模式"成功助推安远县走出一条扎实、有效的脱贫之路,在帮助更多农村"活"起来、更多贫困户"富"起来的同时,也让贫困户实现足不出户、就地脱贫的愿望。本节立足"安远模式"的关键事件与发展脉络(见图10-2),对其运用互联网赋能贫困治理的三条路径展开剖析。

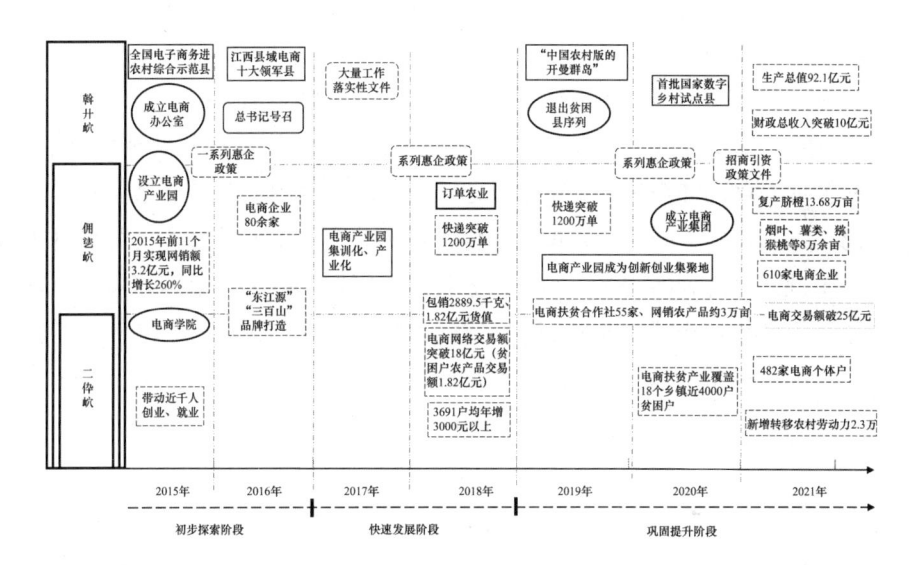

图10-2 "安远模式"运用互联网赋能贫困治理的关键事件与发展脉络
资料来源:笔者整理。

一 "安远模式"的管理服务智能化路径

安远县运用国家"互联网+"战略和精准扶贫政策,大力培育发展电商扶贫产业,创新产业扶贫体制机制,实现安远县政府内部管理服务智能化。为更好地支撑电子商务产业的发展,大力推动网络经济与实体经济互动发展、电子商务与产业扶贫融合发展,安远县加速政府内部体系重构,成立赣州市首个电子商务办公室。将电商产业发展提升至战略层面,重点聚焦电商产业扶贫,促进产业转型升级,加快补齐产业扶贫销售困难的突出短板,不仅为有效解决安远县解决贫困问题提供了重要抓手,更为互联网赋能相对贫困治理提供了体制机制保障。

安远县电商办公室的成立伴随着组织层级的扁平化,基层扶贫干部在网络通信和信息手段的作用下行为得到进一步监督。而电商办公室职责在于推动电商产业这一新兴产业稳步发展壮大，旨在通过各大电商网络平台，不断对接外部渠道，优化资源配置，严格把控内部资金流向，动态更新治理资源、社会信息和个体需求等数字化信息，有效提升组织内部资源供给效率，推动扶贫产业的发展，一定程度上实现了"安远模式"的内部管理服务智能化。具体而言，安远县电商办公室积极统筹谋划，在对市场实施行政干预的同时坚持市场导向思维，充分运用现代互联网信息技术手段，借助移动互联网终端通信工具微信、钉钉等，专门聘请各类种养殖业的专家和技术团队，建立产业扶贫、电商扶贫网络通信群，通信覆盖范围囊括各乡镇电商扶贫产业的相关人员，定期为农户远程开展种植技术、肥料管理等培训和提供种养殖指导建议，不断加强内部人员信息互通，先进的种养殖经验、技术等知识得以快速实现共享，方便及时解决贫困户在种养殖过程中遇到的问题。同时，通过网络问询、线上沟通等方式也为农户拓宽了各类农产品的销售路径，有效缓解了农产品销售难题。不仅如此，在电商扶贫方面，安远县多措并举，成功打造了自有品牌"三百山"，并在天猫、顺丰优选等主流电商平台积极开展线上主题促销活动。对于线下活动，县委、县政府主要领导同样高度重视，身先士卒，积极出席各大电商产业扶贫活动，为当地特色农产品品牌代言宣传，积极提升各类农产品附加值，助力赣南脐橙、紫山药、红薯干等特色农产品快速实现产销对接，让深藏安远县贫困偏远地区的各种美味健康的农产品得以销往全国各地。

二 "安远模式"的协同供给多元化路径

"安远模式"最为核心之处在于充分运用互联网，以电子商务为桥梁，打通农产品供应链，积极促进政府和企业跨界融合、价值共创，不断优化渠道供应和资源链接，进而实现"安远模式"的协同供给多元化。具体表现为"三级联动、四位一体"的价值共创组织体系。其中，"三级联动"是指"县级组建电商扶贫合作联社、乡镇组建电商扶贫合作总社、各村组建电商扶贫产业合作社"层层覆盖，形成合作者联盟，协同参与电商扶贫工作；"四位一体"是指"电商企业+电商扶贫基地+电商扶贫合作社+贫困户"利益联结、合作共赢的电商扶贫模式。这种模式以电商龙头企业为主导，以合作组织为纽带，以基地建设为重要载体，多措并举，旨在大力推动电商产业发展，积极增强合作组织建设，进一步健全农产品电商供应链体系电子商务服务体系，最终构建完善的电商企业与贫困户利益联结带动机制。

安远县以"三级联动"的体系架构，有效链接县、乡、村电商扶贫经济合作组织，借助互联网数据平台与各大电商企业形成合作者联盟，帮助在地贫困户一改往日的传统分散种植模式，组织农户建立起规模化种植模式，有效破解了种植产业难以做大做强的现实难题。具体而言，合作社承上启下，积极构筑桥梁衔接两端，一端连接电商企业，另一端连接贫困农户，兼顾各合作方和参与方的意愿偏好和价值诉求的同时，帮助贫困户与电商企业建立起紧密、稳定、长期的对接合作关系，在优化渠道供应和促进资源链接方面，起到了十分关键的作用。如赣州状元娃娃科技有限公司在合作社牵线搭桥下，全面、深入、精准对接产销主体，与1000余户贫困户积极开展长期合作，使贫困户供应的农副产品实现日均销售20余吨的喜人业绩，拓宽了当地扶贫产品直供直销的流通渠道，进一步完善了农产品从田头到餐桌的供应链条，实现扶贫产品供需有效对接，构建多方合作共赢的局面。[①] 此外，合作社积极加强与政府的合作，在相关政策推动下采取"大户带小户，社员互相帮"和"基地委托农户代管"等创新扶贫带动模式，同时鼓励贫困户在手头条件允许的情况下积极入股合作社，入股方式不局限于资金入股，土地、劳动力等方式皆被允许，帮助提升贫困户脱贫致富能力，进而激发贫困户的内生动力。在贫困户入股之后，合作社对资金、土地、劳动力等资源进行整合优化、统一管理，明确要求形成"四个统一"：统一流转土地、统一供种、统一品牌、统一标准。在此基础上，合作社加快推进规模化种植基地建设，破除以往贫困户"小农经济"困境，有效帮助贫困群众实现稳定创收、长效增收。以安远县凤山乡的紫山药为例，在电商产业扶贫兴起之前，贫困户种植紫山药的方式仍是分散种植和自产自销的自耕农经济，农产品附加值低，无法发展成规模经济，对外销售困难重重。"安远模

---

① 安远县人民政府：《安远："五抓五促"探新路 消费扶贫助振兴》，2020年4月14日，http：//www.ay.gov.cn/ayzf/c103837/202004/e13a70c61be44b1e9cf91a841d56f820.shtml，2022年6月18日。

式"开展以后，安远县在凤山乡组建紫山药电商扶贫基地，并成立了紫恋紫山药电商扶贫产业合作社，针对紫山药采取订单农业模式，实现合作社统购、电商企业包销；贫困户只需要按部就班，依照订单开展种植工作，再也不用担心紫山药的销售问题；而电商企业则负责线上销售紫山药，令农产品直达消费终端，减少了中间流通环节，有效降低仓储、运输成本，加之品牌包装化后的紫山药附加值提升，最终有效提高了贫困户农产品的销售利润。据统计，紫山药种植面积从2015年的分散化种植后产量400亩发展到2018年的规模化种植产量3000亩，这一数字在之后逐年增长，销售单价也从最早期的0.4元/千克提高至1.25元/千克，销售期缩短1—2个月，贫困户实现每亩净增收约4500元，仅凤山乡就直接带动113户贫困户脱贫。①

三 "安远模式"的供需匹配精准化路径

安远县运用大数据精准定位购买者需求，创新种植模式和销售模式，实现"消费者需要什么，就生产什么""生产什么，就卖什么"的供需匹配精准化。种植模式方面，通过对电商产品销售数据的把控，精准锚定大众农产品需求，促进产业培育以市场为导向，倒逼农产品种植向需求化、规模化、集约化、标准化发展。例如通过对网络零售平台上销量最佳的前几名的主要农产品展开调研分析，结合当地气候条件、种植技术等客观限制条件，因地制宜，确定农产品种植类别，在合作社居中统筹谋划、组织行动的前提下，妥善扶持引导贫困户种植红蜜薯、百香果等"短平快"的网红产品，有效解决了当地种植农产品单一化、同质化问题，为贫困户增加切实可靠的增收路径。销售模式方面，过去安远县农产品主要靠"提篮叫卖"的线下传统渠道进行销售，"丰产不丰收"的痛点难点无法得到有效破除，随着"安远模式"的不断成熟，加速推进产业基地建设和电商农产品供应链体系建设，农产品的销售模式开始"触网腾飞"。遵循"壮大存量、培育增量"的原则，安远县农产品体量不断增长，且随着互联网和信息化扶贫潜力的不断释放，电商扶贫成效亦日益凸显，推动

---

① 曾诗淇、刘仁杰：《江西安远电商扶贫观察》，《农产品市场》2019年第14期，www.sohu.com/a/333287446_279235，2022年6月18日。

了安远贫困偏远地区的农产品"出村进城"。近几年,互联网销售面临直播带货的"风口",全网营销作用进一步得到加强。县里早已有不少农户开始尝试着把自己种植的紫山药、赣南脐橙放到平台上售卖,仅 2019 年就增加了近万元收入;更有甚者,通过拼多多等电商平台直播销售,年销售额翻了两倍。如 2019 年鹤子镇半迳村 40 多户贫困户借助互联网平台,将种植的 350 亩、近 52.5 万斤红蜜薯销售一空,单价比以往翻了 3 倍,实现户均增收 3000 元。①

第四节　互联网赋能安远县相对贫困治理的成效与困境

安远县运用互联网赋能贫困治理取得较好成效,但也存在一些现实困境,未能有效实现互联网媒介的普遍使用和数据间互联互通是赋能受阻的重要原因。

一　取得的成效

2019 年 4 月 28 日,江西省人民政府同意安远县退出贫困县序列,全县 53776 名贫困人口全部脱贫(安远县 2015—2020 年贫困户及贫困人口数量见图 10-3),74 个"十三五"贫困村全部退出(安远县 2015—2020 年贫困村数量见图 10-4),贫困发生率由 2015 年初的 13.96% 下降至目前的 0.05%(安远县 2015—2020 年贫困发生率见图 10-5),区域性整体贫困得到彻底解决,脱贫攻坚战取得决定性胜利。安远县在这场战役中成绩斐然,先后获得全国革命老区减贫贡献奖、2017 年中国果业扶贫突出贡献奖、赣州市脱贫攻坚先进县、全省高质量发展综合考评先进县等荣誉称号。② 2020 年,安远县全年实现地区生产总值 921154 万元,按可比价计算,同比增长 3.4%。③

---

① 唐丽琴、叶雅倩:《安远:巧架金桥奔小康》,2020 年 5 月 14 日, https://baijiahao.baidu.com/s? id=1666676342003338503&wfr=spider&for=pc,2022 年 6 月 18 日。
② 安远县人民政府:《安远县脱贫攻坚新闻发布会》,2020 年 6 月 29 日, http://www.ay.gov.cn/ayzf/spxw/202006/0993ceaa65a54a66aed95596e8c3db09.shtml,2022 年 6 月 18 日。
③ 安远县人民政府:《安远县 2020 年国民经济和社会发展统计公报》。

2019年4月脱贫摘帽以来，安远县严格按照"四个不摘"和"三个落实"的要求，重点聚焦"两不愁 三保障"，全力巩固提升脱贫攻坚成果，由注重加强民生保障向注重持续稳定增收脱贫转变、由注重解决现实问题向注重解决深层问题转变、由注重阶段攻坚向注重建立长效机制转变。然而，脱贫摘帽之后，安远县现有脱贫成果仍需不断巩固提升，其当前所面临的相对贫困问题仍然较为严峻。

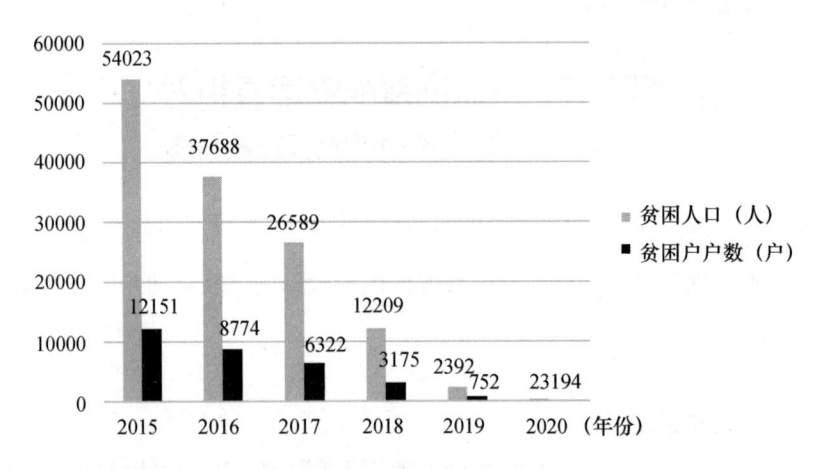

图10-3 安远县2015—2020年贫困户及贫困人口数量

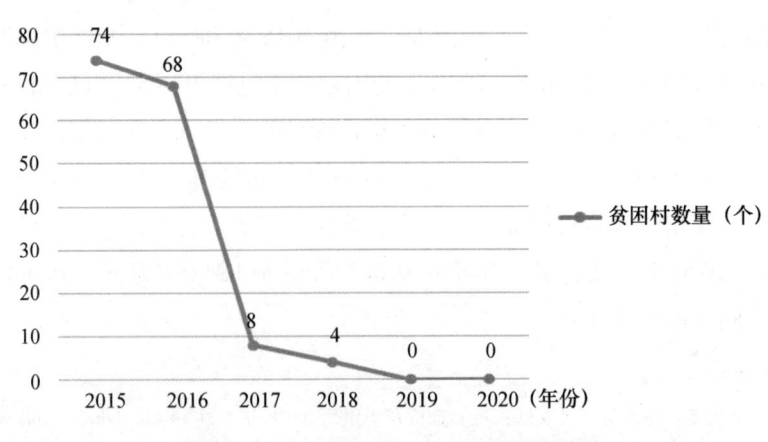

图10-4 安远县2015—2020年贫困村数

第十章　互联网赋能安远县相对贫困治理的案例研究　/　215

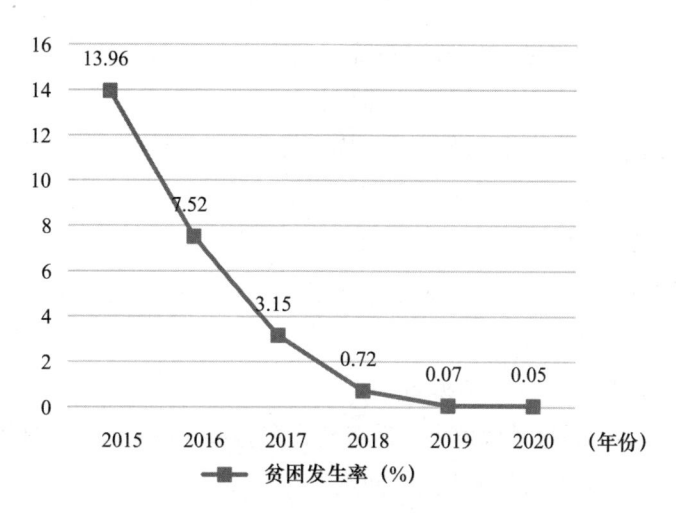

图中数据：
- 2015: 13.96
- 2016: 7.52
- 2017: 3.15
- 2018: 0.72
- 2019: 0.07
- 2020: 0.05

图例：贫困发生率（%）

图 10-5　安远县 2015—2020 年贫困发生率

二　存在的问题

（一）互联网普及率不高

截至 2021 年 6 月，我国农村网民规模为 2.97 亿，农村地区互联网普及率达 59.2%，我国非网民规模为 5.41 亿，其中，城镇地区的非网民占比为 37.2%，农村地区非网民占比为 62.8%，非网民仍呈现以农村地区人群为主的现状，亟须进一步加强农村地区互联网基础设施建设。[①] 目前，安远县部分地区囿于互联网基础设施条件落后、经济能力不足、使用技能缺乏和传统观念根深蒂固等现实原因，部分农村偏远地区仍存在互联网设施只进村没入户，家庭或个人无法实现互联网的普遍使用，对外界的信息获取和沟通交流多有不便，信息化鸿沟依旧较为凸显等问题。

（二）农村物流"最后一公里"堵点

网络购物包括线上资源配置和线下配送服务，线上线下缺一不可。安远县是山区农业大县，地广人稀，交通运输受限颇多，货流运输成本相对较高，致使偏远乡镇居民难以充分享受到网络购物和销售的便利，很大程度上限制了农村地区通过互联网参与社会资源链接的机遇和能力。为破解县乡村三级物流体系建设难题，畅通农产品和消费品双向流通渠道，有效助力乡村振兴，安远县于 2020 年底建设全国首条电商快递城乡"智运快

---

① 中国互联网络信息中心：《中国互联网络发展状况统计报告》2021 年版。

线"，即在低空架设索道，云端系统控制穿梭机器人在索道上自动驾驶。该线路具有"随时发、准时到、速度快、成本低"等特点，旨在有效解决"消费品下行"最后一公里和"农产品上行"最初一公里问题，畅通县域物流交通微循环，助力构建新发展格局。目前，安远县在试点的基础上，正在建设1个县级智能配送总仓，18个乡镇智能配送分仓，102个村级基站，全长约360千米。[1] 然而，距离有效改变落后的农村物流现状仍然有较长的一段路要走。

（三）政府部门"信息孤岛"

大数据能有效推动政府电子政务建设，打造开放式政务创新平台，但目前在安远县的部分政府部门之间甚至单位内部仍然存在信息不畅的问题。一方面是因为互联网基础设施落后导致"信息孤岛"现象普遍存在，数据面临收集困难的现实困境；另一方面则是源于没有科学建立信息互通的数据库。互联网数据库的建设、运营都需要专业人才，但部分政府部门存在一定的使用障碍，同时也存在"数据形式主义"现象，阻碍了数据库的科学建立。甚至，一些部门在一定程度上存在"数据小农意识"，不愿意公开分享本部门的数据信息，同样也是数据库难以建成的客观原因之一。此外，一些部门在数据库建成后没有重视运营管护，导致数据库没有表现出其应该体现的功用价值和实际效果，将建设数据库简单地视为信息化的政绩工程和面子工程。因此，选拔专业人才队伍负责数据库的建设、运营、维护，进一步完善数据库管理体制机制是安远县现下亟待解决的问题。

第五节　促进互联网赋能安远县相对贫困治理的建议

一　加强农村信息基础设施建设

按照相对贫困治理与乡村振兴有机衔接的要求，继续贯彻落实"互

---

[1] 安远县人民政府：《一条5G智慧索道带来的乡村物流革新——安远县探索全国首条电商快递城乡"智运快线"》2021年6月28日，http://www.ay.gov.cn/ayzf/c103846/202106/74db42dbb992438f87ad3deec598f88f.shtml，2022年6月18日。

联网+农村"政策，强弱项，补短板，加大对农村地区使用互联网的补贴，增加网络终端设备和服务器设备，提高光缆、宽带覆盖率，推动互联网基础设施建设的城乡、区域协同发展，缩短城乡时空距离，加强彼此之间的联系；推动通信网络市场形成多元竞争格局，促进网络"提速降费"；加强农村居民互联网信息技术的学习培训，提升其互联网实践应用能力，改善农村居民信息博弈弱势地位，加速弥合"数字鸿沟"，释放信息化对农村社会经济发展的促进作用，为互联网赋能相对贫困治理夯实信息基础设施保障。

二 促进互联网与政府相对贫困治理的深度融合

依循"国家治理体系和治理能力现代化"的目标取向和益贫性、包容性增长战略，进一步推进政府放管服改革，通过数据融合化、业务协同化、线上线下一体化加速政府数字化转型，构建人机协调、高效运行的政府治理体系。持续优化政府、企事业单位的管理信息化办公系统，提升管理服务智能化水平。加强多元主体共同参与的合作者联盟，推进政府主导的多层级、跨部门的大扶贫格局向更多发挥市场和社会作用的扶贫模式转化，以公益扶贫为内核，以商业市场化手段为抓手，构建社会参与扶贫的激励机制，创新价值获取的方式，吸引更多的组织和个人参与相对贫困治理，促进相对贫困治理主体协同多元化。不断促进互联网赋能易返贫致贫和农村低收入人群的生产与生活，统筹推进以互联网为基础的新业态、新模式、新经济的发展，突破以往单一的经济价值倾向或者社会价值倾向，"政府找"和"找政府"双向驱动供给侧与需求侧改革，线下网格化和线上网络化促进相对贫困治理主体与帮扶对象供需匹配精准化。

三 深化新一代信息技术在相对贫困治理领域集成的创新

健全互联网赋能防止返贫致贫动态监测和帮扶机制，建立口径一致的大数据管理平台，快速发现和及时介入脱贫返贫防治和农村低收入人群致贫风险防范，精准、有效地为各类帮扶主体和帮扶对象提供公共服务。以用户需求和服务应用为中心，努力提升互联网信息技术"点对点""面对面"信息平台的共享程度，显著提高信息资源的集约化和开放度，如利用互联网平台宣传载体，或者抖音、快手、微博、微信等数字化交互宣传推广工具进行线上直播带货等,解决销售难题,构建用工信息平台,促进相对贫困群众就业;积极探索互联网赋能相对贫困治理长效机制。以新一代信息技术补足教育、医疗及社会保障等公共服务创新应用短板,推动智能治贫走向善治,如互联网赋能教育资源突破时空限制向偏远贫困地区下沉,优化农村教育资源,降低农户家庭的教育支出等。

第十一章

数字化赋能遂昌县乡村振兴示范区建设案例研究

第一节 案例选取

本章选取浙江省遂昌县为例进行乡村振兴研究，主要基于其符合代表性、典型性和可行性原则。

一是遂昌县是浙江省26个欠发达县、山区县，是国家乡村振兴局、财政部2021年度中央专项彩票公益金支持欠发达革命老区乡村振兴示范区——"挺进王村口·烽火浙西南"乡村振兴示范区所在县，具有代表性。

二是浙江省是全国数字经济示范区、高质量发展建设共同富裕示范区，遂昌县是浙江省山区26县唯一入选数字经济创新发展试验区首批创建名单的县域，探索形成了推进数字变革、构建数字文明的路径，具有典型性。

三是笔者受国家乡村振兴局、财政部委托，率队对遂昌县中央专项彩票公益金支持欠发达革命老区乡村振兴示范区进行评价，深入调研，并获得了丰富资料。

第二节 数据收集

遂昌县数据资料收集过程主要采取资料查阅、座谈访谈、问卷调查和实地考察相结合的方式进行。

一 资料查阅

2022年3月，实地评估小组依据国家乡村振兴局、财政部2021年度中央专项彩票公益金支持欠发达革命老区乡村振兴示范区评估总控组设计的材料清单和评估指标体系，查阅示范区提交的相关资料并进行问询，包括：（1）政策文件类，主要有组织建设文件、项目建设规划，国家和浙江省各级政府部门发布的与示范区相关的政策文件；（2）项目申报与经验总结类，主要有示范区项目申报书、实施方案、自评报告及认定文件、领导批示等；（3）示范区建设纪实类，主要有省、市、县各级政府部门和领导的调研督导材料，示范区开展传承红色基因建设和发动群众参与情况及相关会议记录等；（4）宣传报道类，主要有国家主流媒体和网络媒体刊发的宣传报道材料；（5）统计数据类，包括示范区表、村表中涉及的40个指标统计数据及其支撑材料；（6）会计账目类，重点关注示范区项目资金的拨付情况、到位情况、支出情况、项目实施及验收情况及相关佐证材料等。

二 座谈访谈

包括座谈会、入户访谈、现场观摩、即兴访谈等方式。（1）分别召开领导层级和工作层级座谈会，座谈会参与人员包括浙江省农业农村厅乡村振兴协调处、浙江省财政厅农业处、遂昌县县委书记、县委副书记、副县长、县委县政府办公室、县委组织部、县发改局、县农业农村局、县财政局、县水利局、县建设局、县文化和广电旅游体育局、王村口镇等各级政府部门领导，两山集团、国投集团、县挺进培训中心企事业单位负责人，以及驻村干部、村干部和村民代表，评估组成员4人，共计42人。领导层级座谈会由遂昌县、王村口镇各部门领导重点汇报了示范区的共富机制、经验做法、数字化建设、项目建设与管理、当前示范区建设的进度和难点以及后续发展规划和建议。评估组就相关评估问题进行问询。工作层级座谈会系评估组结合项目资料向与会人员了解项目建设过程中的具体工作情况及相关建议。（2）在项目建设现场考察中了解有关情况，如在考察示范区王村口镇5A景区镇整体提升项目（游客接待中心、研学培训基地、小镇客厅)重点访谈了该项目撬动社会资本、带动红色旅游与生态资源产业效应、促进农民增收等情况。考察人居环境改造提升项目(饮用水提标改造、集镇污水处理站),重点访谈饮用水提标改造覆盖范围,项目进度,村民收益情况,污水处理站工地施工进度与污水收集方式。考察绿色资源综合利用项目,重点询问了发电设备采购情况、发电厂房建设情况,未来社会效益与分配情况、数字化在其中的运用等。(3)入户访谈。以随机入户调查方式访谈村民30余人,覆盖桥东村、桥西村、钟根村、后塘村、尹坞村、山枣坪中村、潭村7个村,样本包括男性、女性;年龄范围在30—92岁;对象包括个体工商户、务工返乡人员、本地就业人员、外来本地就业人员、务农村民、赋闲村民、留守妇女、留守老人。总体来看,访谈村民样本覆盖范围和代表性良好,基本能够反映村民对示范区建设的整体性平均。访谈内容包括农户家庭结构、就业情况、近两年收入结构、示范区建设情况,及村民对邻里关系、婚丧嫁娶、高价彩礼、特色产业发展、参加村集体活动、休闲娱乐、生活环境、生态环境、村容村貌、公共厕所改善、垃圾与污水处理、饮水安全、村干部变化、乡村治安、村集体收益、领导视察、数字化情况及对工作、生活和乡村建设的影响等问题。

三 问卷调查

实地评估小组问卷调查采用统一制定的示范区表、示范区村级情况表和示范区内村民入户问卷调查表。获示范区表38个指标数据(特色养殖规模、畜禽粪污综合利用率无数据)、4个行政村级情况调查表及相关数据、30份满意度调查问卷。

四 实地考察

实地考察王村口镇5A景区镇整体提升项目、人居环境改造提升项目、绿色资源综合利用项目等及数字化在其中运用。

第三节 遂昌数字化改革的实践与成效

遂昌地处浙西南,是"浙西南革命精神"主要发源地之一,素有

"九山半水半分田"之称,是浙江省26个山区县之一,乡镇村落分布零散,交通不便,项目推进慢,监管难度较大,效率不高,这又导致投资少、经济总量小、发展不充分等问题。2020年以来,遂昌主动适应数字化时代趋势,以数字化改革,推动县域经济社会发展。

一 数字化赋能政府治理改革

依托当前政府工作管理体系,围绕县域治理现代化、政府数字化转型、部门间"最多跑一次"改革,充分利用互联网、大数据等技术手段,积极运用思维导图、工作组网、协同管理等新模式,开发应用"政务智能化管理平台",打通浙江省投资在线审批监管平台3.0、干部考评、智慧工地等8个系统,对接数据接口22个;构建"监理履职、五大员管理、工地安防、工人保障、供应链匹配、气象环保"等全要素集成的数字化治理场景,全面提升政府工作效能。①

特别是2020年4月"项目协同管理(PCM)"上线应用,将重要投资项目纳入项目协同管理系统,解决传统项目管理方式岗位责任不清、监管不到位等问题,以数字赋能推动示范区项目建设提速增效。在项目推进中共亮绿灯47盏、蓝灯6盏,共发绿牌51张,项目平均提速达152.05%,突出流程管理类场景"闭环协同"、进度管理类场景"智控协同"、评价管理类场景"量化协同"。该项目得到时任浙江省省长郑栅洁、常务副省长陈金彪批示肯定,入选浙江省发改委投资最佳实践。在2021年10月全省数字化改革工作例会上,遂昌入选浙江省数字政府系统领跑榜、项目协同管理入选全省市县特色应用。②

(一)进度管理"智控协同"

与省投资项目在线审批监管3.0系统进行数据对接,对项目审批节点进行数据晾晒和时间比对,充分运用水、电、物料等佐证数据,对项目形象进度进行比对,倒排项目实施计划,智能亮灯亮牌,实现事项推进全程晾晒、自动警示、精准督查。申报文件、审批文件归档存储。

---

① 数据源于2022年3月,笔者实地调研时由遂昌县政府提供。
② 数据源于2022年3月,笔者实地调研时由遂昌县政府提供。

（二）流程管理"闭环协同"

通过思维导图和流程图，所有并联节点同步推进，科学组网、流程再造，实现上下协同、交互协同、跨域协同。项目要素汇聚子场景，构建全要素数字化场景，从监理履职、五大员管理、工地安防、工人保障、供应链匹配、气象环保六大方向进行要素延展。接入丽水市智慧工地监控设备，实现物联感知智控，实时了解项目进展情况。县委县政府办公室督查室联动，根据项目进度亮灯、亮牌警示，进行动态监管，对未按期完成工作的责任单位和主要负责人进行提醒，甚至约谈，实现项目推进智控智治。

（三）评价监督"量化协同"

集成干部考核、天剑监督系统，借鉴 KPI 管理模式，即时抓取系统数据，监理员、单位专员、项目负责人、计划审核人、领导等全员周报上报。与纪委、人大、组织部门数据共享，进行联动立体考核。接入遂昌县人力资源与社会保障局的进城务工人员工资支付数据，联动项目责任部门和督查室，实现动态预警一键智达。立体式呈现干部、部门和项目绩效，实现绩效考评数字化、精准化。

二　数字化赋能产业发展

（一）数字生态产业蓬勃发展

以传统制造业改造为主攻方向，大力实施"生态工业智能制造攻坚战"三年行动，梯次推进产业链、产业集群数字化转型和协同化创新，加快打造浙西南智能制造先行县。首先，锚定"数字车间"改造，助力企业降本增效。引进省智能制造专家委员会，实施规上工业企业智能化诊断和技术改造三年"两个全覆盖"行动，派驻专家组上门为企业提供诊断服务。其次，聚焦"智能工厂"建设，培育新型制造模式。培育规模个性化定制、产品全生命周期管理等新型制造模式，筛选部分优质企业，实施数字化"智能工厂"项目。如坐落于该地的浙江宇恒电池有限公司通过实施数字化车间智能改造、智能化生产执行过程、智能仓储为主要内容的智能工厂项目，对产品质量进行实时分析和管控。最后，探索"产业大脑"搭建，加快打造链主企业。重点将金属制品行业作为"产业大脑+未来工厂"工作的突破口，发挥百亿元级企业作为链主企业的示范带动作用，激活龙头企业智造"雁阵效应"。

以省级数字经济创新发展试验区为契机，加快推进"天工之城·数字绿谷"项目建设，先后引进了阿里云、网易、晶盛机电等头部型企业。2020年以来，"天工之城—数字绿谷"的民间投资合同额已超75亿元，已落地的民间项目投资额超14亿元，新增市场主体385家，其中数字类企业达180多家。①

（二）数字科创平台健全完善

开展浙江农林大学全校服务遂昌全域行动，依托现有人才政策、产业政策等优势，成立了"共富学院"，助力示范区乡村建设。2021年，遂昌高新技术产业投资增长52.4%，位居全市第二；高新技术产业增加值增长28%，位居全市第一。与此同时，新增国家高新技术企业12家、省级科技型中小企业21家、省级高企研发中心4家，正式运营遂昌县金属制品检测中心、航天科工增材制造技术创新中心浙南基地等。②

三 数字化赋能乡村综合治理

（一）构建数字乡村物流"一条链"

与省邮政合作启动全省首个数字乡村物流中心建设（含农村三级物流体系建设），打造全国首个混合分拣线，打破不同快递品牌之间的壁垒，实现成本共担、数据共享，降低快递投递成本，实现快递包裹"加邮进村"。在数字乡村物流中心，所有进入遂昌的快递统一在这里分拣，再根据区域配送至山区各乡镇的千家万户。这解决了农产品上行的问题，突破了物流不畅通带来的农业发展瓶颈问题。

（二）推进基层社会"整体智治"

织密数字乡村治理"一张网"，实施"县乡一体、条抓块统"改革试点，深化"个人债务重整""信用村治理"等改革，强化示范区矛盾调解中心规范化建设，打造集便民、综治、执法等功能于一体的县乡村三级数

---

① 《数字化改革赋能遂昌加快发展 一个山区县的"换道超车"探索》，浙江网信网，2021年6月22日，https://www.zjwx.gov.cn/art/2021/6/22/art_1673581_58869267.html，2022年6月18日。

② 遂昌县人民政府：《2022年遂昌县政府工作报告》。

智指挥中心,"信用乡村""美丽河湖面治理"等"一件事"多跨场景应用开发有效开展;绘好数字乡村民生"一张图",实现美好生活"城乡同享",以数字化服务应用下沉为突破口,在乡村教育、医疗、交通、文化、救助、养老等重点领域,创新农村"一件事"集成协同应用场景,以"I遂昌"应用集群为服务端,推动了城乡基本公共服务均等化,基于"I遂昌"数字服务平台,村民办事只需点点手机或电视,一键办理社保、民政、公安、卫健等服务事项,实现了一次不用跑;村民可线上开展高血压、糖尿病等常见病问诊,不离村就能获得上海、杭州等地大医院的线上诊疗服务。

(三)撬动"三农"全领域变革

在浙江省全省率先发布《未来乡村建设导则》,以数字化建设推进核心业务应用开发、场景下沉,打造山区花园数字乡村建设新标杆。2021年,遂昌县与阿里巴巴集团合作设立未来乡村数字驾驶舱,通过"一杆农业眼"等监控设备采集稻田承包、产量与规模信息,打造了覆盖稻谷从育苗到成熟的全周期、全地域生长环境监测体系,让杂交水稻育种告别了过去的"看天吃饭"。

四 赋能遂昌乡村振兴成效

遂昌县推进数字化改革取得较好成效,主要体现在以下方面。

(一)推动政府组织变革,提升治理能力

一是实现多跨协同推进的突破。重塑政府运行的组织架构、管理架构、服务架构。制定出台5项制度成果。二是推动效率变革,工作效率和治理能力持续提升。项目推进平均提速近一倍。2021年,固定资产投资增长43.1%,连续10个月位列全市第一。[①] 三是推动绩效变革,实现立体精准数字化考评的突破。实现从审批、业主、中标、施工、监理、验收等全主体、全场景的"一屏掌控""一网督考"。

(二)乡村振兴水平提升

以示范区为例,一是乡村发展加速。2021年相较于2020年,信贷总额和农民文化体育生活增幅分别达到200%和42.86%,新增农业生产经

---

① 遂昌县人民政府:《2021年遂昌县国民经济和社会发展统计公报》。

营、发展人才9人；特色产业和示范区农民人均可支配收入均有所提升，特色产业在规模和总收入方面分别增长0.6%、8%，人均可支配收入增长13.8%，集体经济收入较去年增长12.4%。二是乡村环境优化。农村道路和生产（旅游）路建设成效最为显著，2021年乡村绿化率为46.8%，道路建设增长幅度为667%、无害化厕所普及率增长2.9%；集中供水全覆盖，公共服务基础设施建设增长5.8%、互联网宽带覆盖率增长6.6%。现场考察与入户访谈发现，示范区乡村道路基本硬化、居民家庭建成标准化厕所，具有良好的垃圾处理意识，村容村貌干净整洁。①

（三）群众满意度较高

村民认为数字化对促进乡村振兴范区建设具有重要作用，总体满意度高达96.06%，从11个评价指标分布情况分析，90%以上的村民对示范区建设总体评价、生活污水和生活垃圾处理，饮水便利与安全、村支两委工作最为满意；80%~90%的村民对产业带农发展、厕所改造、村容村貌、道路修建与建设、陋习整治非常满意；70%~80%的村民对公共事物参与、公共服务基础设施较为满意。从入户访谈来看，村民反映近几年农村生活环境变化非常大，垃圾、污水、道路维修均有专人处理，村民均接入自来水且建有无害化卫生间，村干部较前更踏实肯干廉洁。②

（四）获多项表彰与项目立项

遂昌县"挺进王村口·烽火浙西南"示范区主要获得两个方面的表彰奖励：一是省级政府部门领导对示范区的经验做法表示肯定，浙江省省长、副省长相关批示7次，如2021年7月8日、7月10日，浙江省刘小涛副省长、高兴夫副省长分别对遂昌县府办提交的《遂昌县"以路为媒"带动沿线村民共同富裕》做出"遂昌县将四好村路打造为产业路，致富路，值得肯定"和"遂昌县'以路为媒'充分挖掘发挥农村公路对经济社会的带动作用，提升优美环境，促进农民增收，值得充分肯定"的肯定性批示。二是遂昌县在示范区建设期间，入选浙江省2021年度全省农村生活垃圾分类处理工作优胜县（市、区），省级高标准农村生活垃圾分类示范区村；浙江省农业农村新时代乡村集成改革试点（第二批）县；

---

① 数据源于2022年3月，笔者实地调研时由遂昌县政府提供。
② 数据源于2022年3月，笔者通过问卷调查获得。

浙江省农业农村厅、中共浙江省委网络安全和信息化委员会办公室推进数字乡村建设试点县；浙江省新时代美丽乡村（农村人居环境提升）工作优胜县；遂昌县王村口镇入选年度浙江省美丽乡村特色精品村。[①]

第四节 对其他地方推动数字化改革的启示

遂昌在推动数字化改革方面的先行探索与成功经验，为其他地区推动数字化改革提供许多可供借鉴的经验。

一 加强顶层设计，夯实改革基础

一是强化制度建设，完善法律法规。建立健全数字化组织架构和制度规范体系，成立数字化改革领导小组，统一规划建设，使数字化治理工具符合特定价值追求和伦理道德规范，夯实标准化制度。出台数字化改革的人才、资金等相关政策，重点要做好一体化智能化公共数据平台、数字化改革总门户和综合应用系统建设的财政保障。加强数据安全与隐私保护，制定个人数据信息保护法，建立数据安全评估及信息泄露问责处理机制，明确各相关主体在公共数据共享使用中的责任和权利，明确部门之间数据共享和开放的方式、范围、限度。

二是加强"产学研"合作。让各级党政部门工作人员带头学懂弄通数字技术，提高把握数字技术应用规律的能力，加大与高校、科研院所、互联网企业等专业机构及社会组织、民众等社会力量的合作力度，将各社会力量主体纳入到数字化改革专家组成员中，建立数字化改革的大成集智机制，打造"最强大脑"。

二 以需求为导向，实现精准改革

坚持以人民为中心的改革理念，围绕群众所盼、企业所求、治理所需、发展所要、现代化所向问需于民、问需于企，找到高频、高权重的需求事项，找准改革项目的关联性和耦合性，梳理形成服务类、治理类、发展类的重大需求清单，有的放矢地进行场景设计和应用开发。要充分运用

[①] 数据源于2022年3月，笔者实地调研时遂昌县政府提供。

"互联网+"平台构建直接面向群众的政民互动渠道，精准捕捉群众需求，强化政府以需求为导向破题数字化改革的机制保障，确保数字化改革创新真有实效、群众真能受益。特别注意的是，需要关注老年群体和特殊群体的数字化需要，贯彻国务院办公厅印发的《关于切实解决老年人运用智能技术困难实施方案的通知》，推进数字化服务的适老化改造，真正实现数字化改革成果全民共享。

三 把数字化改革放到现代化全局的更大场景中去思考和谋划

一是要进一步深入基层了解人民群众急难愁盼问题，针对生活生产各领域的需求，精心谋划一批跨联更多部门、贯通更多层级、聚合更多业务的多跨场景，加快推进多跨协同重大应用场景建设。以数字化赋能教育、医疗、交通出行、社会保障等民生领域，打造数字校园、数字医院、数字交通等。对和群众生活联系最为密切的场景进行优先布局，向基于公共服务供给侧与需求侧并重转型，向基于服务场景与民众的动态式、智能化服务转型，从职能出发的政府视角向从服务和场景出发的民众视角转型。充分发挥互联网企业在信息搜集、数据处理和场景应用中的专业优势，利用他们的创新构想、技术与经验，合力开发和打造一批数字化转型的应用场景。

二是要畅通应用场景终端用户对象的使用反馈机制，及时收集用户体验感受和使用建议，促进重大应用运行稳定性和实战能力的循序渐进、螺旋上升。已有场景要提质增效，在实战检验中进一步发现和解决问题、激发和挖掘需求、迭代和完善功能。

四 深化放管服改革，建设数字政府

一是推进行政审批制度改革。推进政府门户网站、网上办事大厅、政务服务大厅、审批业务系统从逻辑上的整合转变为流程整合，推进跨层级联动审批、跨市区联动审批、跨部门联合审批，在线下"一门式"集中办理行政审批与公共服务事项，在线上"一网式""一口式"办理政务服务事项切实变"企业与群众跑路"为"数据与信息跑路"，变"办事多次跑、部门四处找"为"最多跑一次、部门协同办"，建成集行政审批和公共服务于一体的"省—市—县—乡—村"五级数字政务服务体系。特别

要注意实现线上办事与线下办事的服务标准、业务流程、要求表格、办事规则"四统一",使线上线下办事无缝对接。

二是运用大数据技术完善政府宏观信息系统,增强宏观调控的预见性和有效性。要加强智慧监管,充分运用互联网、大数据监管方式,推行以远程监管、移动监管、预警防控为特征的非现场监管,提升监管的精准化、智能化水平;建立健全大数据辅助科学决策和社会治理的机制,实现政府决策科学化与社会治理精准化;建设各种智能化的智慧政府部门,包括智慧民政、智慧旅游、智慧交通、智慧农业、智慧国土、智慧税务等。

三是完善"放管服"改革的智能评估体系。改变传统评估方法,推广智能化的信息采集数据分析与数字评估办法,要以"流量"为衡量标准评估数字政府建设的最终成果绩效,也就是看社会公众对数字政务应用"用不用、认可不认可、满意不满意"。

四是进一步加强对数字政府相关技术、创新实践情况与积极价值的宣传,引导公众更加关注并充分了解数字政府的功能与用途,真正增进自身对数字政府建设的整体认同感,并通过增加"共识"来推动政府数字化产品和服务的共创共享。

第十二章

数字技术助力乡村振兴的模式及其启示[①]

没有县域经济的做特做强做优，乡村振兴的目标就难以实现。实现共同富裕，重点在县，难点在县。

改革开放以来，我国县域经济取得长足发展，形成许多亮点和特色，但也存在总体规模不大，经济效益不高，在空间上分布不平衡等问题，江西省县域经济不强，为探寻促进县域经济快速发展之路，作者近年来至江西樟树、泰和、金溪、石城、吉水、崇仁、进贤、余江、武宁等地进行实地调研，发现近年来江西省县域经济主要有"借力发展""挖掘资源优势"和"引智创新"三种典型模式，数字技术在每一种模式中都得以应用，并发挥重要作用，其实践经验具有一定的可复制性。本章以吉水、石城、余江三县为样本，对这三种模式进行逐一剖析，为其他县域经济发展，促进乡村振兴提供借鉴。

第一节 余江模式：引智创新让智慧农业落地生根

一 发展成效

"十三五"时期，余江撤县设区，现代农业提质增效，农业结构不断调整优化，探索出农产品和扶贫产品销售新模式，农村领域改革走在全省前列，农村集体产权制度改革试点通过省级验收，探索二轮土地承包到期

[①] 此部分内容根据笔者刊发于《江西发展研究》2017年第1期研究报告更新而成，合作作者为江西师范大学梅国平教授。报告获时任江西省委书记鹿心社批示。

后延包的具体办法、创新金融助农惠农方式改革、乡村治理体制建设改革列入全国试点，农村居民人均可支配收入年均增长9.6%，2021年农村居民人均可支配收入（万元）20686万元。① 余江区按照稳粮增收、调整转型、提质增效、改革创新的要求，深化农村改革，加速推进农业现代化，不断挖掘新潜力、培育新优势、拓展新空间，现已基本形成"一轴、两翼、三区、七园"的发展格局，建成集"特色、规模、品牌、效益、生态"为一体的高标准现代农业示范园。

二 主要举措

（一）打造智慧管理体系夯实基础

推进现代农业园区基础设施建设，打造设施农业科技园，是余江农业的一大特色和亮点。与江西省农科院农业工程研究所和南京农业大学国家信息农业工程技术中心合作，共同建设的农田感知与智慧管理系统，发展精准农业。江西九草铁皮石斛科技协同创新有限公司等7家农业公司均与中科院、农业部及省内15所高校及科研机构建立合作关系，推进农业现代化生产、农业面源污染治理和水库水质专项治理。加大城乡统筹力度，调整和优化财政支出结构，持续增加"三农"投入，农田水利基础设施有明显改善，高标准农田新增3万亩。② 致力建设个性化、智能化的农业气象服务系统，提高粮食安全气象保障服务能力。实施气象防灾减灾第一道防线工程。

（二）创新农业经营体系增强活力

开设农业信息网、12316三农服务热线，大力实施阳光工程培训，促进农业科技成果推广应用。鼓励企业、基地农户、农民专业合作组织广泛应用网络技术，实现网络贸易。围绕提高农业产业化发展水平，积极引导农民组建合作经济组织，大力培育家庭农场、股份合作或专业合作组织等新型农业经营主体，形成"建一个组织，兴一项产业，富一方百姓，活一片经济"的农业发展特色，围绕杨溪、锦江、春涛、刘垦四个省级现代农业园建设，统筹布局生产、加工、物流、研发、示范、服务等功能，

---

① 鹰潭市统计局：《鹰潭市2021年国民经济和社会发展统计公报》。
② 江西省人民政府：《余江粮食增产添动力》，2013年4月9日，http：//www.jiangxi.gov.cn/art/2013/4/9/art_399_184876.html，2022年6月18日。

延长产业链价值链。促进农村一二三产业融合发展，实施"互联网＋"现代农业行动，实现传统农业向现代农业转变，将互联网与农业产业的生产、加工、销售等环节充分融合，开成完备的产业链，加快农村电子商务平台和服务体系建设，推动数字农业、休闲农业、乡村旅游和农村电子商务等新业态发展，培育乡村经济新的增长点。强化全过程农产品质量安全监管，健全追溯体系。实施新型农业经营主体培育工程，支持新型农业经营、服务主体发展土地流转型、土地入股型、服务带动型等多种形式规模经营，不断提高农业发展活力和竞争力。到 2020 年建设益农社 100 多家。① 加强新型职业农民教育培训，包括种养大户、合作社理事长与成员，从环境、新技能、生态、现代农业等层面引导和扶持职业农民发展，提高其综合素质、生产技能和经营能力，促进现代农业生产经营主体的快速形成，培育壮大农民专业合作社、家庭农场、农业社会化服务组织等新型农业经营主体。推进产业化、标准化、规模化和集约化的现代农业发展。

（三）提升公共服务水平强化保障

实行现代农业发展财政补贴政策，加强对农村土地承包经营权的确权登记颁证工作，探索符合余江实际的土地流转模式，基本实现各乡（镇、场）土地流转率不低于 30%，每个乡镇有集中连片的点，为发展现代农业提供基础。② 实施《余江县现代农业示范园建设》方案，促进现代农业体系建设；2020 年建立农村集体经营性建设用地入市制度，逐步建立起城乡统一的建设用地市场，夯实农村集体土地权能，建立兼顾国家、集体、个人的土地增值收益分配机制，更好地提升农民土地收益。

三 经验启示

此种模式主要是以新经济引导区域经济发展。新经济以新技术、新产品、新模式和新业态为特色，因此，政府具有开放的思想，勇于改革创新就至关重要。余江县借助物联网技术与农业的深度融合，促进现代精准农

---

① 余江县人民政府：《2016 年县农业局在线访谈》，2016 年 5 月 26 日，http：//www.yujiang.gov.cn/art/2016/5/26/art_3664_844703.html，2022 年 6 月 18 日。

② 李耀文：《守住良田沃土　守护粮食安全》，2022 年 5 月 13 日，https：//baijiahao.baidu.com/s?id=1732705136624285578&wfr=spider&for=pc，2022 年 6 月 18 日。

业发展的思路很好，但是目前也存在两个主要问题：一是土地流转难度逐步增大。土地资源的有限性，部分农民对土地的依赖性（导致对农业项目、流转年限有所顾虑），流转价格逐步上升性，加大了土地特别是千亩以上的土地流转的困难，制约了规模化种养殖和机械化操作。二是农产品精深加工动力不足。全县农产品加工企业少、规模小、分布散，且集中在农业产业链条的低端，农产品附加值不高，农业产业效益还未体现出来。这种模式对政府能力提出了更高的要求：学习新知识新技能，乐于善于和高校科研院所合作，借智引力发展区域经济；熟悉政策，在法律的框架内，创造性地解决在改革中出现的新问题等。

第二节　吉水模式：赋能"军民融合"补工业短板

一　发展成效

工业，曾是吉水的短板，但国务院苏区振兴意见实施以来，至2015年短短的三年时间里，吉水实现了"工业突围，三年翻番"目标。2015年，吉水完成工业总产值230亿元、工业增加值55.2亿元，实现了挂牌上市企业零突破、国家驰名商标零突破、省级企业技术中心零突破，并取得全年规模以上企业数量突破100家、绿色食品主营业务收入突破100亿元两个"双过百"佳绩，[①] 此后一直保持强劲发展势头。"十三五"期间，首位产业、主导产业、富民产业协同推进，战略性新兴产业、高新技术产业加速发展，产业发展与创新能力相互支撑。电子信息首位产业"点线面体网"全链发展，营业收入"四年翻番"、突破1700亿元，生物医药大健康、先进制造、绿色食品、先进材料等主导产业量质双升，百亿元级企业、本土企业上市接连突破，被国务院评为全国10个"促进工业稳增长和转型升级成效明显"地方之一。[②] 据2022年该县政府工作报告，

[①] 尹姗、李歆：《工业突围看"吉水经验"》，2016年2月17日，https：//china.huanqiu.com/article/9CaKrnJTSvk，2022年6月18日。

[②] 吉安市人民政府：《吉安市国民经济和社会发展第十四个五年规划和二〇三五年远景目标纲要》，2021年6月16日，http：//www.jgsdaily.com/2021/0616/167993.shtml，2022年6月18日。

2021年全年地区生产总值突破200亿元，较上年增长9.2%；规模以上工业增加值完成70.7亿元，较上年增长11.7%；固定资产投资完成108.1亿元，较上年增长10.4%；工业用电量较上年增长24.9%，园区企业实现主营业务收入295亿元，同比增长17.8%。①

二 主要举措

（一）主动争取"军民融合"对口支援

吉水县是全省最早启动帮扶项目和获取援助资金的县。该县充分利用中央对口支持政策，积极对接国家国防科工局和省、市政府，有力地推动了国防科工局快速出台《国防科技工业对口支援江西省吉水县振兴发展实施意见》，成立高规格的对口支援工作领导小组，并于2013年落实了120万元帮扶资金。② 对口支援吉水与吉水军民结合产业基地建设被列为局省战略合作协议，"将吉水县建成我省军民两用电子产品生产和信息服务的重要基地"成为江西省人民政府办公厅出台的《关于深化军民融合加速推进军民结合产业发展的意见》的重要内容。抓住国防科技工业新一轮对口支援机遇，2021年5月举办全国印制电路板产业链对接招商活动，引进了2个国家级平台机构，签约4个项目，11月在深圳市举办"2021吉安（深圳）军民两用产业招商座谈会"，积极引导军工配套产业向吉水聚集，做大做强全县军民融合产业。③

（二）协同推进"军落户""民引进""民参军"

江西省委省政府和吉安市委市政府高度重视，把吉水县军民结合产业基地项目纳入全省苏区振兴50个重大调度项目，列为全省重点打造的10大军民结合产业基地之一，并且开通绿色通道。④ 地方政府为策应国防科技工业对口支援，积极推进总投资100亿元，规划3000亩军民结合产业

---

① 吉水县人民政府：《吉水县2022年政府工作报告》。
② 穆淼：《国防科工局扎实推进对口支援江西革命老区工作》，2014年6月27日，http://www.gov.cn/xinwen/2014-06/27/content_2709067.htm，2022年6月18日。
③ 袁平：《全国印制电路板产业链对接招商活动在吉水县举行》，2021年5月31日，http://jx.sina.com.cn/news/zhzx/2021-05-31/detail-ikmxzfmm5665073.shtml，2022年6月18日。
④ 尹姗、陈艳：《苏区振兴急行军——国防科工局对口支援吉水亮点工作扫描》，2018年2月27日，http://www.jgsdaily.com/2018/0227/69643.shtml，2022年6月18日。

园，一期1000亩园区已开始建设，为引进军工企业提供良好平台。[①]"军落户""民引进""民参军"已取得较快成效，集聚了景旺电子、富创精密工业、中电科普天科技等龙头企业。如中电科普天科技在电子信息领域具有突出的技术优势，县委县政府与之紧密联系，在招大引强、智慧应用、人才培训等方面开展合作，打造国防科技工业对口支援新标杆。

（三）互联网优化军民融合发展环境

2021年以推进"一件事一次办""惠企通""县内通办""赣服通"4.0版建设等为重点，着力提升"放管服"改革实效，全力打造"吉事即办"政务服务品牌。出台《吉水县推进"吉事即办"政务服务品牌建设实施方案》重点做好健全政务服务体系和机制、推行标准化政务服务管理、深化"互联网+政务服务"、持续深化改革创新、打造一流工作作风五个方面40个重点工作，营造良好的发展环境。

高标准规划建设市民服务中心，率先在吉安市实行"全集中全到位"行政审批制度改革，62个单位进驻服务中心集中办公，变原来的"跑多个门，办一件事"为"进一扇门，办各种事"，提高了办事效率，现场办结率80%以上，办理时限平均压缩70%以上。[②] 在帮实体、降成本方面，重点做好了"三个减法、三个加法"。即严格执行国家、省市减免税费政策，减税费负担；及时兑现工业企业发展奖励政策，减生产负担；出台精准帮扶企业活动方案，减保障负担；积极落实企业研发和高新技术企业税收优惠政策，增加企业创新动力；搭建银企合作平台，增加企业融资能力；完善市场监管体系，增加企业市场活力。

三 经验启示

这种模式主要依赖外来企业落户，引进并使之安心落户且本地化是关键。吉水县虽然交通条件一般，但通过发挥政策效应，以"互联网+政务服务"的优质服务，优化发展环境，降低企业成本等举措，吸引了景

---

① 郭建华：《栽好梧桐树 引来金凤凰——吉水打造军工百亿产业集群记》，2016年8月29日，http://www.jgsdaily.com/2016/0829/25027.shtml，2022年6月18日。

② 王薇薇、刘娇：《优化环境 帮扶到"家"吉水助力民营企业快速发展》，2018年12月10日，http://www.jgsdaily.com/2018/1210/93732.shtml，2022年6月18日。

旺电子等一批企业进驻，使吉水县的工业在短时期实现突破性发展。但是实际落户的项目规模和企业数量与预期还有一定的差距，引进的项目规模还不大，部分对口支援单位再投资意愿不高，有的还没有在当地长期发展的打算。这既与国家招商引资政策规范，军工企业入驻条件变差有关，也与吉水县产业集群尚未形成，产业链不完善，生产配套条件差和区位条件一般有关。因此，此种情况下，政府加强沟通、做好服务，出台优惠政策，以及积极引进相关的配套生产企业和生产性服务企业，尽快提升产业集中度，延长产业链，同时进一步优化经济发展环境，培育壮大本地企业，是下一步需要继续着力解决的问题。

第三节 石城模式：挖掘资源优势打造智慧全域旅游

一 发展成效

石城县为罗霄山集中连片特困地区县，近年来先后获评中国最美乡愁旅游城市30强、中国深呼吸小城100佳、全国休闲农业与乡村旅游示范县、全省旅游发展十强县、全省旅游产业发展先进县等多个荣誉，为全国休闲农业与乡村旅游示范县，2020年入选第二批国家全域旅游示范区，2021年正式授牌"国家全域旅游示范区"。2015年以来全县接待游客人次和旅游增加值不断增长，如表12-1所示。2020年旅游增加值占GDP比重为30.7%。

表12-1　　　　　　石城县2015—2020年旅游相关数据

	2015	2016	2017	2018	2019	2020
旅游人次（万）	234.1599	334.9126	439.6269	555.31	691.9	865.02
同比增长（%）	37.256	43.027	31.266	26.32	24.8	25.03
旅游收入（亿元）	8.439	15.08	20.87	25.09	40.02	62.383
同比增长（%）	63.015	78.7	38.4	20.22	59.5	55.87
旅游企业数	26	39	55	60	62	66
从业人数	2580	2830	3092	3237	4100	3865

注：根据石城县人民政府网站公开数据整理。

2019—2020年，旅游创业扶贫脱贫户7500余户，29800余人，占全县贫困人口的60%。帮扶发展文创品牌、鞋服业、广告传媒业、娱乐业、民宿、农庄、企业60余家，企业创新发展能力不断增强。[①]

二 主要举措

（一）科学规划，在全域上下功夫

石城县充分利用本地丰富的旅游资源，围绕全国知名的生态休闲养生旅游目的地发展目标，明确旅游主攻方向，将全县作为旅游景区打造，提出"精致县城、秀美乡村、特色景区、产业集群四位一体"的全域旅游发展思路，确定"以旅游业为引领，生态农业、低碳工业、现代服务业齐发展"发展路径，全力推进旅游强县建设，推动旅游产业由传统单一的观光旅游向多元化转型，促进物流、商贸、餐饮、住宿、娱乐等服务业的发展。出台《主攻旅游产业发展实施意见》《鼓励石城旅游产业发展系列政策》等重要文件，编制了《石城县旅游业发展总体规划》《游客集散中心项目概念性规划》等系列规划，统筹调度农业、工业、文化、城市建设与旅游协调发展，逐步形成思路向旅游靠拢，资金向旅游集中，人力向旅游倾斜，齐心协力推动旅游升级发展的全新局面，2021年和2022年分别出台修订《石城县民宿管理办法》《石城县文旅产业扶持政策》等政策，助力全域旅游发展。

（二）找准特色，从景点旅游走向全域旅游

坚持"全链条发展、全景化打造、全产业融合、全社会参与、全民化共享"的发展路径，全力发展全域旅游。加大资金投入，修通6条旅游公路并全线开通旅游公交线路，使各个旅游景点形成一串"珍珠"。[②]投资兴建星级宾馆，2020年开工建设未来科技教育文化城和县工业园建

[①] 石城县人民政府：《["五型"政府建设专题访谈] 县文广新旅局：守初心 担使命 全力推动我县文旅事业改革发展》，2021年1月8日，http://www.shicheng.gov.cn/scxxxgk/sc89745/202101/6e33a091ccc44cf2ba749e570dc89bc0.shtml，2022年6月18日。

[②] 江西省人民政府：《石城旅游产业风生水起》，2011年9月6日，http://www.jiangxi.gov.cn/art/2011/9/6/art_399_180378.html，2022年6月18日。

设 PPP 项目两个文旅重点项目，总投资 10.26 亿元。① 推出具有石城特色的"全荷宴"，扩大宾馆和餐饮服务业的覆盖面。利用石城灯彩列入国家非物质文化遗产名录契机，深入挖掘景点文化内涵，把民间艺术、民间故事搬上旅游景点的舞台，使文化事业与旅游产业相辅相成、相得益彰。2022 年 6 月举办"文化和自然遗产日"非遗精品节目展演活动，石城灯彩、歌曲、舞蹈与客家粽子、薯粉水饺等非遗技艺相结合，并展销茵陈茶、手工米粉、客家酒娘、手工腐竹、石城粉条等石城非遗产品。分批引进高等院校旅游专业教师及学员到县内景区开展交流，举办全域旅游讲解员培养班，对景区服务员进行提升性培训，逐步打造了一支高素质、高水平的服务管理团队，大力提升旅游服务水平。

（三）强力数字推介，小县玩出大宣传

推动"旅游+文化""旅游+工业""旅游+体育""旅游+康养"发展。加大主攻大台大报工作力度，加紧对外宣传报道工作，实现"小县大宣传"的目标，提升知名度和美誉度。江西日报、赣南日报等多篇头版头条稿件打响石城旅游知名度。积极扩大宣传覆盖面，创新宣传手段和途径，修订《石城县文旅产业扶持政策》，加大对新媒体宣传支持力度，充分利用微博、微信、抖音等新兴媒体，通过石城宣传、石城发布、石城广电新闻网等平台，大力宣传、推介石城。

三 经验启示

这种模式主要是立足乡村优势资源开发利用。由于江西省很多县乡的地理环境相似，资源类似，在发展上极易同质化，做好发展规划，培育区域特色品牌最为关键。石城县规划先行，全县推动，突破传统宣传渠道，充分利用新媒体着力宣传，形成一定的知名度。但是有知名度并不等于有品牌，游客来不等于留得住，效益高。因此，应特别注重打造区域特色，改善交通条件，关注细节，重视顾客感知价值，打造智慧旅游信息服务系统，提升产品或服务质量，让顾客在愉悦的情绪体验中，为当地经济做出

---

① 石城县人民政府：《总投资 14 亿元！我县文旅工业两个重点项目开工》，2020 年 11 月 9 日，http://www.shicheng.gov.cn/scxxxgk/sc89745/202011/5fc494d55ed34d07ab0cba5063e03f84.shtml，2022 年 6 月 18 日。

更大的贡献。

第四节　对其他地区乡村振兴的启示

一　强化分类指导与分类考核双向发力

我国许多县自然资源与人文资源丰富，不少县（市）还具有较好的政策资源优势。但受资源禀赋、经济基础等因素影响，加之地方政府能力不同，各县在经济发展方向、速度和质量等方面都存在明显差异。因此乡村振兴应当分类指导分类考核。

分类发展。根据各地具体情况，指导县域根据自身发展优势如自然资源、文化资源、政策资源和区位优势等科学规划县域发展战略，采取不同发展模式，在行业细分方面形成特色，打造一县一品。

分类备案。对县级发展规划采用审批、备案、负面清单等方式进行行政干预，按分类指导的原则引导和纠偏县域发展方向，防止一届政府一个规划，保持发展政策的延续性。

分类考核。将乡村发展考核作为干部选拔任用的重要依据，建立乡村振兴考评与县（市、区）领导干部考核使用相衔接的制度，不同类别的县域实行不同的考核指标，运用绩效考核等方式引导县域落实分类指导的原则。

二　注重挖掘特色资源与提升品牌知名度双轨并行

抓好主导产业创品牌。一是重点推进主导产业发展，发挥龙头企业辐射带动效应；二是完善基础设施，发展生产型服务企业，为主导产业发展服务；三是积极引智，创新技术、创新管理模式，降低成本，提高产品质量；四是积极培育农业特色品牌，增强本地产品的竞争力。

打造特色小镇强特色。立足江西生态旅游和山水资源，以特色小镇建设为契机，重点建设特色旅游平台、特色产业、特色市场和特色通道，重点培育一批宜居宜业宜游的文化特色小镇。

大力宣传推品牌。各级政府都要加大品牌的宣传力度，要借助专业人士，提高品牌推介的策划能力；要充分利用各种媒介，进行具有视听冲击力、入脑入心的宣传。

三 突出创新体制机制与健全政策体系互为补充

深化行政管理体制改革。加大简政放权力度，精简行政许可事项，赋予县域更大的行政自主权和决策权。针对不同县域的不同功能定位，适当下放事权和财权，适当提高资金自主使用权。

创新投融资支持体系。设立县乡村产业发展基金，如江西省可每年滚动扶持500家中小企业发展，培育新增规模以上企业50户。[①]

推进乡镇机构改革。创新乡镇事业站所运行机构，精简乡镇机构，乡镇机构编制只减不增，切实提高行政效率，强化乡镇政府社会管理和公共服务的职能。

四 促进"引智"与"留智"环境协同优化

完善人才柔性流动政策。加强与高校科技机构合作，建立相关信息平台，创新专家服务团选派机制，引导各类专业技术人才服务县域经济，推动县乡点对点开展科技、人才、项目等交流合作活动。

加强基层公职人才队伍建设。提高基层公务员经济和政治待遇，健全和完善考核升迁机制，不让优秀人才埋没，不让老实人吃亏。加大基层公务人才引进力度，增加基层公务岗位，继续推进选调生政策，完善大学生村官选拔体制机制，为青年人才投身农村基层创造良好外部条件。

加强职业农民培养。选择和培养政治觉悟高、社会责任感强、群众认可的种养大户、致富能人作为农村合作社的法人代表，全面推行职业培训经费直补企业政策，支持县级就业服务机构开展职业技能培训，努力保证企业用工需求。依托合作社帮助农民特别是贫困户提高生产技术，努力壮大农村经纪人队伍，争取每村发展1—2名农村经纪人。

五 抢抓新兴产业与新兴业态双重机遇

抢抓新经济发展的时代机遇，结合县域产业实际，科学布局新兴产业

[①] 江西省人民政府：《关于印发〈江西省促进中小企业发展2021年工作要点〉的通知》，2021年4月25日，http://www.jiangxi.gov.cn/art/2021/4/25/art_5006_3336722.html，2022年6月18日。

和新兴业态，进一步激发乡村振兴活力。

积极对接中国制造 2025。如具有新能源和新材料产业基础的县，可相应地发展新能源汽车、LED 照明、电子信息等产业。电子产业基础较好的县，则可拓展智能制造，大力发展虚拟现实、3D 打印等智能装备。

大力促进数字技术赋能乡村振兴。利用网络，互联互通，引智引才，打造工业设计、现代金融、现代物流新模式，推动全域旅游、文化创意、订制农业快速发展，依托大数据和云计算，积极发展分享经济和电子商务等。

因地制宜发展优特产业，打造县域经济新亮点。把新兴产业发展摆在县域经济发展的首要位置，找准切入点，宜农则农、宜工则工、宜商则商、宜旅则旅，依托各自资源和产业优势，发展中医药、康养等大健康产业和绿色农业，打造县域特色鲜明的优特色产业。

第十三章

乡村振兴中的数字技术治理困境与路径

"数字技术赋能""互联网+"思维影响社会方方面面，大数据在各个领域运用越加广泛和深入。大数据在信息录入、存储、管理和分析上具有强大的优势，促进数据管理的现代化、科学化，在脱贫攻坚实践中，通过建立规范科学的贫困户信息录入和管理电子信息系统，用科学手段管理扶贫信息，提高靶向精准度、政策精准度、效果精准度和外力精准度助力精准扶贫，数字技术有效助力解决对象识别难、分类施策难、脱贫成效评价难等问题。

然而，这一现代技术在农村实际运用过程中，也产生一些新的问题，影响数字技术治理成效。如何使数字技术治理在乡村振兴中更好地发挥作用？抑或"如何为数字技术治理应用于全面乡村振兴营造坚实的现实基础与制度环境"？这是当前在实施数字乡村背景下，促进乡村振兴，实现共同富裕亟待解决的问题。

第一节 数字技术治理脱贫攻坚文献与实践回顾

一 文献回顾

自麦肯锡 2011 年报告之后，大数据研究开始进入国内学者视野。但学界关于精准扶贫中的大数据应用研究于近几年才开始。从研究内容看，早期以数字技术应用于脱贫攻坚的可行性和重要性研究为主，后期则主要聚焦于数字技术应用的实践研究。

（一）数字技术治理的可行性、重要性研究

郑瑞强和曹国庆（2015）从历年扶贫工作基于互联网积累了大量的

数据和数据挖掘分析技术支持方面，提出从大数据思维来探究精准扶贫机制的必要性。莫光辉和张玉雪（2017）认为大数据技术支持对精准扶贫进程的绩效影响显著，大数据扶贫平台建构是精准扶贫实践的新模式。吕方（2017）认为，减贫大数据有效提升了减贫政策安排的科学化程度，是中国国家减贫治理体系理性化程度的重大跃升。还有学者着眼于具体的相关问题进行探讨，涉及大数据与教育、金融、文化、审计扶贫等。

（二）数字技术治理的实践研究

胡建兰（2018）认为，当前，脱贫攻坚民主监督大数据建设中存在着数据采集耗时耗力、数据价值的挖掘技术不成熟和专业管理人员缺乏等现实困境。汪磊、许鹿和汪霞（2017）以贵州、甘肃为例研究发现，精准扶贫与大数据之间存在较强的耦合性，但人工化的数据采集和简单化的数据分析制约了二者之间的耦合程度。相较于行政主导下的精准扶贫机制，基于大数据技术的扶贫耦合机制减少了信息不对称，提升了精准扶贫绩效。檀学文（2017）认为，现行建档立卡工作机制未能从根本上解决精准识别问题，建议打造真正扶贫大数据云平台。丁翔、丁荣余、金帅（2017）认为，大数据的应用与研究在扶贫领域基本处于空白，提出需要重新审视大数据与精准扶贫之间的关联本质，提出大数据驱动精准扶贫的内在机理与实现范式。章昌平、林涛（2017）发现，精准扶贫的数据采集与分析，大数据管理，存在应用"烟囱"和数据"孤立"现象，跨学科研究和综合集成数据分析方法应用不足，精准扶贫"块数据"开发应用亟待加强，缺乏以贫困人口为中心的数据关联整合等问题，并构建了一个以贫困人口为中心的大数据关联整合方案的理论模型。

二　实践回顾

（一）发展历程

数字技术在精准脱贫中的应用发端于2005年，大范围电子数据网络平台建设则始于2014年，大致可以划分为三个阶段，如表13-1所示。

表13-1　　　　　　　大数据在精准扶贫中的应用情况表

发展阶段	基本情况	主要目标
信息搜集准备 (2005—2012年)	在8个省区开展建档立卡试点，建立信息系统，开展贫困监测	建立信息系统，开展贫困监测。2015年，实现连片特困地区互联网全覆盖
启动试点（2013—2015年）	启动全国大数据平台建设省级试点地区，开发应用全国统一的应用软件系统。加大"互联网+"扶贫力度	建设全国首个精准扶贫大数据管理平台
推广阶段（2016年以后）	继贵州之后，四川、广东、广西等省区相继开发应用省级大数据管理平台。各省手机扶贫App平台建设加快推进	建设各省精准扶贫大数据管理平台

1. 起步阶段（2013年以前）

为掌握贫困对象信息，提高扶贫工作的针对性，国务院扶贫办于2005年4月27日发出《关于进一步加强贫困人口建档立卡和扶贫动态监测工作的通知》，开展贫困人口建档立卡试点工作。2006年7月在8个省区开展建档立卡试点。2011年12月的《中国农村扶贫开发纲要（2011—2020年）》出台，提出要建立信息系统，开展贫困监测。此阶段，虽积累了大量的贫困人口信息资料，但是主要分散于单个的计算机中。

2. 大数据平台建设阶段（2013—2015年）

2013年11月，习近平到湖南湘西考察时首次提出"精准扶贫"理念。同年12月出台的《关于创新机制扎实推进农村扶贫开发工作的意见》要求推进贫困村信息化建设，实现连片特困地区互联网全覆盖。2014年，全面推进精准扶贫建档立卡工作，并于当年10月建成了全国范围的电子数据网络，迈出了通过应用电子数据信息加强贫困户精准识别的第一步。同年5月，国务院扶贫办制定下发《精准扶贫工作机制实施方案》，要求建设全国统一的应用软件系统。2015年，习近平总书记在中共中央政治局会议上提出以数据目标诠释精准扶贫开发理念，《关于打赢脱贫攻坚战的决定》明确要加大"互联网+"扶贫力度。同年9月，甘肃省被列为国家扶贫办全国大数据平台建设试点地区，在全国率先探索精准扶贫大数据管理平台的建设，与中国电信万维公司合作，开发全国第一个精准扶贫大数据管理平台，11月，贵州省与浪潮签署建设"云上贵州战略合作协议"打造"大数据精准扶贫云"。此后四川、广东、广西壮族自治区也相继应用大数据管理平台，推行大数据精准扶贫工作。此阶段全国统一的数据平台已形成，同时各省也建立了具有本省特色的数据平台。

3. 平台优化运营阶段（2016—2020年）

为了更好地发挥大数据平台作用，2016年3月，中国移动旗下中移在线服务有限公司着手建设大数据扶贫运营分析平台，开发手机App载体，以贵州省贵安新区和河南省濮阳市为试点，对贫困村、贫困户信息实行动态监测与透明管理。2016年7月，中办、国办印发《国家信息化发展战略纲要》，提出要最大限度发挥信息化的驱动作用，实施国家大数据战略，发挥互联网在助推脱贫攻坚中的作用，同年10月，中央网信办、国家发展改革委、国务院扶贫办联合印发《网络扶贫行动计划》，要求充分发挥互联网在助推脱贫攻坚中的重要作用，实施网络扶贫五大工程。各省大数据扶贫管理系统、手机App等大数据扶贫平台建设进程加快，电信大数据扶贫平台、中国移动App平台在各省推广。这一阶段，大数据平台融入手机App，同时根据平台运行中存在的问题，进行优化。

（二）数字技术助力精准脱贫功能

截至2019年2月，我国贫困县为679个（其中2018年预计有280个左右要脱贫退出），分布在22个省、直辖市、自治区，扶贫工作差异性很大，大数据在精准脱贫工作中主要发挥识别、控制和评估的重要作用。除普遍使用全国精准扶贫大数据平台外，另有17个有国家级贫困县的省还建立了本省扶贫大数据平台，助力精准脱贫。

1. 精准识别贫困对象，扶真贫

将扶贫对象信息资料输入大数据信息系统，可以保持数据的准确性和共享性，有利于识别真正的贫困户、贫困人口。在扶贫工作实践中，通过开展"五定五看""五查五看""三访四看五评"核定需要扶持的贫困对象。工作人员逐村挨户入户调查和核对，填写贫困户信息采集表，然后录入贫困户建档立卡电子数据系统，该系统对贫困户基本信息进行电子录入、管理、监测和分析，实现全国联网和共享，这既为精准扶贫提供数据分析作用，而且数据在上传后不轻易变更（一旦变更则留有痕迹），在一定程度上保证了信息资料的准确性。因此，大数据精准扶贫模式是促使各地采取各种举措全面摸清扶贫对象情况的直接动因。

系统全面收集贫困户基本资料是大数据电子数据系统的技术要求。大数据电子数据系统通过科学合理的设计，多维度、多角度、多层次制定填写项目栏，必填项目的不可或缺性的技术性要求，促使工作人员尽可能确保信息采集的全面性和具体性。应用大数据技术，能最大限度减少主观因素的影响，通过技术手段客观地对贫困人口进行挑选和识别。如湖北省洪湖市，于2017年底通过大数据比对分析，找出未上过网的贫困对象15人、未领取农村养老金贫困对象436人、漏报于"雨露计划"的高中职学生37人，取消了73名不符合条件的贫困户。

2. 精准识别贫困原因，分类施策

目前我国所有贫困人口基本信息均已录入国家和省级精准扶贫大数据平台，贫困人口大数据电子信息客观、翔实地记录了贫困对象家庭成员基本情况、致贫原因、收支情况、受教育情况等。绝大多数贫困县还根据贫困户需求和致贫原因制定一对一措施，全面录入贫困村和贫困人口的生产生活条件、现状照片、因户施策措施、扶贫项目等相关信息。大数据技术的科学化、智能化、精确化、即时化，能够对基础数据进行自动分析和匹配，不仅为根据贫困户需求和致贫原因制定特色种养业、乡村旅游、易地搬迁、劳务输出等分类施策措施提供科学依据，而且大大节省分类施策的时间和成本。

3. 精准过程管理，强化服务监管

网络电子数据库的优点在于其即时性、共享性、动态性，能有效地解决信息沟通滞后的问题，有利于扶贫主体动态掌握贫困户脱贫和返贫情况，加强精准扶贫的过程管理。在足不出户的条件下，上至县、市、省乃至中央，能及时掌握基层电脑终端录入和更新的贫困户信息。只要终端有信息更新，上级管理部门就能第一时间获取贫困户收入变化、脱贫与否、是否返贫等数据。以贵州为例，该省近年来积极打造"扶贫云"大数据，基本实现了在线实时动态更新，建设了部门互通、上下联动的"大扶贫大数据"，同时通过采集基础信息，设置监督模型，自动比对发现问题，严格线下督办核实，严肃整治扶贫项目资金发放管理中存在的突出问题。截至2019年5月，发现异常问题数据65万余条，线下核实发现违规问题32122个，立案891件，追缴违规资金4011万元。将大数据运用于扶贫，也有利于对扶贫工作成效的考核评价。传统考核与评价，常常囿于信息不公开、空间距离限制、时效滞后等原因，考核评价结果认同性和可信度不高。电子数据系统的使用，上级部门能够即时了解基层工作中取得的成绩，及时发现问题，及时发出更正和整改指令，使得行政监督实现即时化、纠偏效率化，既有利于提高整个行政效率，也有利于上级对下级扶贫工作的量化分析，防止地方官员通过虚报数据凸显政绩的行为，体现考核的客观公正性，发挥考核评价应有的作用。如青海省利用分析统计、视频培训、短信平台三大模块功能实现扶贫工作科学化评价，通过统计分析各部门、各乡镇工作和项目完成情况，动态跟踪扶贫日志，全面考核扶贫成效。

据中国互联网络中心公布的第 43 次中国互联网络发展状况统计报告，截至 2018 年 12 月，中国农村网民有 2.22 亿，占中国总网民数的 26.7%，而且大多数有贫困县的地区开通了扶贫微信公众号，其中省级开通率为 95.2%，市级开通率为 66.4%。这为大数据助力精准扶贫奠定了坚实的基础。

第二节 乡村振兴中数字技术治理的现实困境

在取得脱贫攻坚伟大胜利后，随着数字乡村建设，数字技术治理在乡村振兴中发挥着更大的作用，一方面过去精准脱贫大数据平台增设了返贫监测子系统，并开发相应的监测对象申报二维码，方便群众及时直接申报，政府部门及时介入帮扶，防范返贫和新致贫，另一方面运用数字技术促进农业现代化建设和创新乡村治理模式，推进乡村全面振兴，并取得较好成效。但是数字技术是一把"双刃剑"，在乡村振兴中，数字技术治理发展也出现一些问题，必须重视并予以解决。

一 数字技术治理区域发展不平衡

就数字技术基础设施来看，乡村总体较为薄弱，据中国互联网络信息中心 2022 年 2 月发布的《第 49 次中国互联网发展状况报告》，截至 2021 年 12 月，我国农村网民规模达 2.84 亿，占网民整体的 27.6%；城镇网民规模达 7.48 亿，占网民整体的 72.4%。中西部地区地广人稀，且存在山地和丘陵等复杂地形，互联网全覆盖难度较大（董志勇等，2022）。

就应用场景来看，由于经济社会发展差异，我国不同地区数字技术基础设施、农村居民数字素养也存在较大差异，导致数字技术应用场景也存在较大差异。在东部经济较发达的乡村，数字技术不仅广泛运用于政府内部管理、返贫监测、电子商务、沟通宣传，还促进城乡要素流动；为跨界合作提供更多更优质公共服务与产品，减弱优质资源配置不均；打造数字经济等。如浙江省建立医联体缓解乡村优质医疗资源不足，建立数字社区，创新社区治理模式，以数字管理项目和打造数字经济等。而在许多欠发达地区，数字技术运用还不够广泛和深入，多用于返贫监测和简单的电子商务及产品推介。

就使用效率来看，东部农村数字技术治理事务的数量较多且具有一定的规模效应，便于进行分类化处理，选择科层化和智能化的治理路径效果相对更好；在中西部农村，数字技术治理事务较少且具有分散性和偶发性，成效较低（韩瑞波，2021）。

二 数字技术治理水平滞后于数字基础设施发展水平

北京大学新农村发展研究院数字乡村项目组发布的《县域数字乡村指数（2020）研究报告》显示，2020年县域数字乡村四大分指数排序依次为乡村数字基础设施（60）、乡村治理数字化（57）、乡村经济数字化（54）和乡村生活数字化（48），与2019年相比，乡村数字基础设施、乡村治理数字化和乡村生活数字化均增长了5%，乡村经济数字化增长4%。显然，乡村数字基础设施发展高于乡村治理数字化水平。乡村数字基础设施的增长主要来源于数字金融基础设施；乡村经济数字化的发展主要体现在数字化生产、数字化供应链和数字化营销方面；乡村治理数字化的发展主要来源于支付宝政务业务使用和微信公众服务平台覆盖率的增加；乡村生活数字化的发展主要体现在数字消费、数字医疗和数字旅游的增长。

数字技术治理受多种因素影响。除数字技术基础设施外，还深受组织管理体制机制、市场环境和社会心理等多因素影响。"技术的'社会建构论'"认为，在新技术与组织的相互作用中，组织建构了技术系统并赋予技术系统以意义。① 数字技术治理有效，不仅要建构丰富的数字技术资源，还需与数字技术治理相适应的组织变革与制度安排。从政府来看，既要有数字技术平台，也要进行放管服改革；从电子商务来看，既要有电商平台、电子支付方式，也要有顺畅的仓储物流服务；从农村产业发展来，农业产业现代化、三产融合，不仅要有数字技术，还要有相应的财税、土地和金融等制度资源支撑，数字技术治理实现跨界融合，价值共创等功能都必须要有相应的组织变革和制度创新支持。在不少农村，对数字技术治理认识不足，重视数字技术治理的工具属性，但缺乏数字技术治理理念和思维，在服务型政府建设方面，权力本位思想严重，组织结构未能进行相应的变革，扁平化改革停留在口号上，放管服改革不够深入，网上服务和数据共享总差一公里；在以数字技术推动城乡要素流动，促进农业农村现代化方面，土地制度、农村经营主体培育、优特色产业培育和乡村治理模式等方面的举措各地同质化，老套化，与数字技术治理要求不契合，制约了数字技术治理。如中部某县建立网上办事平台，但是由于各部门信息不能共享，且授权不足，群众在网上所办事项有限。

三 农村居民数字素养整体不强制约数字技术治理

数字技术治理促进远程办公、一站式服务、在线医疗、在线教育和社区团购等新业态持续发展，有效缓解了区域发展鸿沟问题，让人们更便捷地工作和生活，但其前提条件是人们要具有一定的数字技术素养和使用技能。乡村居民是乡村振兴的建设者和受益者，其数字技术素养及技能是直接影响乡村数字技术治理成效。随着农村数字技术发展，越来越多的人从网络经济、网络生活等获得利益和满足。但毋庸置疑的是，农村常住居民以老人、妇女和儿童为主，其中大多数老人缺乏基本的数字技术应用技能。中国互联网络发展状况统计调查显示，截至 2021 年 12 月，农村地区非网民占比为 54.9%，高于全国农村人口比例 19.9 个百分点。从年龄来看，60 岁及以上老年群体是非网民的主要群体。非网民群体无法接入网络，在出行、消费、就医、办事等日常生活中遇到不便。使用技能缺乏、

---

① Jane E. Fountain, *Building the Virtual State: Information Technology and Institutional Change*, Washington, D. C.: Brookings Institution Press, 2001, pp. 3 – 14.

文化程度限制、设备不足和年龄因素导致超过半数的农村居民不上网，无法参与乡村数字技术治理。

除非网民外，还有一部分乡村居民虽然是网民，但应用以接受阅读和发送简单的信息为主，有效地参与乡村振兴中的数字技术治理的意愿和能力不足。

第三节　乡村振兴中的数字技术治理建议

一　加强数字技术治理的制度保障

重塑数字技术治理新理念，推进数字技术深度融入乡村振兴，系统推进相关体制机制改革。

一是将数字乡村战略及行动计划与乡村振兴的目标和任务紧密结合，把数字技术治理与组织变革和制度创新紧密结合。以民为本，破除数字技术治理的制度约束；打破信息孤岛，共建共享信息；加大放管服改革，进一步厘清政府职能与市场作用，政府有为与市场有效相结合，推进政府管理与组织结构变革，不断提高政府内部管理智能化。完善县域商业体系建设，营造乡村产业发展的基础环境，促进数商兴农。

二是扩大数字技术治理广度与深度，促进多主体协同治理。构建激励机制，促进政企事业单位不同主体、政产学研不同界别和不同产业等跨界融合，实现价值共创共享，提供更多更好的公共服务与产品，催生新业态新模式，促进乡村经济社会发展。

三是改革户籍制度和土地管理制度，打通城乡要素流通渠道，推进城乡市场对接、城乡融合发展，为发展乡村数字经济奠定基础。

二　加强数字技术治理的设施保障

进一步提升乡村互联网基础设施及相关配套设施水平，补短板强弱项统筹兼顾。

一是继续加强农村地区5G、物联网和千兆光网等信息基础设施建设，持续实施电信普遍服务补偿工作，提高农村地区网络的速率、稳定性和覆盖广度，构建良好的数字技术使用环境。

二是基于乡村实际需要，分类施策，突出重点，补短板强弱项。加大中西部和东北地区数字基础设施薄弱乡村的支持力度，促进不同区域数字乡村均衡发展；加强生产生活服务设施数字化建设，增强不同领域数字化发展支持政策的衔接与联动，提升数字技术基础设施使用效率。

三是完善数字技术赋能乡村振兴的配套设施建设，提升农产品物流配送、分拣加工等电子商务基础设施数字化、网络化、智能化水平，发展智慧供应链，打通农产品上行"最初一公里"和工业品下行"最后一公里"等。加大智慧水利、智能电网和智慧农业、智慧旅游等设施建设，补链强链，促进产业数字化转型。

四是创新融资渠道，为数字技术设施建设提供资金支持。一方面中央政府与地方政府设立专项资金、发行国债等方式加大对农村数字技术治理基础设施的投入，另一方面要激励社会资本在政策法规范围内参与建设，打造政府与社会共建共治共享的协同；要鼓励金融保险机构创新产品支持乡村数字技术治理相关设施建设。

三　加强数字技术治理的人才保障

建设一支具有数字技术素养和应用技能的农村人才队伍，是乡村振兴中数字技术治理的根本保证。

一是要提升农村网民的数量。要加强农村人群基本的数字技术素养与应用培训，在农民职业教育中增加数字素养培训，可采取上门服务和集中办班等多种方式，现身说法，引导农村居民运用数字技术进行沟通、消费、电子商务和其他事务处理。开发更多智能化、人性化的适老产品和服务，提升数字技术产品操作的简便性，助力非网民转化为网民，享受数字技术带来的便利。

二是加强分类培训。要根据数字技术应用要求，进行分类培训。通过上门指导等方式为农村老人主要培训其手机信息沟通、社会保障领取等内容。通过职业院校和上门方式可对普通居民进行生产生活信息收集与分析、电子商务应用等培训，通过职业院校集中办班方式可对农村经营主体等，重点培训其收集与分析政策信息、数字化管理、数字化经营、电子商务、政府建言献策和国内外成功案例经验等等培训。

三是大力引进有数字素养的人才来农村干事创业。通过公务员考试、毕业生选调及等方式选择具有良好的数字技术素养的大学生投身乡村振兴，利用各种可能的机会和条件，鼓励和吸引新乡贤、返乡大学生、退伍军人等投身乡村振兴，示范带动乡村人员数字技术思维，掌握数字技术技能，提高数字技术治理成效。

四　加强数字技术治理的基层组织保障

村级组织是乡村振兴中实现技术治理的最基层的直接参与主体。

一是要重点通过提升现有人员素质和引进年轻化、知识化人才，科学合理安排IT能力培训计划，合理安排数据扶贫工作的培训时间、频次和数量，强调实践操作，分阶段有步骤地培训村干部电脑操作基本技能和数字技术平台操作专项技能；优化村组织人才结构，引进和培养青年人才。因地制宜实施"三支一扶"，加大脱贫地区村官招聘力度，给予相应的政策支持，加强其网络运用和大数据技术的培训；以乡情乡愁为纽带引导有知识、有技能的在外工作人员返乡扶贫；以理想信念为牵引，招募有志于扶贫工作和振兴乡村的志愿者到贫困村一至两年，参与到乡村振兴中。

二是加大对村级组织的办公设备投入。应为乡镇、村两委配备电脑、打印复印机等设备，加强纸张、墨盒等相关耗材等供给保障，明确这些办公资源配备的原则、具体办法。创新村级办公设备供应机制，使政府公共服务向农村延展，争取将村级组织办公设备购置纳入政府采购范围，赋予村两委办公设备准政府采购权，参照政府购买模式，解决村级组织办公资金来源问题。完善村级大数据办公资源采买和使用信息公开机制。对村级相关办公资源进行科学统计，及时公开获取、存储、输出各环节的相关信息，明确资源的输入来源、资源的数量、资源的使用性质、使用目的等，规范村级大数据办公设施的购买和使用，建立和完善村级办公资源购买、分配监督制约机制，防止村有资产流失和贪腐行为。发展村级经济，提高村级组织自我资源配置能力，自力更生解决工作所需的办公性设备开支等问题，为大数据扶贫工作提供可持续的财力保障。

参考文献

一　经典著作及重要文献

《邓小平文选》第 3 卷，人民出版社 1993 年版。
《邓小平文选》第 2 卷，人民出版社 1994 年版。
《列宁选集》第 4 卷，人民出版社 1972 年版。
《列宁选集》第 3 卷，人民出版社 1995 年版。
《马克思恩格斯全集》第 47 卷，人民出版社 1979 年版。
《马克思恩格斯全集》第 3 卷，人民出版社 2002 年版。
《马克思恩格斯全集》第 2 卷，人民出版社 2005 年版。
《马克思恩格斯文集》第 2 卷，人民出版社 2009 年版。
《马克思恩格斯文集》第 3 卷，人民出版社 2009 年版。
《毛泽东选集》第 3 卷，人民出版社 1991 年版。
《毛泽东文集》第 6 卷，人民出版社 1999 年版。
《习近平谈治国理政》第 2 卷，外文出版社 2017 年版。
《习近平扶贫论述摘编》，中央文献出版社 2018 年版。

二　专著

［印］阿马蒂亚·森：《以自由看待发展》，任赜、于真译，中国人民大学出版社 2013 年版。
陈学明：《中国道路的世界贡献》，天津人民出版社 2017 年版。
姜启源等：《数学模型》，高等教育出版社 2011 年版。
李冰：《中国农村扶贫开发概要》，中国财政经济出版社 2003 年版。

李君如：《中国道路与中国梦》，外文出版社2014年版。

李培林等：《中国扶贫开发报告—2017》，社会科学文献出版社2017年版。

［美］马尔库塞等：《审美之维》，李小兵译，生活·读书·新知三联书店1989年版。

玛雅：《中国道路与中国学派》，中信出版集团股份有限公司2016年版。

瞿振元等：《中国农业大学年鉴—2008》，中国农业大学出版社2009年版。

［美］塞缪尔·亨廷顿：《文明的冲突》，新华出版社2013年版。

沈镇昭等：《中国农业年鉴—2001》，中国农业出版社2001年版。

汪向东等：《和谐社会与信息化战略》，商务印书馆2014年版。

王小林：《贫困测量：理论与方法》第2版，社会科学文献出版社2017年版。

中共中央党史研究室编：《中国共产党历史》第2卷，中共党史出版社2011年版。

三　中文论文

阿马蒂亚·森、王燕燕：《论社会排斥》，《经济社会体制比较》2005年第3期。

包国宪、杨瑚：《我国返贫问题及其预警机制研究》，《兰州大学学报》（社会科学版）2018年第6期。

包国宪、张弘：《政府绩效治理中的协同领导体系构建：超越个体层面的公共领导新发展》，《行政论坛》2020年第3期。

北京大学课题组、黄璜：《平台驱动的数字政府：能力、转型与现代化》，《电子政务》2020年第7期。

贝多广：《数字化是推动普惠金融发展的引擎》，《现代商业银行》2017年第11期。

蔡昉：《穷人的经济学——中国扶贫理念、实践及其全球贡献》，《世界经济与政治》2018年第10期。

蔡跃洲、陈楠：《新技术革命下人工智能与高质量增长、高质量就业》，《数量经济技术经济研究》2019年第5期。

曹宝明、冯睿、刘婷：《互联网有助于降低交易成本吗？——以粮食批发价格为例》，《调研世界》2021年第2期。

曹瓅、罗剑朝:《社会资本、金融素养与农户创业融资决策》,《中南财经政法大学学报》2019 年第 3 期。

曾亿武、郭红东:《电子商务协会促进淘宝村发展的机理及其运行机制——以广东省揭阳市军埔村的实践为例》,《中国农村经济》2016 年第 6 期。

曾亿武、宋逸香、林夏珍等:《中国数字乡村建设若干问题刍议》,《中国农村经济》2021 年第 4 期。

常凌翀:《数字乡村战略下农民数字化素养的价值内涵与提升路径》,《湖南社会科学》2021 年第 6 期。

陈柏峰:《基层社会治理模式的变迁与挑战》,《学习与探索》2020 年第 9 期。

陈冠宇、张劲松:《弥合数据、精准、扶贫之间的链接缝隙——精准扶贫第三方评估大数据运用及发展》,《上海行政学院学报》2018 年第 6 期。

陈丽君、杨宇、周金衢:《"扶贫外包"何以发生？目标冲突、扶贫预期与基层产业扶贫模式选择》,《中国行政管理》2021 年第 9 期。

陈胜东、孔凡斌:《基于生态移民的农户可持续生计研究进展与展望》,《鄱阳湖学刊》2016 年第 5 期。

陈潭、陈芸:《面向人工智能时代的政府未来》,《中国行政管理》2020 年第 6 期。

陈潭、王鹏:《信息鸿沟与数字乡村建设的实践症候》,《电子政务》2020 年第 12 期。

陈向明:《扎根理论的思路和方法》,《教育研究与实验》1999 年第 4 期。

陈向明:《资料的归类和分析》,《社会科学战线》1999 年第 4 期。

陈向明:《社会科学研究中写作的功能》,《学术界》2000 年第 5 期。

陈晓运:《技术治理：中国城市基层社会治理的新路向》,《国家行政学院学报》2018 年第 6 期。

陈瑜、马永驰、李鹏:《新兴技术治理集体行动的实现路径》,《科学学研究》2020 年第 7 期。

陈哲、汪宗顺、李晗等:《2021 杨凌国际农业科技论坛"数字乡村与现代农业发展"分论坛在我校召开》,《西北农林科技大学学报》(社会科学版) 2022 年第 1 期。

程惠霞：《基于巩固拓展脱贫攻坚成果的金融扶贫政策"三维一体"赋能新路径》，《中国行政管理》2021年第9期。

代佳欣：《从割裂到弥合：政府技术治理何以可能与何以可为》，《学习与实践》2020年第11期。

代明、殷仪金、戴谢尔：《创新理论：1912—2012——纪念熊彼特〈经济发展理论〉首版100周年》，《经济学动态》2012年第4期。

戴旭宏：《精准扶贫：资产收益扶贫模式路径选择——基于四川实践探索》，《农村经济》2016年第11期。

单德朋：《金融素养与城市贫困》，《中国工业经济》2019年第4期。

丁波：《数字治理：数字乡村下村庄治理新模式》，《西北农林科技大学学报》（社会科学版）2022年第2期。

丁大尉、李正风、胡明艳：《新兴技术发展的潜在风险及技术治理问题研究》，《中国软科学》2013年第6期。

东梅、王桂芬：《双重差分法在生态移民收入效应评价中的应用——以宁夏为例》，《农业技术经济》2010年第8期。

董晓林、吴以蛮、熊健：《金融服务参与方式对农户多维相对贫困的影响》，《中国农村观察》2021年第6期。

董志勇、李大铭、李成明：《数字乡村建设赋能乡村振兴：关键问题与优化路径》，《行政管理改革》2022年第6期。

豆书龙、叶敬忠：《乡村振兴与脱贫攻坚的有机衔接及其机制构建》，《改革》2019年第1期。

杜金岷、韦施威、吴文洋：《数字普惠金融促进了产业结构优化吗？》，《经济社会体制比较》2020年第6期。

杜运周、刘秋辰、程建青：《什么样的营商环境生态产生城市高创业活跃度？——基于制度组态的分析》，《管理世界》2020年第9期。

段超、李亚：《全面推进武陵山片区生态文明建设研究》，《中南民族大学学报》（人文社会科学版）2016年第3期。

樊杰、王亚飞、梁博：《中国区域发展格局演变过程与调控》，《地理学报》2019年第12期。

范逢春：《建国以来基本公共服务均等化政策的回顾与反思：基于文本分析的视角》，《上海行政学院学报》2016年第1期。

范和生：《返贫预警机制构建探究》，《中国特色社会主义研究》2018 年第 1 期。

方堃、李帆、金铭：《基于整体性治理的数字乡村公共服务体系研究》，《电子政务》2019 年第 11 期。

方舒、王艺霏：《金融能力与相对贫困治理——基于 CFPS2014 数据的实证研究》，《社会学评论》2021 年第 3 期。

冯朝睿、徐宏宇：《当前数字乡村建设的实践困境与突破路径》，《云南师范大学学报》（哲学社会科学版）2021 年第 5 期。

冯丹萌、陈洁：《2020 年后我国城市贫困与治理的相关问题》，《城市发展研究》2019 年第 11 期。

冯海红：《小额信贷、农民创业与收入增长——基于中介效应的实证研究》，《审计与经济研究》2016 年第 5 期。

冯素杰、陈朔：《论经济高速增长中的相对贫困》，《现代财经》（天津财经大学学报）2006 年第 1 期。

冯献、李瑾、崔凯：《乡村治理数字化：现状、需求与对策研究》，《电子政务》2020 年第 6 期。

冯永琦、蔡嘉慧：《数字普惠金融能促进创业水平吗？——基于省际数据和产业结构异质性的分析》，《当代经济科学》2021 年第 1 期。

付堉琪：《数字乡村建设中的地方行动》，《社会发展研究》2022 年第 1 期。

傅建平：《新技术在电子政务中的创新应用及对中国的启示——〈2018 联合国电子政务调查报告〉解读之五》，《行政管理改革》2019 年第 5 期。

干春晖、郑若谷、余典范：《中国产业结构变迁对经济增长和波动的影响》，《经济研究》2011 年第 5 期。

高良谋、马文甲：《开放式创新：内涵、框架与中国情境》，《管理世界》2014 年第 6 期。

高强：《脱贫攻坚与乡村振兴有机衔接的逻辑关系及政策安排》，《南京农业大学学报》（社会科学版）2019 年第 5 期。

高强、孔祥智：《论相对贫困的内涵、特点难点及应对之策》，《新疆师范大学学报》（哲学社会科学版）2020 年第 3 期。

葛和平、朱卉雯：《中国数字普惠金融的省域差异及影响因素研究》，《新金融》2018年第2期。

葛秋萍、辜胜祖：《开放式创新的国内外研究现状及展望》，《科研管理》2011年第5期。

古家军、谢凤华：《农民创业活跃度影响农民收入的区域差异分析——基于1997—2009年的省际面板数据的实证研究》，《农业经济问题》2012年第2期。

谷亚光、谷亚华：《论共同富裕的内涵、道路及重点》，《中州学刊》2012年第5期。

关信平：《我国城市相对贫困呈现的新特点及治理对策》，《人民论坛》2021年第18期。

桂华：《相对贫困与反贫困政策体系》，《人民论坛》2019年第7期。

郭峰、王靖一、王芳等：《测度中国数字普惠金融发展：指数编制与空间特征》，《经济学（季刊）》2020年第4期。

郭红东、丁高洁：《关系网络、机会创新性与农民创业绩效》，《中国农村经济》2013年第8期。

郭健、谷兰娟、王超：《税制结构与共同富裕——兼论经济发展水平的门槛效应》，《宏观经济研究》2022年第4期。

郭亮：《从脱贫攻坚到乡村振兴：村级治理的主体性建设研究》，《湖南社会科学》2022年第1期。

郭熙保：《论贫困概念的内涵》，《山东社会科学》2005年第12期。

郭云南、张琳弋、姚洋：《宗族网络、融资与农民自主创业》，《金融研究》2013年第9期。

韩广富：《中国共产党农村扶贫开发工作史纲的逻辑构建》，《理论学刊》2012年第6期。

韩广富、辛远：《农村相对贫困的特征、境遇及长效解决机制》，《福建论坛》（人文社会科学版）2020年第9期。

韩广富、辛远：《相对贫困视角下中国农村贫困治理的变迁与发展》，《中国农业大学学报》（社会科学版）2020年第6期。

韩瑞波：《技术治理驱动的数字乡村建设及其有效性分析》，《内蒙古社会科学》2021年第3期。

韩文龙、唐湘:《三次分配促进共同富裕的重要作用与实践进路》,《经济纵横》2022 年第 4 期。

郝爱民、谭家银:《数字乡村建设对我国粮食体系韧性的影响》,《华南农业大学学报》(社会科学版) 2022 年第 3 期。

郝朝艳、平新乔、张海洋等:《农户的创业选择及其影响因素——来自"农村金融调查"的证据》,《中国农村经济》2012 年第 4 期。

何得桂、徐榕:《新时代脱贫攻坚精神的基本内涵与时代价值》,《广西大学学报》(哲学社会科学版) 2020 年第 6 期。

何德旭、苗文龙:《金融排斥、金融包容与中国普惠金融制度的构建》,《财贸经济》,2015 年第 3 期。

何广文、刘甜:《乡村振兴背景下农户创业的金融支持研究》,《改革》2019 年第 9 期。

何婧、李庆海:《数字金融使用与农户创业行为》,《中国农村经济》2019 年第 1 期。

何晓斌、李政毅、卢春天:《大数据技术下的基层社会治理:路径、问题和思考》,《西安交通大学学报》(社会科学版) 2020 年第 1 期。

何秀荣:《改革 40 年的农村反贫困认识与后脱贫战略前瞻》,《农村经济》2018 年第 11 期。

何阳、汤志伟:《迈向技术型自治:数字乡村中村民自治的"三化"变革》,《宁夏社会科学》2021 年第 6 期。

何宗樾:《互联网的减贫效应研究——基于 CFPS2016 数据的机制分析》,《调研世界》2019 年第 6 期。

贺刚、张清、龚孟林:《数字普惠金融内涵、创新与风险研究》,《甘肃金融》2020 年第 2 期。

贺雪峰:《关于实施乡村振兴战略的几个问题》,《南京农业大学学报》(社会科学版) 2018 年第 3 期。

胡滨:《数字普惠金融的价值》,《中国金融》2016 年第 22 期。

胡建兰:《大数据在脱贫攻坚民主监督中的作用和运用探讨》,《湖北省社会主义学院学报》2018 年第 1 期。

胡磊、刘亚军:《互联网背景下消费扶贫的商业模式创新机理》,《管理案例研究与评论》2020 年第 1 期。

胡联、王娜、汪三贵:《我国共同富裕实质性进展的评估及面临挑战》,《财经问题研究》2022年第4期。

胡税根、王汇宇、莫锦江:《基于大数据的智慧政府治理创新研究》,《探索》2017年第1期。

黄承伟:《中国扶贫开发道路研究:评述与展望》,《中国农业大学学报》(社会科学版)2016年第5期。

黄承伟、刘欣:《全球减贫的中国智慧——访中国扶贫发展中心黄承伟主任》,《高校马克思主义理论研究》2020年第4期。

黄璜:《数字政府:政策、特征与概念》,《治理研究》2020年第3期。

黄璜、谢思娴、姚清晨等:《数字化赋能治理协同:数字政府建设的"下一步行动"》,《电子政务》2022年第4期。

黄漫宇、曾凡惠:《数字普惠金融对创业活跃度的空间溢出效应分析》,《软科学》2021年第2期。

黄群慧、余泳泽、张松林:《互联网发展与制造业生产率提升:内在机制与中国经验》,《中国工业经济》2019年第8期。

黄特军:《扶贫自愿性移民搬迁模式效果评价》,《统计与决策》2005年第12期。

黄薇:《保险政策与中国式减贫:经验、困局与路径优化》,《管理世界》2019年第1期。

黄晓春、嵇欣:《技术治理的极限及其超越》,《社会科学》2016年第11期。

黄兴、蒲春玲、马旭等:《基于模糊物元的新疆伊犁河谷水库移民可持续生计评价研究》,《浙江农业学报》2015年第3期。

黄徐强、张勇杰:《技术治理驱动的社区协商:效果及其限度——以第一批"全国社区治理和服务创新实验区"为例》,《中国行政管理》2020年第8期。

黄益平、黄卓:《中国的数字金融发展:现在与未来》,《经济学(季刊)》2018年第4期。

黄征学、高国力、滕飞等:《中国长期减贫,路在何方?——2020年脱贫攻坚完成后的减贫战略前瞻》,《中国农村经济》2019年第9期。

黄祖辉:《准确把握中国乡村振兴战略》,《中国农村经济》2018年第

4 期。

黄祖辉、叶海键、胡伟斌：《推进共同富裕：重点、难题与破解》，《中国人口科学》2021 年第 6 期。

季飞、杨康：《大数据驱动下的反贫困治理模式创新研究》，《中国行政管理》2017 年第 5 期。

冀鹏、马华：《现代性构建中的乡村技术治理演化逻辑》，《行政论坛》2022 年第 2 期。

贾鹏、庄晋财、李娟：《农村公共品供给促进农民工返乡创业了吗？——基于 CLDS 数据的实证研究》，《云南财经大学学报》2021 年第 6 期。

贾秀飞：《复合语境下技术赋能数字乡村建设的运行逻辑与实践检视》，《电子政务》2022 年第 8 期。

贾耀锋：《中国生态移民效益评估研究综述》，《资源科学》2016 年第 8 期。

江维国、胡敏、李立清：《数字化技术促进乡村治理体系现代化建设研究》，《电子政务》2021 年第 7 期。

江维国、李立清：《失地农民社会融入路径异化与内卷化研究》，《华南农业大学学报》（社会科学版）2018 年第 1 期。

蒋庆正、李红、刘香甜：《农村数字普惠金融发展水平测度及影响因素研究》，《金融经济学研究》2019 年第 4 期。

蒋永穆、何媛：《扎实促进全体人民共同富裕：时代要求、难点挑战和路径安排》，《思想理论教育导刊》2021 年第 11 期。

蒋永穆、亢勇杰：《数字经济促进共同富裕：内在机理、风险研判与实践要求》，《经济纵横》2022 年第 5 期。

金梅、申云：《易地扶贫搬迁模式与农户生计资本变动——基于准实验的政策评估》，《广东财经大学学报》2017 年第 5 期。

匡远凤：《人力资本、乡村要素流动与农民工回乡创业意愿——基于熊彼特创新视角的研究》，《经济管理》2018 年第 1 期。

雷明、于莎莎、何琳：《治理视域下全面乡村振兴的制度建设》，《行政管理改革》2022 年第 6 期。

雷清、杨存典：《金融发展与产业结构优化关系的实证研究》，《统计与决策》2012 年第 8 期。

黎煦、朱志胜、陶政宇等：《回流对贫困地区农村儿童认知能力的影响——基于137所农村寄宿制小学的实证研究》，《中国农村经济》2019年第9期。

李聪、郭嫚嫚、雷昊博：《从脱贫攻坚到乡村振兴：易地扶贫搬迁农户稳定脱贫模式——基于本土化集中安置的探索实践》，《西安交通大学学报》（社会科学版）2021年第4期。

李聪、王磊、王金天等：《跨越贫困陷阱：易地搬迁农户的收入流动及其影响因素》，《统计与信息论坛》2022年第5期。

李锋、周舟：《数据治理与平台型政府建设——大数据驱动的政府治理方式变革》，《南京大学学报》（哲学·人文科学·社会科学）2021年第4期。

李纲、陈静静、杨雪：《网络能力、知识获取与企业服务创新绩效的关系研究——网络规模的调节作用》，《管理评论》2017年第2期。

李海舰、杜爽：《共同富裕问题：政策、实践、难题、对策》，《经济与管理》2022年第3期。

李军鹏：《基于"互联网+"的放管服改革研究——以江苏省"不见面审批（服务）"与江苏政务服务网建设为例》，《电子政务》2018年第6期。

李丽、崔新新：《多维视角下农村居民家庭的贫困测度》，《统计与决策》2017年第13期。

李丽霞、李宁、张旭锐：《互联网使用对农户多维贫困的减贫效应研究》，《科学决策》2019年第11期。

李利宏、董江爱：《新型城镇化和共同富裕：资源型地区的治理逻辑》，《马克思主义研究》2016年第7期。

李凌、卢洪友：《城乡代表性基本公共品的多重结构：义务教育、医疗卫生与养老保险》，《改革》2008年第6期。

李明贤、叶慧敏：《普惠金融与小额信贷的比较研究》，《农业经济问题》2012年第9期。

李琴、岳经纶：《信息技术应用如何影响社会福利权的实现？——基于贫困治理的实证研究》，《公共行政评论》2021年第3期。

李实、朱梦冰：《推进收入分配制度改革　促进共同富裕实现》，《管理世界》2022 年第 1 期。

李守伟:《中国区域创新创业活跃度比较研究》,《调研世界》2021 年第 5 期。

李先军:《智慧农村：新时期中国农村发展的重要战略选择》,《经济问题探索》2017 年第 6 期。

李小云、许汉泽:《2020 年后扶贫工作的若干思考》,《国家行政学院学报》2018 年第 1 期。

李小云、苑军军、于乐荣:《论 2020 后农村减贫战略与政策：从"扶贫"向"防贫"的转变》,《农业经济问题》2020 年第 2 期。

李晓青、唐剑:《逻辑、内涵及价值：脱贫攻坚精神解析》,《理论视野》2020 年第 11 期。

李晓园、钟伟:《大数据驱动中国农村精准脱贫的现实困境与路径选择》,《求实》2019 年第 5 期。

李晓园、钟伟、滕玉华:《互联网赋能如何影响政府相对贫困治理绩效？——开放式创新的中介作用》,《公共行政评论》2022 年第 3 期。

李心记:《脱贫攻坚精神的生成逻辑、科学内涵及实践指向》,《中国高等教育》2021 年第 8 期。

李永友、沈坤荣:《财政支出结构、相对贫困与经济增长》,《管理世界》2007 年第 11 期。

李毓、胡海亚、李浩:《绿色信贷对中国产业结构升级影响的实证分析——基于中国省级面板数据》,《经济问题》2020 年第 1 期。

李哲、陈子韬、吴建南:《"一网通办"何以降低企业制度性交易成本？——基于上海市 A 区高新技术企业认定的探索性研究》,《行政论坛》2021 年第 5 期。

李壮、陈书平:《贫困文化论与非均衡治理——对"等、靠、要"扶贫现象的成因解释》,《湖北民族学院学报》（哲学社会科学版）2019 年第 3 期。

李卓、郑永君:《有为政府与有效市场：产业振兴中政府与市场的角色定位——基于 A 县产业扶贫实践的考察》,《云南社会科学》2022 年第 1 期。

梁榜、张建华:《数字普惠金融发展能激励创新吗？——来自中国城市和中小企业的证据》,《当代经济科学》2019年第5期。

梁成艾、陈俭:《武陵山区农村劳动力就业创业能力提升评价指标体系研究》,《江西师范大学学报》(哲学社会科学版)2018年第2期。

林闽钢:《相对贫困的理论与政策聚焦——兼论建立我国相对贫困的治理体系》,《社会保障评论》2020年第1期。

刘诚:《数字经济与共同富裕:基于收入分配的理论分析》,《财经问题研究》2022年第4期。

刘辞涛、向运华:《基于数字技术治理的农村互助养老合作生产》,《华中农业大学学报》(社会科学版)2022年第3期。

刘海洋:《乡村产业振兴路径:优化升级与三产融合》,《经济纵横》2018年第11期。

刘汉初、樊杰、周道静等:《2000年以来中国高耗能产业的空间格局演化及其成因》,《经济地理》2019年第5期。

刘佳、曹景林:《后扶贫时代相对贫困的差异化治理及其测度》,《求是学刊》2021年第2期。

刘丽莉、刘志鹏:《纵向政府间信息不对称如何缓解？——以脱贫攻坚为例》,《公共行政评论》2021年第4期。

刘培林、钱滔、黄先海等:《共同富裕的内涵、实现路径与测度方法》,《管理世界》2021年第8期。

刘启雷、张媛、雷雨嫣等:《数字化赋能企业创新的过程、逻辑及机制研究》,《科学学研究》2022年第1期。

刘少杰、罗胤斌:《推动数字乡村建设行动的有效路径》,《福建论坛》(人文社会科学版)2022年第2期。

刘少杰、周骥腾:《数字乡村建设中"乡村不动"问题的成因与化解》,《学习与探索》2022年第1期。

刘天元、田北海:《治理现代化视角下数字乡村建设的现实困境及优化路径》,《江汉论坛》2022年第3期。

刘新民、宋红汝、范柳:《区域创业环境与创新平台对创业企业的吸引力研究》,《科技管理研究》2019年第7期。

刘新智、刘雨姗、刘雨松:《金融支持对农户创业的影响及其空间差异分析——基于CFPS2014数据的研究》,《宏观经济研究》2017年第

11 期。

刘秀秀：《新时代国家治理中技术治理的双重维度及其出路》，《行政管理改革》2019 年第 10 期。

刘永谋：《技术治理的逻辑》，《中国人民大学学报》2016 年第 6 期。

刘永谋、兰立山：《泛在社会信息化技术治理的若干问题》，《哲学分析》2017 年第 5 期。

刘远亮：《"互联网＋政务服务"驱动政府效能建设的逻辑理路》，《西南民族大学学报》（人文社会科学版）2020 年第 8 期。

刘泽、陈升：《大数据驱动下的政府治理机制研究——基于 2020 年后精准扶贫领域的返贫阻断分析》，《重庆大学学报》（社会科学版）2020 年第 5 期。

陆磊：《普惠金融的悖论》，《新世纪周刊》2014 年第 7 期。

陆铭、陈钊：《为什么土地和户籍制度需要联动改革——基于中国城市和区域发展的理论和实证研究》，《学术月刊》2009 年第 9 期。

罗必良、洪炜杰、耿鹏鹏等：《赋权、强能、包容：在相对贫困治理中增进农民幸福感》，《管理世界》2021 年第 10 期。

罗明忠：《共同富裕：理论脉络、主要难题及现实路径》，《求索》2022 年第 1 期。

吕鹏：《智能社会治理的核心逻辑与实现路径》，《国家治理》2021 年第 42 期。

吕普生：《数字乡村与信息赋能》，《中国高校社会科学》2020 年第 2 期。

吕炜：《财政与共同富裕：实践历程、逻辑归结与改革路径》，《财政研究》2022 年第 1 期。

马光荣、杨恩艳：《社会网络、非正规金融与创业》，《经济研究》2011 年第 3 期。

马佳铮、包国宪：《政府绩效评价量表改进途径研究：基于"甘肃模式"的数据》，《软科学》2010 年第 2 期。

马艳、冯璐、宋欣洋：《我国非公经济对共同富裕影响作用的理论分析》，《经济纵横》2022 年第 5 期。

马迎贤：《资源依赖理论的发展和贡献评析》，《甘肃社会科学》2005 年第 1 期。

马瑜、吕景春：《中国城乡弱相对贫困测算及时空演变：2012—2018》，《人口与经济》2022 年第 1 期。

毛薇、王贤：《数字乡村建设背景下的农村信息服务模式及策略研究》，《情报科学》2019 年第 11 期。

梅亮、臧树伟、张娜娜：《新兴技术治理：责任式创新视角的系统性评述》，《科学学研究》2021 年第 12 期。

梅淑元：《易地扶贫搬迁农户农地处置：方式选择与制度约束——基于理性选择理论》，《农村经济》2019 年第 8 期。

孟天广、张小劲：《大数据驱动与政府治理能力提升——理论框架与模式创新》，《北京航空航天大学学报》（社会科学版）2018 年第 1 期。

聂荣、苏剑峰：《中国农村贫困动态特征及其区域差异》，《华南农业大学学报》（社会科学版）2020 年第 5 期。

宁家骏：《"互联网 +"行动计划的实施背景、内涵及主要内容》，《电子政务》2015 年第 6 期。

彭超：《数字乡村战略推进的逻辑》，《人民论坛》2019 年第 33 期。

彭克强、刘锡良：《农民增收、正规信贷可得性与非农创业》，《管理世界》2016 年第 7 期。

彭向刚：《技术赋能、权力规制与制度供给——"放管服"改革推进营商环境优化的实现逻辑》，《理论探讨》2021 年第 5 期。

彭学兵、张钢：《地区技术创业活跃程度评价——对我国 30 个省市自治区的实证研究》，《科学学研究》2007 年第 6 期。

彭艳玲、孔荣、Calum G. Turvey：《农民创业意愿活跃程度及其影响因素研究——基于需求与供给联立方程模型》，《经济与管理研究》2013 年第 4 期。

平卫英、罗良清、张波：《我国就业扶贫的现实基础、理论逻辑与实践经验》，《管理世界》2021 年第 7 期。

齐文浩、李明杰、李景波：《数字乡村赋能与农民收入增长：作用机理与实证检验——基于农民创业活跃度的调节效应研究》，《东南大学学报》（哲学社会科学版）2021 年第 2 期。

秦建军、戎爱萍：《财政支出结构对农村相对贫困的影响分析》，《经济问题》2012 年第 11 期。

邱泽奇、乔天宇:《电商技术变革与农户共同发展》,《中国社会科学》2021 年第 10 期。

渠敬东、周飞舟、应星:《从总体支配到技术治理——基于中国 30 年改革经验的社会学分析》,《中国社会科学》2009 年第 6 期。

任晓怡:《数字普惠金融发展能否缓解企业融资约束》,《现代经济探讨》2020 年第 10 期。

沈斐:《"美好生活"与"共同富裕"的新时代内涵——基于西方民主社会主义经验教训的分析》,《毛泽东邓小平理论研究》2018 年第 1 期。

沈费伟:《乡村技术赋能:实现乡村有效治理的策略选择》,《南京农业大学学报》(社会科学版) 2020 年第 2 期。

沈费伟:《数字乡村的内生发展模式:实践逻辑、运作机理与优化策略》,《电子政务》2021 年第 10 期。

沈费伟、陈晓玲:《技术如何重构乡村——乡村技术治理的实现路径考察》,《学术界》2021 年第 2 期。

沈费伟、陈晓玲:《保持乡村性:实现数字乡村治理特色的理论阐述》,《电子政务》2021 年第 3 期。

沈费伟、叶温馨:2021 年《数字乡村建设:实现高质量乡村振兴的策略选择》,《南京农业大学学报》(社会科学版) 2021 年第 5 期。

沈费伟、叶温馨:《数字乡村发展的实现路径考察——基于精明增长理论的探索》,《人文杂志》2022 年第 4 期。

沈费伟、袁欢:《大数据时代的数字乡村治理:实践逻辑与优化策略》,《农业经济问题》2020 年第 10 期。

沈费伟、诸靖文:《乡村"技术治理"的运行逻辑与绩效提升研究》,《电子政务》2020 年第 5 期。

沈茂英:《四川藏区精准扶贫面临的多维约束与化解策略》,《农村经济》2015 年第 6 期。

沈栩航、李浩南、李后建:《创业会加剧农村内部收入不平等吗》,《农业技术经济》2020 年第 10 期。

施国庆、严登才、孙中艮:《水利水电工程建设对移民社会系统的影响与重建》,《河海大学学报》(哲学社会科学版) 2015 年第 1 期。

宋辰熙、刘铮:《从"治理技术"到"技术治理":社会治理的范式转换与路径选择》,《宁夏社会科学》2019 年第 6 期。

宋晓玲:《数字普惠金融缩小城乡收入差距的实证检验》,《财经科学》2017 年第 6 期。

孙继国、韩开颜、胡金焱:《数字金融是否减缓了相对贫困?——基于 CHFS 数据的实证研究》,《财经论丛》2020 年第 12 期。

孙久文、唐泽地:《精准扶贫要灵活选择模式》,《湖南农业》2019 年第 2 期。

孙久文、夏添:《中国扶贫战略与 2020 年后相对贫困线划定——基于理论、政策和数据的分析》,《中国农村经济》2019 年第 10 期。

孙良顺:《水库移民贫困成因与反贫困策略:基于文献的讨论》,《河海大学学报》(哲学社会科学版) 2016 年第 4 期。

孙武安:《共同富裕的内涵、价值及其紧迫性》,《江西社会科学》2013 年第 2 期。

孙新波、苏钟海、钱雨等:《数据赋能研究现状及未来展望》,《研究与发展管理》2020 年第 2 期。

孙学涛、于婷、于法稳:《新型城镇化对共同富裕的影响及其作用机制——基于中国 281 个城市的分析》,《广东财经大学学报》2022 年第 2 期。

孙友晋、王思轩:《数字金融的技术治理:风险、挑战与监管机制创新——以基于区块链的非中心结算体系为例》,《电子政务》2020 年第 11 期。

孙壮珍、王婷:《动态贫困视角下大数据驱动防返贫预警机制构建研究——基于四川省 L 区的实践与探索》,《电子政务》2021 年第 12 期。

谭九生、杨建武:《智能时代技术治理的价值悖论及其消解》,《电子政务》2020 年第 9 期。

唐京华:《数字乡村治理的运作逻辑与推进策略——基于"龙游通"平台的考察》,《湖北社会科学》2022 年第 3 期。

唐任伍:《新时代乡村振兴战略的实施路径及策略》,《人民论坛·学术前沿》2018 年第 3 期。

唐任伍、许传通:《乡村振兴推动共同富裕实现的理论逻辑、内在机理和实施路径》,《中国流通经济》2022 年第 6 期。

唐文进、李爽、陶云清：《数字普惠金融发展与产业结构升级——来自283个城市的经验证据》，《广东财经大学学报》2019年第6期。

唐鑫：《正确理解共同富裕理论内涵的四维审视》，《社会主义研究》2022年第2期。

陶建杰、尹子伊：《数字乡村背景下农村居民数字化渠道选择》，《华南农业大学学报》（社会科学版）2022年第1期。

陶涛、樊凯欣、朱子阳：《数字乡村建设与县域产业结构升级——基于电子商务进农村综合示范政策的准自然实验》，《中国流通经济》2022年第5期。

田宇、许建、麻学锋：《武陵山片区多维贫困度量及其空间表征》，《经济地理》2017年第1期。

涂圣伟：《脱贫攻坚与乡村振兴有机衔接：目标导向、重点领域与关键举措》，《中国农村经济》2020年第8期。

万广华、江葳蕤、赵梦雪：《城镇化的共同富裕效应》，《中国农村经济》2022年第4期。

万君宝、查君、徐婉渔：《政治精英身份是农村创业的"动力"还是"牵绊"？——"千村调查（2016）"的实证分析》，《经济管理》2019年第7期。

汪传雷、胡春辉、章瑜等：《供应链控制塔赋能企业数字化转型》，《情报理论与实践》2019年第9期。

汪三贵、冯紫曦：《脱贫攻坚与乡村振兴有效衔接的逻辑关系》，《贵州社会科学》2020年第1期。

汪三贵、李文：《贫困县农户收入的变化及原因分析》，《农业经济问题》2003年第3期。

汪三贵、刘明月：《从绝对贫困到相对贫困：理论关系、战略转变与政策重点》，《华南师范大学学报》（社会科学版）2020年第6期。

汪三贵、孙俊娜：《全面建成小康社会后中国的相对贫困标准、测量与瞄准——基于2018年中国住户调查数据的分析》，《中国农村经济》2021年第3期。

汪三贵、殷浩栋、王瑜：《中国扶贫开发的实践、挑战与政策展望》，《华南师范大学学报》（社会科学版）2017年第4期。

汪亚楠、徐枫、叶欣：《数字乡村建设能推动农村消费升级吗?》，《管理评论》2021 年第 11 期。

王博、王亚华：《县域乡村振兴与共同富裕：内在逻辑、驱动机制和路径》，《农业经济问题》2022 年。

王春超、叶琴：《中国农民工多维贫困的演进——基于收入与教育维度的考察》，《经济研究》2014 年第 12 期。

王春光：《共同富裕的思想渊源、基本定律与实践路径》，《新视野》2022 年第 3 期。

王国敏、侯守杰：《后小康时代中国相对贫困的特征、难点、标准识别及应对之策》，《内蒙古社会科学》2021 年第 2 期。

王剑程、李丁、马双：《宽带建设对农户创业的影响研究——基于"宽带乡村"建设的准自然实验》，《经济学（季刊）》2020 年第 1 期。

王金杰、郭树龙、张龙鹏：《互联网对企业创新绩效的影响及其机制研究——基于开放式创新的解释》，《南开经济研究》2018 年第 6 期。

王军、曹姣：《脱贫攻坚与乡村振兴有效衔接的现实困境与关键举措》，《农业经济问题》2022 年第 9 期。

王错：《以相对贫困来看城市贫困：理念辨析与中国实证》，《北京社会科学》2019 年第 7 期。

王浦劬：《国家治理、政府治理和社会治理的基本含义及其相互关系辨析》，《社会学评论》2014 年第 3 期。

王谦、刘大玉、陈放：《智能技术视阈下"互联网＋政务服务"研究》，《中国行政管理》2020 年第 6 期。

王胜、余娜、付锐：《数字乡村建设：作用机理、现实挑战与实施策略》，《改革》2021 年第 4 期。

王婷、苏兆霖：《中国特色社会主义共同富裕理论：演进脉络与发展创新》，《政治经济学评论》2021 年第 6 期。

王薇、戴姣、李祥：《数据赋能与系统构建：推进数字乡村治理研究》，《世界农业》2021 年第 6 期。

王伟进、毕蔚兰、吕少德：《社会治理实践的国际经验及其启示》，《行政管理改革》2020 年第 5 期。

王小林、冯贺霞：《2020 年后中国多维相对贫困标准：国际经验与政策取向》，《中国农村经济》2020年第3期。

王晓玉、张意姣、冉林瓒：《企业的物流协同能力量表开发及其对市场导向与绩效关系的影响研究》，《管理科学》2018年第5期。

王亚华、舒全峰：《脱贫攻坚中的基层干部职业倦怠：现象、成因与对策》，《国家行政学院学报》2018年第3期。

王雨磊：《数字下乡：农村精准扶贫中的技术治理》，《社会学研究》2016年第6期。

王媛：《后扶贫时代规模性返贫风险的诱致因素、生成机理与防范路径》，《科学社会主义》2021年第5期。

王志刚、于滨铜、孙诗涵等：《资源依赖、联盟结构与产业扶贫绩效——来自深度贫困地区农产品供应链的案例证据》，《公共管理学报》2021年第1期。

王志敏、曲玮：《贫困地区农户家庭风险抵御能力实证分析——以甘肃省陇南市、定西市为例》，《西北人口》2016年第1期。

王志章、郝立、黄明珠：《政策营销、政策执行与精准扶贫政策满意度》，《贵州财经大学学报》2019年第5期。

魏后凯：《2020年后中国减贫的新战略》，《中州学刊》2018年第9期。

魏杰、施戍杰：《民营经济与共同富裕的逻辑统一》，《经济问题探索》2014年第6期。

魏娜、黄甄铭：《适应与演化：中国互联网信息服务治理体系的政策文献量化分析》，《中国行政管理》2020年第12期。

温锐松：《互联网助力解决相对贫困的路径研究》，《电子政务》2020年第2期。

温涛、王佐滕：《农村金融多元化促进农民增收吗？——基于农民创业的中介视角》，《农村经济》2021年第1期。

温涛、朱炯、王小华：《中国农贷的"精英俘获"机制：贫困县与非贫困县的分层比较》，《经济研究》2016年第2期。

温忠麟、侯杰泰、张雷：《调节效应与中介效应的比较和应用》，《心理学报》2005年第2期。

文丰安：《数字乡村建设：重要性、实践困境与治理路径》，《贵州社会科学》2022年第4期。

翁辰、朱红根、陈杰:《扶贫小额信贷可以提高农户自雇经营绩效吗》,《农业技术经济》2021年第10期。

乌德亚·瓦格尔、刘亚秋:《贫困再思考:定义和衡量》,《国际社会科学杂志（中文版）》2003年第1期。

邬贺铨:《新一代信息技术的发展机遇与挑战》,《中国发展观察》2016年第4期。

邬晓燕:《数字化赋能生态文明转型的难题与路径》,《人民论坛》2022年第6期。

吴彬、徐旭初、徐菁:《跨边界发展网络:欠发达地区乡村产业振兴的实现逻辑——基于甘肃省临洮县的案例分析》,《农业经济问题》2022年。

吴国宝:《改革开放40年中国农村扶贫开发的成就及经验》,《南京农业大学学报》(社会科学版)2018年第6期。

吴海峰:《乡村产业兴旺的基本特征与实现路径研究》,《中州学刊》2018年第12期。

吴金旺、郭福春、顾洲一:《数字普惠金融发展影响因素的实证分析——基于空间面板模型的检验》,《浙江学刊》2018年第3期。

吴振磊:《相对贫困治理特点与长效机制构建》,《红旗文稿》2020年第12期。

吴忠民:《论"共同富裕社会"的主要依据及内涵》,《马克思主义研究》2021年第6期。

武国定:《高站位谋划　高质量推进　全力抓好高标准农田建设和管护工作》,《中国农业综合开发》2021年第6期。

习近平:《决胜全面建成小康社会　夺取新时代中国特色社会主义伟大胜利——在中国共产党年第十九次全国代表大会上的报告》,《党建》2017年第11期。

夏显力、陈哲、张慧利等:《农业高质量发展:数字赋能与实现路径》,《中国农村经济》2019年第12期。

向德平:《包容性增长视角下中国扶贫政策的变迁与走向》,《华中师范大学学报》(人文社会科学版)2011年第4期。

向德平、向凯:《多元与发展:相对贫困的内涵及治理》,《华中科技大学学报》(社会科学版)2020年第2期。

肖巍:《基于发展权的反贫困升级与劳动能力建设》,《上海师范大学学报》(哲学社会科学版) 2018 年第 4 期。

谢健民、秦琴、吴文晓等:《突发事件网络舆情案例库的本体构建研究》,《情报科学》2019 年第 2 期。

谢娟、李雪、李红等:《数字乡村战略下基层阅读服务协同治理现状与对策——以湖北省 7 县(市)130 村为例》,《图书情报工作》2022 年第 3 期。

谢卫红、王田绘、成明慧等:《IT 能力、二元式学习和突破式创新关系研究》,《管理学报》2014 年第 7 期。

谢文帅、宋冬林、毕怡菲:《中国数字乡村建设:内在机理、衔接机制与实践路径》,《苏州大学学报》(哲学社会科学版) 2022 年第 2 期。

谢绚丽、沈艳、张皓星等:《数字金融能促进创业吗?——来自中国的证据》,《经济学(季刊)》2018 年第 4 期。

谢岳:《中国贫困治理的政治逻辑——兼论对西方福利国家理论的超越》,《中国社会科学》2020 年第 10 期。

谢治菊、范飞:《大数据驱动民生监察的价值、逻辑与图景——以"T 县民生监察大数据平台"为例》,《中国行政管理》2020 年第 12 期。

谢治菊、范飞:《建党 100 年的技术变迁与贫困治理》,《济南大学学报》(社会科学版) 2021 年第 5 期。

辛大楞、李建萍、吴传琦:《信息化的农村减贫效应及区域差异——基于中国 273 个地级及以上城市数据的实证研究》,《商业研究》2020 年第 10 期。

星焱:《普惠金融的效用与实现:综述及启示》,《国际金融研究》2015 年第 11 期。

邢成举:《政策衔接、扶贫转型与相对贫困长效治理机制的政策方向》,《南京农业大学学报》(社会科学版) 2020 年第 4 期。

邢成举、李小云:《相对贫困与新时代贫困治理机制的构建》,《改革》2019 年第 12 期。

徐紫嫣、夏杰长:《共同富裕思想的演进脉络和实践指引》,《学习与探索》2022 年第 3 期。

许竹青:《重视新技术扶贫,鼓励乡村社会创新》,《科技中国》2019 年第

9 期。

闫春：《近十年国外开放式创新的理论与实践研究述评》，《研究与发展管理》2014 年第 4 期。

燕继荣：《反贫困与国家治理——中国"脱贫攻坚"的创新意义》，《管理世界》2020 年第 4 期。

燕连福、郭世平、樊志远：《论脱贫攻坚精神的形成基础、核心内涵和弘扬路径》，《思想教育研究》2021 年第 3 期。

燕连福、马亚军：《习近平扶贫重要论述的理论渊源、精神实质及时代意义》，《马克思主义与现实》2019 年第 1 期。

阳芳、刘慧敏：《社会主义共同富裕的历史逻辑、理论逻辑与实践逻辑》，《湖北大学学报》（哲学社会科学版）2022 年第 3 期。

杨波：《论基本公共服务均等化的演进特征与变迁逻辑——基于 2006—2018 年政策文本分析》，《西南民族大学学报》（人文社会科学版）2019 年第 5 期。

杨灿明：《中国战胜农村贫困的百年实践探索与理论创新》，《管理世界》2021 年第 11 期。

杨婵、贺小刚、李征宇：《家庭结构与农民创业——基于中国千村调查的数据分析》，《中国工业经济》2017 年第 12 期。

杨舸：《流动人口与城市相对贫困：现状、风险与政策》，《经济与管理评论》2017 年第 1 期。

杨江华、刘亚辉：《数字乡村建设激活乡村产业振兴的路径机制研究》，《福建论坛》（人文社会科学版）2022 年第 2 期。

杨江华、王玉洁：《数字乡村建设与乡村新人口红利的生成逻辑》，《人文杂志》2022 年第 4 期。

杨龙、汪三贵：《贫困地区农户的多维贫困测量与分解——基于 2010 年中国农村贫困监测的农户数据》，《人口学刊》2015 年第 2 期。

杨蕤：《企业慈善行为、年第三次分配与共同富裕》，《社会科学战线》2022 年第 5 期。

杨文静：《生态扶贫：绿色发展视域下扶贫开发新思考》，《华北电力大学学报》（社会科学版）2016 年第 4 期。

杨小勇、余乾申：《新时代共同富裕实现与民营经济发展协同研究》，《上海财经大学学报》2022年第1期。

杨永伟、陆汉文：《贫困人口内生动力缺乏的类型学考察》，《中国农业大学学报》（社会科学版）2019年第6期。

姚凤阁、李丽佳：《数字普惠金融减贫效应及区域差异研究》，《哈尔滨商业大学学报》（社会科学版）2020年第6期。

姚克难：《数字乡村建设》，《中南民族大学学报》（人文社会科学版）2022年第4期。

姚尚建：《被计算的权利：数字城市的新贫困及其治理》，《理论与改革》2021年第3期。

姚兴安、朱萌君、季璐：《我国农村相对贫困测度及其地区差异比较》，《统计与决策》2021年第5期。

叶青、苏海：《政策实践与资本重置：贵州易地扶贫搬迁的经验表达》，《中国农业大学学报》（社会科学版）2016年第5期。

叶秋妤、孔荣：《土地流转对农民创业的影响研究——基于社会资本的调节作用分析》，《中国农业资源与区划》2022年年第1期。

叶文平、李新春、陈强远：《流动人口对城市创业活跃度的影响：机制与证据》，《经济研究》2018年第6期。

叶兴庆：《新时代中国乡村振兴战略论纲》，《改革》2018年第1期。

叶兴庆、殷浩栋：《从消除绝对贫困到缓解相对贫困：中国减贫历程与2020年后的减贫战略》，《改革》2019年第12期。

易行健、周利：《数字普惠金融发展是否显著影响了居民消费——来自中国家庭的微观证据》，《金融研究》2018年第11期。

易锐、夏清华：《开放式创新的理论基点、研究维度与未来研究展望》，《湘潭大学学报》（哲学社会科学版）2015年第2期。

易重华、席学智：《邓小平共同富裕思想的内涵、地位及其现实指导意义》，《湖北社会科学》2013年第12期。

殷强、丁建军、李峰：《大数据时代精准扶贫公共服务平台构建研究——基于公共服务供给分析框架的视角》，《吉首大学学报》（社会科学版）2018年第3期。

尹志超、宋全云、吴雨等：《金融知识、创业决策和创业动机》，《管理世界》2015年第1期。

余永跃、王世明：《论邓小平共同富裕思想的理论来源及其发展》，《科学社会主义》2012年第6期。

俞可平：《国家治理的中国特色和普遍趋势》，《公共管理评论》2019年第3期。

郁建兴、任杰：《共同富裕的理论内涵与政策议程》，《政治学研究》2021年第3期。

郁培丽、田海峰、杨雪：《产业结构对创业人员活动影响的理论与实证探究》，《管理学报》2012年第6期。

喻平、豆俊霞：《数字普惠金融、企业异质性与中小微企业创新》，《当代经济管理》2020年第12期。

袁方、史清华：《创业能减少农村返贫吗？——基于全国农村固定观察点数据的实证》，《农村经济》2019年第10期。

袁野、曾剑秋、赵鸿运等：《农村信息化服务模式研究——以云南省"数字乡村"为例》，《北京邮电大学学报》（社会科学版）2014年第1期。

袁银传、高君：《习近平关于共同富裕重要论述的历史背景、科学内涵和时代价值》，《思想理论教育》2021年第11期。

岳佳彬、胥文帅：《贫困治理参与、市场竞争与企业创新——基于上市公司参与精准扶贫视角》，《财经研究》2021年第9期。

张丙宣：《政府的技术治理逻辑》，《自然辩证法通讯》2018年第5期。

中共国家乡村振兴局：《弘扬脱贫攻坚精神 全面推进乡村振兴》，《党建》2021年第11期。

张海鹏、郜亮亮、闫坤：《乡村振兴战略思想的理论渊源、主要创新和实现路径》，《中国农村经济》2018年第11期。

张贺、白钦先：《数字普惠金融减小了城乡收入差距吗？——基于中国省级数据的面板门槛回归分析》，《经济问题探索》2018年第10期。

张鸿、杜凯文、靳兵艳：《乡村振兴战略下数字乡村发展就绪度评价研究》，《西安财经大学学报》2020年第1期。

张鸿、杜凯文、靳兵艳等：《数字乡村战略下农村高质量发展影响因素研究》，《统计与决策》2021年第8期。

张欢欢、熊学萍：《农村居民金融素养对金融决策的影响路径与实证检验——基于山东省的调查》，《华中农业大学学报》（社会科学版）2018

年第 6 期。

张晖:《脱贫攻坚与乡村振兴有效衔接的内在意蕴与实践进路》,《思想理论教育导刊》2021 年第 7 期。

张静宜、陈洁:《强化乡村人才支撑有效供给 实现脱贫攻坚乡村振兴有效衔接》,《宏观经济管理》2021 年第 8 期。

张来明、李建伟:《促进共同富裕的内涵、战略目标与政策措施》,《改革》2021 年第 9 期。

张立荣、朱天义:《农村基层协同治理的需求匹配精准性研究》,《中国行政管理》2021 年第 6 期。

张林、温涛:《数字普惠金融发展如何影响居民创业》,《中南财经政法大学学报》2020 年第 4 期。

张龙鹏、汤志伟:《企业信息技术应用对开放式创新的影响:交易成本视角》,《科技进步与对策》2018 年第 20 期。

张龙耀、张海宁:《金融约束与家庭创业——中国的城乡差异》,《金融研究》2013 年第 9 期。

张琦:《稳步推进脱贫攻坚与乡村振兴有效衔接》,《人民论坛》2019 年第 S1 期。

张琦:《论缓解相对贫困的长效机制》,《上海交通大学学报》(哲学社会科学版) 2020 年第 6 期。

张青、张瑶:《农村非生产性公共品对农户创业行为选择的影响——基于微观视角的经验分析》,《财政研究》2017 年第 6 期。

张世勇:《技术治理助推乡村治理的有效路径探索》,《贵州师范大学学报》(社会科学版) 2021 年第 2 期。

张天悦:《从支援到合作:中国式跨区域协同发展的演进》,《经济学家》2021 年第 11 期。

张文武:《数字经济时代的移动互联网使用与农民创业:传导机制和异质效应》,《中山大学学报》(社会科学版) 2021 年第 6 期。

张晓颖、王小林:《东西扶贫协作:贫困治理的上海模式和经验》,《甘肃社会科学》2021 年第 1 期。

张玄、岳希明、邵桂根:《个人所得税收入再分配效应的国际比较》,《国际税收》2020 年第 7 期。

张勋、万广华、张佳佳等：《数字经济、普惠金融与包容性增长》，《经济研究》2019年第8期。

张占斌、毕照卿：《中国共产党对共同富裕的百年探索：深刻把握与历史贡献》，《经济社会体制比较》2022年第2期。

张占斌、吴正海《共同富裕的发展逻辑、科学内涵与实践进路》，《新疆师范大学学报》（哲学社会科学版）2022年第1期。

章昌平、林涛：《"生境"仿真：以贫困人口为中心的大数据关联整合与精准扶贫》，《公共管理学报》2017年第3期。

章文光：《精准扶贫与乡村振兴战略如何有效衔接》，《人民论坛》2019年第4期。

赵德起、丁义文：《数字化推动乡村振兴的机制、路径与对策》，《湖南科技大学学报》（社会科学版）2021年第6期。

赵付春、冯臻：《开放式创新绩效实现机制实证研究：基于IT能力理论的视角》，《科技进步与对策》2015年第16期。

赵晖：《乡村振兴关键在改革》，《中国乡村发现》2021年第2期。

赵曙明、杨慧芳：《企业管理者的任职素质研究》，《心理科学》2007年第6期。

赵涛、张智、梁上坤：《数字经济、创业活跃度与高质量发展——来自中国城市的经验证据》，《管理世界》2020年第10期。

赵文吉、王小林、王艳慧等：《空间大数据信息技术支持下的多维多尺度贫困动态监测与应用》2015年。

郑刚、陈箫、斯晓夫：《通过互联网技术与包容性创业减贫：东风村案例》，《科学学研究》2020年第10期。

郑瑞强、曹国庆：《脱贫人口返贫：影响因素、作用机制与风险控制》，《农林经济管理学报》2016年第6期。

郑筱婷、李美棠：《产业结构动态调整与地区创业活动》，《产经评论》2017年第5期。

钟秋波：《数字乡村战略下农业信息化与家庭经营融合发展的路径研究》，《四川师范大学学报》（社会科学版）2021年第4期。

周飞舟：《地方产业和就地就近城镇化》，《城市与环境研究》2016年第2期。

周立:《乡村振兴战略与中国的百年乡村振兴实践》,《人民论坛·学术前沿》2018年第3期。

周文、施炫伶:《共同富裕的内涵特征与实践路径》,《政治经济学评论》2022年第3期。

周文、司婧雯:《民营经济发展与共同富裕》,《财经问题研究》2022年。

周文辉、王鹏程、杨苗:《数字化赋能促进大规模定制技术创新》,《科学学研究》2018年第8期。

朱承亮、师萍、岳宏志等:《人力资本、人力资本结构与区域经济增长效率》,《中国软科学》2011年第2期。

朱冬亮:《贫困"边缘户"的相对贫困处境与施治》,《人民论坛》2019年第7期。

朱红根、江慧珍、康兰媛:《创业环境对农民创业绩效的影响——基于DEA-Tobit模型的实证分析》,《商业研究》2015年第3期。

朱红根、康兰媛:《金融环境、政策支持与农民创业意愿》,《中国农村观察》2013年第5期。

朱启臻:《乡村振兴背景下的乡村产业——产业兴旺的一种社会学解释》,《中国农业大学学报》(社会科学版)2018年第3期。

庄旭东、王仁曾:《数字金融能促进产业创新成果转化吗》,《现代经济探讨》2021年第6期。

左停、李世雄:《2020年后中国农村贫困的类型、表现与应对路径》,《南京农业大学学报》(社会科学版)2020年第4期。

左停、李泽峰、林秋香:《相对贫困视角下的贫困户脱贫质量及其自我发展能力——基于六个国家级贫困县建档立卡数据的定量分析》,《华南师范大学学报》(社会科学版)2021年第2期。

左停、苏武峥、赵梦媛:《提升抗逆力:乡村振兴进程中农民生计系统"风险—脆弱性"应对策略研究》,《云南社会科学》2020年第4期。

左孝凡、陆继霞:《互联网使用与农民相对贫困:微观证据与影响机制》,《电子政务》2020年第4期。

四 国外论文

Ali, A. and Thorbecke, E., The state of rural poverty, income distribution and rural development in sub-Saharan Africa. The state of rural poverty, income distribution and rural development in sub-Saharan Africa. , 2003.

Alwang, J., Siegel, P. and Jorgensen, S., "Vulnerability as Viewed from Different Disciplines". *Social Protection Discussion Paper Series*, 2001.

And, J. W. and Bogers, M., "Leveraging External Sources of Innovation: A Review of Research on Open Innovation". *Journal of Product Innovation Management*, 2014

Andy and Williamson, "Big Data and the Implications for Government". *Legal Information Management: Journal of the British and Irish Association of Law Librarians*, Vol. 14, No. 4, 2014.

Anshika, Anju, S. and Girijasankar, M., "Determinants of financial literacy: Empirical evidence from micro and small enterprises in India". *Asia Pacific Management Review*, Vol. 26, No. 4, 2021.

Avlonitis, G. J., Papastathopoulou, P. G. and Gounaris, S. P., "An empirically-based typology of product innovativenes for new financial services: Success and", Vol. 18, No. 5, 2001.

Bartik, T., "How Do the Effects of Local Growth on Employment Rates Vary with Initial Labor Market Conditions?". *SSRN Electronic Journal*10. 2139/ssrn. 1372814, 2006.

Bird, K., Harris, H. and Higgins, K., "Spatial poverty traps: an overview. CPRC Working Paper 161. ". *Odi Working Papers*, 2010.

Bourguignon, F. and Chakravarty, S., "The Measurement of Multidimensional Poverty". *Journal of Economic Inequality*, Vol. 1, No. 10. 1023/A: 10239 13831342, 2003.

Byrne, D., "Social Exclusion in Europe: Problems and Paradigms, Paul Littlewood (ed.), Aldershot: Ashgate, 1999, no price given, xi + 232 pp. (ISBN: 1 - 84014 - 717 - 2)". *Sociology*, Vol. 35, No. 1, 2001.

Carter, J. C., Neoliberal economic reforms and urban sociospatial change in Latin America: The case of La Serena-Coquimbo, Chile. University of California, Santa Barbara. , 2003.

Chesbrough, H. W., Open Innovation: The New Imperative for Creating and

Profiting fromTechnology. Open Innovation: The New Imperative for Creating and Profiting From Technology, 2003.

Cullen, J. B., Johnson, J. L. and Parboteeah, K. P., "National Rates of Opportunity Entrepreneurship Activity: Insights From Institutional Anomie Theory". *Entrepreneurship Theory and Practice*, Vol. 38, No. 4, 2014.

Daimon, T., "The Spatial Dimension of Welfare and Poverty: Lessons from a Regional Targeting Programme in Indonesia". *Asian Economic Journal*, Vol. 15, No. 4, 2001.

Dong, J. Q. and Netten, J., "Information technology and external search in the open innovation age: New findings from Germany". *Technological Forecasting & Social Change*, 2017.

Ellis, F., Kutengule, M. and Nyasulu, A., "Livelihoods and Rural Poverty Reduction in Malawi". *World Development*, Vol. 31, No. 9, 2003.

Eylon, D., "Understanding empowerment and resolving its paradox: Lessons from Mary Parker Follett". *Journal of Management History*, Vol. 4, No. 1, 1998.

Ford and Norma, J., "The development and evaluation of an Information Technology Support System for inter-organisational collaboration in HRD". *Routledge*, Vol. 30, No. 7, 2013.

Giannone, D. and Santaniello, M., "Governance by indicators: the case of the Digital Agenda for Europe". *Information Communication and Society*, Vol. 22, No. 2, 2018.

Giannone, D. and Santaniello, M., "Governance by indicators: the case of the Digital Agenda for Europe". *Information, Communication & Society*, Vol. 22, No. 13, 2019.

Grissemann, U. S. and Stokburger-Sauer, N. E., "Customer co-creation of travel services: The role of company support and customer satisfaction with the co-creation performance". *Tourism Management*, Vol. 33, No. 6, 2012.

Gu, T., Geng, Y. and Li, X., "Research on Rural E-commerce Poverty Alleviation Supported by Digital Pratt & Whitney Finance". *Journal of Innovation and Social Science Research, Vol. 8, No. 3, 2021.

Guo, Kong and Wang, "General patterns and regional disparity of internet finance development in China: Evidence from the Peking University Internet Finance Development Index". China Economic Journal, Vol. 9, No. 3, 2016.

Hahn, M. B. , Riederer, A. M. , & Foster, S. O. , "The Livelihood Vulnerability Index: A pragmatic approach to assessing risks from climate variability and change—A case study in Mozambique". Global Environmental Change, Vol. 19, No. 1, 2009.

Henrik Skaug Sætra. , A shallow defence of a technocracy of artificial intelligence: Examining the political harms of algorithmic governance in the domain of government. Technology in Society. No. 6, 2020.

Holweg, M. and Pil, F. K. , "Theoretical perspectives on the coordination of supply chains". Journal of Operations Management, Vol. 26, No. 3, 2008.

Jalan, J. and Ravallion, M. , "Spatial poverty traps?". Social Science Electronic Publishing, 2016.

Jesse F. Dillard, Beverly H. Burris. , Technocracy and Management Control Systems. Accounting, Man-agement and Information Technologies, No. 9, 1993.

Korsgaard, S. , Müller, S. and Tanvig, H. W. , "Rural entrepreneurship or entrepreneurship in the rural-between place and space". International Journal of Entrepreneurial Behavior & Research, Vol. 21, No. 1, 2015.

Lewis, Five families. Mentor Books, 1959.

Malthus, An essay on the principle of population. Routledge/Thoemmes Pr. , 1996.

Meccheri, N. and Pelloni, G. , "Rural entrepreneurs and institutional assistance: an empirical study from mountainous Italy". Entrepreneurship & Regional Development, Vol. 18, No. 5, 2006.

Morton, S. and S, M. , "The Corporation to the 1990s: information and organisational transformation". Discussion Papers, Vol. 56, No. 5, 1991.

Narayan, D. E. and Petesch, P. E. , From Many Lands. Voices of the

Poor. From Many Lands. Voices of the Poor, 2001.

Podsakoff, P. M. , Mackenzie, S. B. and Lee, J. Y. , et al, "Common method biases in behavioral research: a critical review of the literature and recommended remedies. ". *J Appl Psychol*, Vol. 88, No. 5, 2003.

Praag, B. V. and Ferrer-I-Carbonell, A. , "A Multi-dimensional Approach to Subjective Poverty", 2005.

Ritter, T. , Wilkinson, I. F. and Johnston, W. J. , "Measuring network competence", 2002.

Rosendal, G. K. and Schei, P. J. , "How may REDD + affect the practical, legal and institutional framework for 'Payment for ecosystem services' in Costa Rica?". *Ecosystem Services*, Vol. 9, No. 10. 1016/j. ecoser. 2014. 04. 009.

Ross, B. A. , "Use of a database for managing qualitative research data". *Computers in Nursing*, Vol. 12, No. 3, 1994.

Sen, Poverty and famines. Clarendon Press, 1981.

Spreitzer, G. , "Giving peace a chance: organizational leadership, empowerment, and peace". *Journal of Organizational Behavior*, Vol. 28, No. 8, 2007.

Stahlecker, T. , "In: J. Tidd and M. F. Hull, Editors, Service Innovation: Organizational Responses to Technological Opportunities and Market Imperatives". *Research Policy*, Vol. 33, No. 10, 2004.

Sutton. , A. G. A. P. , Sociology. Polity Press, 2010.

West, J. and Gallagher, S. , "Challenges of open innovation: the paradox of firm investment in open-source software. R&D Management 36, 319 – 331. The results of EIM's Research Programme on SMEs and Entrepreneurship are published in the following series: Research Reports and Publieksrap". *Blackwell Publishing Ltd*, Vol. 36, No. 3, 2006.

Wortman, M. S. , "Rural entrepreneurship research: An integration into the entrepreneurship field". *Agribusiness*, Vol. 6, No. 4, 1990.